suhrkamp taschenbuch
wissenschaft 62

Jürgen Mittelstraß, geboren 1936 in Düsseldorf, ist seit 1970 Professor für Philosophie an der Universität Konstanz. Publikationen: *Die Rettung der Phänomene. Ursprung und Geschichte eines antiken Forschungsprinzips*, *Neuzeit und Aufklärung. Studien zur Entstehung der neuzeitlichen Wissenschaft und Philosophie*, *Das praktische Fundament der Wissenschaft und die Aufgabe der Philosophie*, *Wissenschaftstheorie als Wissenschaftskritik* (mit P. Janich und F. Kambartel).

Der vorliegende Band enthält eine Reihe von wissenschaftstheoretischen Arbeiten zur Problematik von Theorie und Begründung. Wissenschaftstheorie wird dabei als eine begründungsorientierte, normative Bemühung gegenüber den Fachwissenschaften begriffen, kritisch abgesetzt von einer mehr bestätigungsorientierten Auffassung von Wissenschaftstheorie als Metatheorie einer gegebenen Wissenschaftspraxis. Der Autor ist aus der Erlanger Schule hervorgegangen und setzt deren methodische Intentionen im Rahmen der konstruktiven Wissenschaftstheorie fort.

Jürgen Mittelstraß

Die Möglichkeit von Wissenschaft

[redacted]

Suhrkamp

suhrkamp taschenbuch wissenschaft 62
Erste Auflage 1974

Druck: Nomos, Baden-Baden
Printed in Germany
Umschlag nach Entwürfen
von Willy Fleckhaus und Rolf Staudt

Inhalt

für B. K. J.

Vorwort

Die einzelnen Abschnitte dieses Bandes sind als in sich abgeschlossene Argumentationsteile konzipiert und ausgearbeitet worden. Im Mittelpunkt stehen Fragen der Begründung, Ansätze eines methodischen Theorieverständnisses und die Möglichkeit, Fundierungsprobleme der Wissenschaften durch schrittweise gerechtfertigte Wissenschafts- und Sprachkonstruktionen einer Lösung zuzuführen. Insofern können die dabei gemachten systematischen Vorschläge auch den Bemühungen im Rahmen einer konstruktiven Wissenschaftstheorie zugeordnet werden.

Die Gliederung des Bandes legt keine Lesereihenfolge fest. Am Anfang steht eine allgemein gehaltene Orientierung über philosophische Aufgaben im Bereich der Wissenschaften (1). Die Abschnitte 2, 3 und 4 behandeln Begründungsprobleme exakter Wissenschaften, ausgehend von einer historischen Rekonstruktion des Anfanges von Wissenschaft (2), fortgesetzt mit Überlegungen zur methodischen Ordnung empirischer und proto-empirischer Elemente in den Erfahrungswissenschaften am Beispiel der Physik (3). Mit Abschnitt 4 wird die Absicht verfolgt, die über Begründungsfragen festgefahrene wissenschaftstheoretische Diskussion zwischen ›Analytikern‹ und ›Konstruktivisten‹ wieder in Gang zu bringen. Vorschläge zu einer konstruktiv orientierten Theorie der Wissenschaftsgeschichte enthält Abschnitt 5 mit einer Unterscheidung zwischen Wirkungsgeschichte, der hier ein erklärungsorientiertes analytisches Interesse zugeordnet wird, und Gründegeschichte, deren Rekonstruktion ein begründungsorientiertes normatives Interesse voraussetzt. Um normative Gesichtspunkte gegenüber Fundierungsfragen geht es auch in den Abschnitten 6 und 7, die sprachphilosophischen Charakters sind und eine konstruktive Alternative zur deskriptiven Orientierung analytischer Sprachtheorien behandeln.

Gerrit Haas, Peter Janich, Friedrich Kambartel, Hans Schneider und Gereon Wolters habe ich für wichtige Hinweise und gemeinsame Orientierungsbemühungen zu danken.

Konstanz, im Januar 1974 — Jürgen Mittelstraß

1
Philosophie und Wissenschaft*

I

Sie alle kennen die gut erfundene Anekdote von der thrakischen Magd, die über Thales lachte, als dieser, den Blick zu den Sternen gewandt, in einen Brunnen fiel. Dieses Gelächter im Namen des gesunden, mit beiden Beinen fest auf der Erde stehenden und sich in praktischen Dingen auskennenden Menschenverstandes hat zwar, was als erster Platon mit einer gewissen Genugtuung registrierte, die Ausbildung des wissenschaftlichen Interesses, des Interesses an Theorie, nicht verhindert, es wirkt aber offenbar noch heute ansteckend. Nur gilt es nicht mehr dem wissenschaftlichen Interesse als solchem, sondern demjenigen, der sich im Rahmen dieses Interesses allzu unbesorgt, wie es scheint, auf dem Boden philosophischer Begriffsbildungen bewegt. Der gesunde Menschenverstand hat seinen Frieden mit der Theorie gemacht, aber er pocht darauf, daß diese Theorie fest auf dem Boden einer positiven wissenschaftlichen Praxis steht, die unbeirrt von den bisweilen lockenden bisweilen drohenden Sirenentönen philosophischer Ansprüche den ihr immanenten Zielen folgt. Die Rolle der thrakischen Magd fällt heute, mit anderen Worten, demjenigen zu, dessen theoretisches Selbstverständnis durch die Praxis positiver Wissenschaften bestimmt ist, die Rolle des Thales demjenigen, der über diese Praxis philosophische Erwägungen anstellt, um dabei dann, gemäß der Prophetie der Anekdote, zwangsläufig in die Brunnen jener wissenschaftlichen Praxis zu stürzen.

Man könnte diesen Umstand als ein Beispiel dafür nehmen, daß sich einmal erfundene Rollengegensätze auch innerhalb eines ausgebildeten theoretischen Bewußtseins hartnäckig halten, auch die Geschichte des wissenschaftlichen, literarisch mit dieser Anekdote beginnenden Interesses durch ein derartiges, selbst historisch vermitteltes *positionales* Bewußtsein

* Eröffnungsvortrag auf dem II. Internationalen Leibniz-Kongreß *Philosophie und Wissenschaft im 17. und 18. Jahrhundert*, 17.-22. Juli 1972, in Hannover.

bestimmt ist. Aber nicht um eine historisch-kritische Analyse des wissenschaftlichen oder theoretischen Bewußtseins soll es hier gehen, sondern um den objektiven Zusammenhang von Philosophie und Wissenschaft, der von den Wissenschaften heute weitgehend geleugnet, von der Philosophie hartnäckig, nicht zuletzt aus apologetischen Gründen, behauptet wird.

Es ist heute faktisch so, daß die Wissenschaften, wenn sie nicht wie die Geisteswissenschaften auf eine ähnliche Weise wie die Philosophie selbst permanent grundlagenbedroht sind, ihren im 19. Jahrhundert vollzogenen Abschied von der Philosophie als Abschied von der Spekulation oder einer Art Feierabendreflexion verstehen, und daß es umgekehrt der Philosophie bisher nicht recht gelungen ist, diese ihr zugedachte Rolle des schlechten Beispiels wieder loszuwerden. Der Philosophie haftet vielmehr noch immer etwas von einem spekulativen Müßiggang an, etwas, das mit ihrer früheren Betätigung in Säulengängen und Gärten, in Salons vielseitig interessierter Damen und in Kaffeehäusern zusammenhängt, und schließlich auch mit dem barocken Wunsch nach vollständigen Weltbildern und der Schulmeisterei, die sich damit in der Regel verband. Diese Herkunft wiegt schwer in den Augen derjenigen, die sich die Mentalität einer thrakischen Magd zugelegt haben, die schwer arbeitet und dabei eine immer komplizierter werdende Praxis, die Praxis der modernen Arbeitswelt, in Ordnung hält. Andererseits stellt sich dabei nur allzu oft heraus, daß auch mit den Wissenschaften, was deren theoretischen Aufbau und deren Orientierung am Begriff der Zweckrationalität betrifft, nicht alles zum besten steht, daß es, mit anderen Worten, auch hier Probleme gibt, die mit den Mitteln einer wissenschaftlichen Praxis selbst so einfach nicht zu lösen sind und daher ganz andersartige Überlegungen erfordern. An dieser Stelle erblickt die Philosophie ihre Chance, sich gegenüber den Wissenschaften nicht nur als ein Stück unabhängiger Rationalität zu behaupten, sondern diese Rationalität zugleich als therapeutische Maßnahme den Wissenschaften zu empfehlen. Der Punkt, an dem sich Wissenschaft und Philosophie in einer grundlagenorientierten Bemühung treffen, ist damit selbst wissenschaftstheoretischer Art. In Form von Wissenschaftstheorie wird Wissenschaft philosophisch und Philosophie wissenschaftlich.

In dieser Feststellung mischen sich ein faktisches und ein prognostisches Element. Zunächst ist es gegenwärtig tatsächlich so, daß auf das Stichwort Wissenschaftstheorie hin die Wissenschaften ein reflektiertes Grundlagenbewußtsein hervorzuheben pflegen und die Philosophie, quer durch ihre noch immer durch unterschiedliche Traditionen und Renaissancen bestimmten Lager, auf ihren erkenntnistheoretischen Vorsprung gegenüber den Wissenschaften hinweist. Wissenschaftlichkeit wird hier nicht mehr unmittelbar in einer wissenschaftlichen (oder auch philosophischen) Praxis gesucht, sondern in der Art und Weise, wie diese Praxis selbst theoretisch vermittelt ist. Das ist gewiß gegenüber einer bloß dogmatisch verfahrenden wissenschaftlichen oder philosophischen Praxis ein methodischer Fortschritt, bedeutet jedoch nicht, daß hier schon viel, und dies etwa sogar kooperativ zwischen Philosophie und Wissenschaft, geleistet wäre. Während Wissenschaftstheorie im Rahmen meist auch nur exakter Wissenschaften in der Regel *deskriptiv* verfährt, d. h. ihre theoretischen Entwürfe als formale Beschreibungen faktisch bereits vorliegender empirischer Theorien versteht, bringt Wissenschaftstheorie im Rahmen von Philosophie oft wieder nur die alten Orientierungen mit ein, die sich, traditionellerweise, auf Erkenntnistheorie und Metaphysik beziehen. Was tendenziell als ein gemeinsames kritisches Stück von Philosophie und Wissenschaft bestimmt werden mag, ist faktisch oft nur die Geltendmachung alter Standpunkte. Im szientistischen Glauben an die heile Welt der Wissenschaft, einer vermeintlichen Selbständigkeit der Zweckrationalität, und im spekulativen Glauben an die heile Welt der Wörter, einer vermeintlichen Selbständigkeit der Metaphysik, besitzen diese Standpunkte auch heute noch eine beunruhigende Aktualität.

Dieser Umstand wird auch dadurch nicht gemildert, daß es eine Form von Philosophie gibt, die mit diesem älteren philosophischen Glauben radikal Schluß gemacht hat. Im Wiener Kreis und den sich auf ihn berufenden Traditionen des Logischen Empirismus wird Philosophie selbst auf ›Wissenschaftslogik‹ (R. Carnap), d. h. auf Wissenschaftstheorie empirischer und analytischer Wissenschaften, in einer Weise eingeschränkt, daß philosophische Aufgaben von vornherein nur noch eine ›Logik der Forschung‹ (K. R. Popper) betreffen können und daher selbst als wissenschaftliche Aufgaben definierbar sind. Damit gibt es dann auch per definitionem natürlich kein Problem von Philosophie und Wissenschaft mehr; was als Philosophie zu gelten hat, wird durch den jeweiligen Stand der im zuvor genannten deskriptiven Sinne an einer wissenschaftlichen Praxis selbst orientierten Wissenschaftstheorie bestimmt. Eben dies aber ist nichts anderes als jener szientistische Glaube an die heile Welt der Wissenschaft, der jetzt lediglich auf der philosophischen Seite wiederkehrt. Da es in dieser Form von Wissenschaftstheorie nicht um konstruktive Theorien geht, die ihre Gegenstände material erzeugen, sondern um axiomatische Theorien, die ihre Gegenstände, gegebene empirische Theorien, bloß formal beschreiben, bedeutet die Reduktion von Philosophie auf Wissenschaftstheorie zugleich ihre Unterordnung unter eine wissenschaftliche Praxis, die als solche weder methodologisch (ihren theoretischen Aufbau betreffend) noch teleologisch (ihre praktischen Zwecke betreffend) kritisch hinterfragt wird. In der Absicht, den bloßen Schein, alles zu wissen, endgültig von der Philosophie zu nehmen und diese damit gleichzeitig aus ihrem akademischen Abseits wieder herauszubringen, wird nur ein neuer Schein erzeugt: die vermeintliche Selbständigkeit der wissenschaftlichen Praxis.

Das akademische Abseits, in dem sich die Philosophie aus der Sicht dessen, der sie an eine wissenschaftliche Praxis zu binden sucht, lange Zeit befand, hat B. Bolzano in seiner programmatischen Schrift *Was ist Philosophie?* bereits einmal in einer prägnanten Auswahl beschrieben. Da gibt es »eine gar nicht geringe Anzahl von Philosophen der Gegenwart ..., die noch an Kant hangen, oder zu ihm sich wieder zurückgewendet haben, weil sie gefunden haben wollen, daß es mit all den gerühmten Fortschritten der neuesten Speculation am Ende doch nichts sey. Diese erklären denn die Philosophie noch immer als das System der Erkenntnisse aus bloßen Begriffen (ohne Construction durch Anschauungen). Der vor Kurzem noch auf Kant's Stuhle sitzende Herbart dagegen versichert, daß sich die Philosophie gar nicht durch ihre Gegenstände, sondern nur durch die Art ihrer Behandlung derselben unterscheide, und wesentlich nichts Anderes sey, als eine Bearbeitung der Begriffe, wodurch der in ihnen liegende Widerspruch weggeschafft wird. Nicht also, sagt Euch Krug; sondern die Philosophie ist die Wissenschaft von der ursprünglichen Einrichtung des menschlichen Geistes. Ein Dritter beschreibt Euch dagegen die Philosophie als eine Auflösung des allgemeinen Räthsels des Daseyns der Dinge und der Bestimmung des Menschen. Das ist es Alles nicht, sagt Euch ein Vierter; sondern die Philosophie ist das Bestreben nach dem Wissen vom All; ein Anderer aber sagt Euch sehr fromm, sie ist das Streben nach der Erkenntniß und Liebe Gottes im Wissen und im Handeln; ein Anderer, sie ist die Wissenschaft von dem Zusammenhange der Dinge mit dem letzten Grunde alles Seyns oder die Wissenschaft von der Erkenntniß der Dinge, wie sie in Gott sind, oder... die Wissenschaft aller Wissenschaften, die Urwissenschaft. Ein Anderer belehret Euch, sie sey die Wahrheitslehre; ein Anderer, sie sey die Wissenschaft derjenigen Erkenntnisse, welche frei aus dem Geiste des Menschen geschöpft werden oder die Wissenschaft von den Gesetzen und Bedingungen der menschlichen Erkenntniß. Ein Anderer wird sie Euch als das Wissen des Unbedingten, als die wissenschaftliche Darstellung des vernünftigen Denkens sowohl als auch des freien Denkinhaltes bezeichnen. Hegel, der mit dem Glauben starb, daß er durch seine Philosophie den lieben Gott erst zu einem vollendeten Selbstbewußtsein gebracht hat, erklärt Euch die Philosophie als die Wissenschaft von der Vernunft, sofern sie sich ihrer als alles Seyns bewußt wird, oder auch als die absolute Wissenschaft der Wahrheit, als die Erkenntniß der Entwicklung des Concreten, usw.«.[1]

Es geht mir hier nicht um die Frage, wie es mit der historischen Gerechtigkeit einer solchen punktuellen Rezension philosophischer Standpunkte bestellt ist; auch nicht darum, ein philosophiehistorisches Wissen, bei einigen erst noch zu leistenden richtigen Zuordnungen, ein wenig aufzufrischen, sondern lediglich darum, daß sich die Geschichte der Philosophie offenbar in einer Weise schreiben oder charakterisieren läßt, daß dabei die Praxis der Wissenschaften gar keine Rolle mehr spielt. Umgekehrt läßt sich natürlich auch die Geschichte der Wissenschaften, wofür die meisten Lehrbücher der Wissenschaftsgeschichte ein Beleg sind, so schreiben, als ob es die Philosophie nicht gebe und nie gegeben hätte. Daraus würde aber folgen, daß ein objektiver Zusammenhang zwischen Philosophie und Wissenschaft jedenfalls historisch nicht besteht und also auch allererst hergestellt werden müßte, wenn darin überhaupt eine sinnvolle Aufgabe liegen soll. Tatsächlich hat es den Anschein, als ob diejenigen, die Philosophie auf Wissenschaftstheorie empirischer und analytischer Wissenschaften zu reduzieren suchen, aber auch diejenigen, die ihre wissenschaftliche Praxis um wissenschaftstheoretische Gesichtspunkte zu ergänzen suchen, dieser Meinung sind. Die Geschichte rationaler Theoriebildungen scheint auf zwei verschiedenen Bahnen verlaufen zu sein, einer philosophischen und einer fachwissenschaftlichen; die Existenz von Lehrbüchern der Philosophiegeschichte und Lehrbüchern der Wissenschaftsgeschichte mag der Beleg dafür sein.

Aber dieser Beleg taugt nichts, wie auch die Unterscheidung zwischen Philosophie und Wissenschaft, bezogen auf die Geschichte, keine sachlich gerechtfertigte Unterscheidung ist. Dafür steht bereits ein terminologisches Argument. Bis ins 19. Jahrhundert hinein tritt in den Titeln naturwissenschaftlicher Bücher der Ausdruck ›Philosophie‹ auf. Nicht nur Newton nennt seine theoretische Mechanik *Philosophiae Naturalis Principia Mathematica* (1687), auch Linné schreibt eine *Philosophia Botanica* (1751) und Lamarck eine *Philosophie Zoologique* (1809). Und dieser Vorzug, der dem Ausdruck ›Philosophie‹ gegeben wird, erfolgt weder in Konkurrenz zu einem andersartigen, ebenfalls unter diesem Titel auftretenden Wissen noch aus sentimentaler Verbundenheit mit einer ›Weisheit‹, in deren Namen ursprünglich einmal aus einer mythischen, abhängigen Praxis eine reflektierte, unabhängige Praxis geworden war. Für Newton waren ebensowenig wie schon für Platon Philosophie und Wissenschaft zwei Dinge, die man aus methodischen Gründen getrennt zu erledigen hätte, auch wenn sich dabei im einzelnen durchaus Fragestellungen ergaben, die aus Gründen ihrer methodologischen Allgemeinheit oder aus Gründen ihrer teleologischen Besonderheit dem Begriff eines fachwissenschaftlichen Wissens nicht entsprechen. So gehören logische und sprachphilosophische Reflexionen zu einer Theorie der Begründung, wie sie schon bei Platon, dann aber insbesondere bei Aristoteles als Syllogistik und Theorie einer beweisenden Wissenschaft auftreten, sicher

in einen anderen wissenschaftstheoretischen Zusammenhang als Fragen der Physik und der politischen Theorie, doch war nicht dieser Umstand für eine früh einsetzende Architektonik des Wissens maßgeblich, sondern allein die Existenz kontrollierbarer Begründungszusammenhänge. Die Forderung nach einem solchen Zusammenhang galt dabei sowohl dem, was wir heute Wissenschaft, als auch dem, was wir heute Philosophie nennen. Als relevanter Gegensatz zum Begriff des begründeten Wissens trat damit allein die ›Historie‹, d. h. ursprünglich die auf einen Augenzeugenbericht gestützte Kenntnis, auf, ein Gegensatz, der auch innerhalb der lateinischen Tradition in der Terminologie von ›philosophia‹ bzw. ›scientia‹ und ›historia‹ stets festgehalten wurde. ›Die Philosophie‹, das ist in diesem Sinne alles theoretische Wissen, das den an ein solches Wissen gestellten Bedingungen der Kontrollierbarkeit und der transsubjektiven Geltung genügt, und dies galt natürlich nicht nur für die sich an die Aristotelische theoretische Philosophie auf eine mißverständliche Weise anschließende Tradition der abendländischen Metaphysik (für diese noch am wenigsten), sondern auch für jede fachwissenschaftliche Tradition wie etwa die der Physik und der Astronomie.
Hinter dem terminologischen Zusammenhang von Philosophie und Wissenschaft steht damit bis ins 19. Jahrhundert hinein ein systematischer Zusammenhang, der erst in dem Augenblick verlorengeht bzw. durch neue Unterscheidungen ersetzt wird, in dem es nicht mehr gelingt, die ursprüngliche Einheit des Begriffs des begründeten Wissens auf eine innerhalb des naturwissenschaftlichen Wissens einsetzende Entwicklung ebenso anzuwenden wie auf eine in den Grenzen einer alten Begrifflichkeit verharrende metaphysische Tradition. In dem Maße, in dem gegenüber einer Aristotelischen Vorgeschichte die Geschichte der neuzeitlichen Physik eine neue methodische Sicherheit gewinnt und diese zur Grundlage eines neuen Rationalitätsbegriffes wird, zieht sich die verbleibende Rest-Philosophie auf einen Fundierungsanspruch zurück, den anders als mit den Mitteln jener älteren Aristotelischen oder jener jetzt einsetzenden neuzeitlich-naturwissenschaftlichen Begrifflichkeit zu formulieren, nicht gelingt. Damit trennen sich erstmals die Wege von Wissenschaft und Philosophie, wobei es das historische Schicksal die-

ser Philosophie ist, zwischen Metaphysik und Szientismus, zwischen der Abhängigkeit von spekulativen und der Abhängigkeit von positiv-wissenschaftlichen Positionen wählen zu müssen. Kant und Hegel setzen sich nicht durch, nicht weil Kant zu sehr mit einem ›System der Erkenntnisse aus bloßen Begriffen‹ und Hegel zu sehr damit beschäftigt war, ›den lieben Gott zu einem vollendeten Selbstbewußtsein‹ zu bringen, sondern weil Freunde und Gegner es so haben wollten; die Freunde, weil damit den drohenden Übergriffen eines positivistischen Wissenschaftsverständnisses gewehrt schien, die Gegner, weil dieses Wissenschaftsverständnis sich deshalb nur um so unbehinderter verbreiten konnte. Es gilt das schöne Spiel ohne Bereichsbeschränkungen: ›Ich sehe was, das du nicht siehst, und das ist . . .‹ – nun, entweder dialektischer oder positivistischer Schein.

II

Dem modernen Positivismus (oder Szientismus, wie er mit Rücksicht auf seine verschiedenen wissenschaftstheoretischen Verzweigungen genannt werden soll) präludiert bereits 1866 F. Brentanos Behauptung, »die wahre Methode der Philosophie ist die der Naturwissenschaft«[2]. Als Methode der Naturwissenschaft gelten dabei solche Verfahren, die sich am analytischen Modell von Hypothesenbildung und experimenteller Kontrolle orientieren und die historisch gesehen zum ersten Mal in Newtons methodologischen Nachträgen zu seiner Mechanik in Form ›philosophischer Regeln‹ (regulae philosophandi) formuliert worden waren. Mit solchen Anweisungen sucht nun auch eine philosophische Praxis zurechtzukommen, was ihr scheinbar dadurch auch gelingt, daß sie sich auf eine formale Beschreibung eben dieser Praxis beschränkt. Damit verhilft dann aber im weiteren Verlaufe einer solchen wissenschaftstheoretischen Entwicklung gerade eine philosophische Praxis der wissenschaftlichen Praxis zu jener Selbständigkeit, die sie gegenüber einer älteren philosophischen Gesamtbemühung in zunehmendem Maße beansprucht und die in der gegenwärtigen Diskussion dazu geführt hat, daß Philosophie, wenn sie nicht bereit ist, diesen Dienst der Wissenschaft zu leisten, aus dem Verband einer gesicherten Rationalität auszuscheren scheint.

Nun ist es aber um diese Rationalität gar nicht so gut bestellt, wie es im Hinblick auf eine ›funktionierende‹ wissenschaftliche Praxis den Anschein hat. Diese Praxis, als deren Exempel auch heute noch im wesentlichen die Praxis der Naturwissenschaften gilt, wird im Grunde wie ein ›natürlicher‹ Handlungszusammenhang aufgefaßt, in dessen Rahmen ein jeweiliger Stand der Forschung die eigene Praxis und die Ziele einer gemeinsamen Praxis hinreichend definiert. Das heißt, Ziele und Methoden einer wissenschaftlichen Praxis werden in der Regel als gegeben angesehen und die hohe Funktionsfähigkeit dieser Praxis als Ausweis ihrer Wissenschaftlichkeit ausgegeben. Damit wird Wissenschaftlichkeit zugleich im Rahmen eines pragmatischen Interesses definiert, das Ziele über schon vorliegende Ergebnisse als bloße Anschlußaufgaben bestimmt und Methoden als bloße Werkzeuge betrachtet, die man benutzt, solange sie den an ein Werkzeug gestellten Anforderungen genügen, und die man beliebig austauscht, wenn dies irgendwann einmal nicht mehr der Fall sein sollte. Mit anderen Worten: dieser wissenschaftlichen Praxis liegt ein technischer Rationalitätsbegriff zugrunde, der durch die Ersetzung des Begriffs der (durchgängigen) *Begründung* durch den Begriff der (vorläufigen) *Bewährung* sowie durch das Verfahren einer Isolierung methodisch aufgetretener Schwierigkeiten von (noch) intakten Theorieteilen und deren Bewältigung über partielle theoretische Maßnahmen charakterisierbar ist.

Nun wäre gegen eine solche Einschränkung des Rationalitätsbegriffes auf einen technischen Zusammenhang von gegebenen Zielen und gegebenen Wegen innerhalb zweckrational bestimmter Bereiche gar nichts einzuwenden, wenn diese Einschränkung nicht gleichzeitig mit dem Anspruch verbunden wäre, schon die ganze Rationalität zu sein. Das heißt, hier wird in einer Tradition, die sich an das historische Auseinandertreten von Philosophie und Wissenschaft knüpft, die partikulare Rationalität positiver Wissenschaften als die ganze, ungeteilte Rationalität ausgegeben, was unter anderem bedeutet, daß nunmehr jeder Versuch, methodologisch auf einen begründeten, nicht bloß auf gelungene Anwendungen hinweisenden Aufbau der Mittel, teleologisch auf eine sich nicht bloß mit dem Hinweis auf Anschlußaufgaben zufriedengebende Rechtfertigung der Ziele zu dringen, dem Verdacht spekulativer Dogmatik und spekulativer Irrationalität ausgesetzt ist. Bekanntlich liegt dem eine bestimmte Version des Weberschen Begriffs der Wertfreiheit positiven Wissens zugrunde, wonach der prinzipiellen Rationalität positiver Wissenschaften die prinzipielle Irrationalität praktischer Orientierungen entspricht. Aus der ursprünglichen Absicht Webers, das politische Erfordernis normierender praktischer Entscheidungen von falschen, nämlich an den positiven Wissenschaften orientierten Rationalitätsansprüchen freizuhalten, wird unter der Herrschaft eines szientistischen Bewußtseins die Unterordnung aller rationaler Orientierungen unter den Wissenschaftsbegriff einer positiven wissenschaftlichen Praxis.

Auf dem Hintergrund dieser Entwicklung ist auch die These von der Autonomie der Wissenschaften zu verstehen, die, wenn sie die Philosophie einschließt, einem ursprünglich noch gemeinsamen Anspruch, nämlich dem Anspruch, den Übergang von einer abhängigen in eine unabhängige Praxis zu leisten, entspricht, die aber, wenn sie die Philosophie nicht einschließt, einseitig auf eine Verselbständigung der Zweckrationalität zielt. Und letzteres ist in der Regel der Fall. Die sogenannte Autonomie der Wissenschaften wird nicht nur gegenüber einer gesamtgesellschaftlichen Praxis geltend gemacht, sondern auch gegenüber dem ›philosophischen‹ Anspruch, Methoden nicht nur auf ihre Praktizierbarkeit und Ziele nicht nur auf ihre Realisierbarkeit hin zu betrachten. Tatsächlich bedeutet das aber nichts anderes, als daß mit der Verselbständigung der Zweckrationalität Mittel autonom zu werden trachten. Und dies deutet auf eine schon begriffliche Konfusion hin. Wenn die Wissenschaften Mittel sind, sich selbst als zweckrationale Zusammenhänge verstehen, deren Einsatz einem gesellschaftlichen Willen in den Grenzen von Dezision und Produktion anheimgestellt wird, dann können diese gar nicht autonom sein, weil es die Autonomie eines Mittels nicht gibt. Wo dies dennoch die eine wissenschaftliche Praxis leitende Absicht sein sollte, wird daher auch meistens versucht, die Autonomie der Wissenschaften über eine beanspruchte Autonomie ihrer Ziele zu definieren. Und hier werden die Dinge ernst. Denn diese Wendung besagt nichts anderes als die Behauptung, daß es unter den Zielen einer gesellschaftlichen Gesamtpraxis solche Ziele gibt, die als Selbstzweck verfolgt werden können, und daß es die wissenschaftlichen Ziele sind, die hierhin gehören. Was in einer philosophischen Terminologie, gegen alle Einsichten in den Mittelcharakter theoretischen Wissens, den Primat der theoretischen Vernunft gegenüber der praktischen Vernunft bedeuten würde, liefe faktisch auf die Abhängigkeit gesamtgesellschaftlicher Ziele von den Zielen einer gesellschaftlichen Teilgruppe, von den Zielen einer ›naturwüchsig‹ verstandenen wissenschaftlichen Praxis hinaus. Die These von der Autonomie der Wissenschaften ist damit primär kein begriffliches, sondern ein politisches Problem.

Das heißt nicht, daß es deswegen kein philosophisches Problem wäre. Im Gegenteil. Zunächst einmal ist es die auseinanderlaufende Geschichte von Philosophie und Wissenschaft selbst gewesen, die dieser These Vorschub leistete, indem sie den (berechtigten) sich an das praktische Ziel einer unabhängigen Praxis knüpfenden Begriff der Autonomie im Begriff einer theoretischen Autonomie (der Wissenschaften) und im Begriff einer praktischen Autonomie (der Philosophie) gewissermaßen halbierte. Diesen historischen Vorgang wieder rückgängig zu machen, ist daher auch nicht zuletzt eine philosophische Aufgabe, in deren Bewältigung die Philosophie gleichzeitig den Nachweis anzutreten hätte, sich, wie es Th. W. Adorno einmal ausgedrückt hat, »als fortgeschrittenstes Bewußtsein« zu bewähren[3]. Eine solche Bewährung schlösse die Kritik einer technischen Rationalität, in deren Rahmen sich gegenwärtig die Verselbständigung der Zweckrationalität artikuliert, mit ein. Kritik dabei im Sinne Kants verstanden, nämlich nicht nur als Analyse herrschender Orientierungen, sondern in gleicher Weise auch als Konstruktion neuer Orientierungen; und dies sowohl in methodologischen Dingen durch Ersetzung einer im wesentlichen deskriptiv verfahrenden Wissenschaftstheorie durch eine *normative Wissenschaftstheorie*, als auch in teleologischen Dingen durch eine Revision jener dogmatischen Unterscheidung zwischen theoretischen und praktischen Orientierungen im Rahmen eines Weberschen Rationalitätsmodelles.

III

Der Umstand, daß es bei einer, faktisch kontroversen, Standpunktbestimmung von Philosophie und Wissenschaft im wesentlichen um die Frage der Rationalität theoretischer und praktischer Orientierungen geht, macht deutlich, daß hier das allgemeine Problem des Verhältnisses von Theorie und Praxis im Hintergrund steht. Philosophie und Wissenschaft sind beide, gleichviel in welcher historischen Realisierung, Objektivationen eines theoretischen Interesses, als solche aber scheinen sie zugleich einen unterschiedlichen Praxisbezug zu haben. Während Wissenschaft in der Regel auf eine eigene wissenschaftliche Praxis rekurriert und eine allgemeine Praxis nur über ›technische‹ Anwendungen erreicht, sieht es so aus, als ob die Philosophie nach ihrer historischen Separation von den Bereichen eines sogenannten exakten Wissens direkt die Belange jener allgemeinen Praxis, gegen den beanspruchten theoretischen Primat der Wissenschaften, zu vertreten hätte. Unter den gegebenen historischen Umständen mag dies auch richtig sein; nur darf dabei nicht übersehen werden, daß eine solche Abgrenzung ein in der Unterscheidung zwischen Philosophie und Wissenschaft liegendes Mißverständnis gleichzeitig perpetuiert. Dieses Mißverständnis betrifft den Begriff der Theorie selbst, sofern dieser dem Begriff der Praxis entgegengesetzt zu sein scheint, und alle Vermittlungen von Theorie und Praxis bloß sekundärer Art, wenngleich darin auch immer eine historische Praxis unmittelbar betreffend, seien. Tatsächlich ist es jedoch so, daß Theorie und Praxis einander bedingende Begriffe sind, die von einer theoretischen Absicht zeugen, der Absicht nämlich, jedes konkrete Stück einer historischen Praxis, die eigene Praxis eingeschlossen, als das komplexe Resultat von Reflexion und Interaktion zu begreifen. Dabei fällt von Anfang an, d. h. seit dem Übergang von einer mythischen zu einer rationalen (die eigenen Bedingungen durchschauenden) Praxis, der Theorie die Rolle eines *praxisstabilisierenden Wissens* zu, d. h. eines Wissens, das selbst unter *praktischen* Bedingungen steht und gleichzeitig die eine Praxis selbst auszeichnenden Zusammenhänge von zielbestimmter Reflexion und reflexionsbestimmter Handlung in ›theoretischer‹ Form beherrschbar macht. Wenn es demnach

einen verschiedenen Praxisbezug von Philosophie und Wissenschaft geben sollte, dann nicht dort, wo Theorie noch integraler Bestandteil einer Praxis selber ist, sondern dort, wo sich diese Verbindung löst, d. h. Theorie sich verselbständigt.
Historisch vollzieht sich diese Verselbständigung im Rahmen einer ›Akademisierung‹ der Theorie, die in dem Augenblick einsetzt, in dem die der Theorie zugrunde liegende Praxis ihre politische Selbständigkeit verliert, d. h. bereits in unmittelbar nach-Platonischer und nach-Aristotelischer Zeit. Dabei ist es für das historische Verständnis europäischer Theoriebegriffe sogar gleichgültig, ob überhaupt jemals die Identität von Theorie und Praxis in einer in dieser Weise *vernünftigen* Praxis bestand, entscheidend ist vielmehr, daß sich die europäische Geschichte in den Grenzen der Begriffe Theorie und Praxis auf weite Strecken hin als die Geschichte einer praxislosen Theorie und einer theorielosen Praxis schreiben läßt. Das Auseinandertreten von Philosophie und Wissenschaft ist dabei nur eine relativ späte Frucht dieser Geschichte, ein selbst akademisches Ereignis, das zunächst ohne praktische Folgen blieb. Erst in dem Augenblick, in dem die Theorie wieder gravierenden Einfluß auf die gesellschaftliche Praxis nimmt, eine Entwicklung, die im Grunde erst mit der industriellen Revolution im vergangenen Jahrhundert beginnt und sich in der technischen Revolution unseres Jahrhunderts fortsetzt, ändert sich auch hier das Bild. Als Rest-Rationalität zwischen Szientismus und Metaphysik wird Philosophie in Gestalt der Sozialwissenschaften zur Gesellschaftstheorie.
In der Genese des modernen Rationalitätsbegriffes, in dessen Rahmen das Problem einer Vermittlung von Theorie und Praxis eine zentrale Rolle spielt, lassen sich drei wichtige Phasen voneinander unterscheiden. Die erste Phase betrifft die sich im Rahmen der italienischen Werkstättentradition seit dem 15. Jahrhundert allmählich ausbildende *technische Rationalität*, die zunächst ohne jede Vermittlung mit der akademischen Rationalität der Schulen, d. h. einer praxislosen Theorie, bleibt. Als Praxis der Instrumentenmacher, Schiffsbauer und Geschützgießer bleibt diese Rationalität auf einen handwerklichen Rahmen ohne weiterreichende theoretische Interessen beschränkt. Das ändert sich erst in dem Augenblick, in dem aus pragmatischen Gründen ein gewisser Anschluß an die

akademische Theorie gesucht wird, der seinerseits dann zu einer partiellen Theoretisierung dieser technischen Praxis, z. B. auf dem Gebiet der Ballistik, führt. Doch nicht dieser Vorgang, sondern der zu ihm reziproke leitet schließlich zu einer zweiten entscheidenden Phase über. Waren es zunächst handwerkliche Interessen, die zwei bisher streng voneinander geschiedene Bereiche näher aneinander rückten, so ist es schließlich das akademische Interesse Galileis, das sie in einem neuen Wissenschaftsbegriff und damit auch in einem neuen Rationalitätsbegriff dauerhaft miteinander verbindet. Im Experiment findet die technische Praxis Eingang in die physikalische Theorie, die damit ihrerseits ihren bisherigen akademischen Charakter verliert und im Rahmen eines *konstruktiven Erfahrungsbegriffes* (gegenüber dem *phänomenalen* Erfahrungsbegriff der Aristotelischen Physik) zu einer empirischen Wissenschaft wird. Das heißt, während zunächst die technische Rationalität eine eigene Praxis neben der theoretischen Rationalität der Schulen gewinnt, nimmt jetzt die theoretische Rationalität der Schulen diese technische Rationalität in sich auf. Sie gewinnt damit gleichzeitig ein Stück Praxis zurück, auch wenn es sich hierbei lediglich um eine technische Praxis handelt. Daß dieser Schritt von großer, auch über den engeren Rahmen der Physik hinausgehender Bedeutung ist, kommt darin zum Ausdruck, daß innerhalb dieser erweiterten theoretischen Rationalität die technische Praxis zunehmend gegenüber den theoretischen Teilen an Boden gewinnt, bis schließlich als theoretische Rationalität ausgezeichnet wird, was sich als technische Rationalität bewährt.

Damit ist die dritte Phase erreicht, die sich zugleich als konstitutiv für den modernen Rationalitätsbegriff erweist. Die zweckrationale Bestimmtheit einer technischen Praxis wirkt sich auf einen Rationalitätsbegriff aus, der ursprünglich aus einem fundamentalen Praxisverlust von Theorie hervorgegangen war. Theoretische Zusammenhänge erscheinen jetzt einschließlich der durch sie betroffenen praktischen Zusammenhänge in erster Linie als technisch strukturierte und technisch beherrschbare Zusammenhänge; die dem Praxisverlust von Theorie vorausgegangene praktische Bestimmtheit der Theorie wird nicht wieder aufgenommen. Jedenfalls nicht von vornherein; die verschiedenen Phasen dessen, was man als

›Positivismusstreit‹ zu bezeichnen pflegt, machen deutlich, daß hier etwas nachgeholt werden soll.

IV

Wenn sich die Genese des modernen Rationalitätsbegriffes in der Weise schreiben läßt, wie ich dies unter Hinweis auf drei aufeinanderfolgende Phasen versucht habe, dann ist klar, daß hierdurch ein bestimmter historischer Zeitraum besonders ausgezeichnet wird. Sieht man davon ab, daß die erste Phase, in der eine technische Rationalität eine eigene Praxis gewinnt, bis ins 15. Jahrhundert zurückreicht und sich damit als mit dem Beginn der Manufakturperiode verbunden erweist, so sind es das 17. und 18. Jahrhundert, in denen sich diese Phasen zusammenziehen. Der Übergang von einer technischen Phase zu einer mechanistischen Phase, wie man die zweite Phase, die Übernahme einer technischen Rationalität in eine theoretische Rationalität, auch bezeichnen könnte, fällt ebenso in diese Zeit wie der Übergang von dieser mechanistischen Phase zu einer szientistischen Phase, in deren Rahmen die theoretische Rationalität abhängig wird von den Bedingungen der in ihr eingeschlossenen technischen Rationalität. In der analytischen Wende der naturwissenschaftlichen Methodologie setzt sich ein empiristischer Wissenschaftsbegriff durch, der seither alle positivistischen, technische Zusammenhänge auszeichnenden Richtungen bestimmt. Das Zeitalter der Vernunft, wie das 17. und 18. Jahrhundert entsprechend dem Selbstbewußtsein seiner theoretischen Wortführer genannt zu werden pflegt, ist in der Tat ein Zeitalter, in dem sich ein Vernunft- bzw. Rationalitätsbegriff formiert, der auch heute noch ein weithin herrschendes Vorverständnis von Philosophie und Wissenschaft bestimmt. Selbst die Identität von Vernunft und Aufklärung ist etwas, das die Moderne mit diesem Zeitalter teilt, wenn auch mit einigen charakteristischen Unterschieden. So galt im 17. und 18. Jahrhundert bereits das Faktum der Wissenschaft als ein aufklärerisches Faktum, was auch heute in gewissem Sinne noch der Fall ist, allerdings mit der Einschränkung, daß dies jetzt im Namen eines philosophischen Bewußtseins gegenüber einer faktischen wissenschaftlichen Praxis bestritten wird. Bestritten in dem Sinne, daß diese Praxis durch einen technischen Rationalitätsbegriff geleitet ist, der sich in der These von der Autonomie der Wissenschaft artikuliert.

Diese These ist andererseits auch für das 17. und 18. Jahrhundert charakteristisch, nur schloß sie dort noch, vor der historischen Separation von Philosophie und Wissenschaft, philosophische Autonomiebegriffe mit ein. In der Theorie, die hier in gleicher Weise in der Terminologie von theoretischer und praktischer Philosophie beide Bereiche umfaßte, galten alle Abhängigkeiten nicht nur theoretisch, sondern auch praktisch als beherrscht, ein Vermittlungsproblem von Theorie und Praxis existierte nicht; jedenfalls nicht in der Theorie. So tritt z. B. für Leibniz der Gegenstand eines wissenschaftlichen Interesses in beiden Bereichen, dem Bereich der theoretischen und dem Bereich der praktischen Philosophie, auf, und zwar, wie es heißt, ›auf Grund seiner wirkenden Ursache‹ (ratione suae causae efficientis) im ersten Bereich, ›auf Grund seiner finalen Ursache‹ (ratione suae causae finalis) im zweiten Bereich[4]. Was hier in einer klassischen Terminologie vorgetragen wird, ist nichts anderes als die Ergänzung des Begriffes einer theoretischen Kausalität durch den Begriff einer *praktischen Kausalität,* wobei ersterer einen technischen Rationalitätsbegriff, letzterer einen normativen Rationalitätsbegriff repräsentiert. In dessen Rahmen gehören auch praktische Orientierungen noch zu einer Theorie, die ihrerseits ihre Funktion als praxisstabilisierende Theorie wiedergewinnen soll.

Daß diese Absicht sich im 17. und 18. Jahrhundert nicht durchsetzt und auch durch Kants Unterscheidung von theoretischer und praktischer Vernunft historisch gesehen wirkungslos bleibt, ist hinlänglich bekannt. Die Annahme, mit einer Enzyklopädie des Wissens zugleich ein Lehrbuch der praktischen Vernunft zu schreiben, eine Annahme, an deren vermeintlicher Plausibilität auch Leibniz schließlich maßgeblich beteiligt war, erweist sich als naiv, und damit im Grunde auch die Identifikation von Wissenschaft und Aufklärung selbst. Daß sie im Zeitalter der Vernunft dennoch eine emanzipatorische Rolle gespielt hat, liegt im wesentlichen daran, daß durch eine neue naturwissenschaftliche Praxis einer älteren wissenschaftlichen Praxis die Legitimation entzogen wird und an dieser Praxis wegen ihrer ideologischen Verschränkung mit einer Gesamtpraxis (Beispiel: die physikalische Architektonik der Theologie im Mittelalter) die Geschichte der bisherigen Unmündigkeit der Gesellschaft zu hängen schien. Im Zeichen der Negation rührt sich ein sammelnder, forschender und bauender Geist, mit einem gesunden Vertrauen in die eigenen intellektuellen Fähigkeiten, aber mit einem falschen Augenmaß für die Bedingungen der eigenen Praxis. Die Französische Revolution, die diese Praxis als eine gemeinsame verändert, kommt zumindest für diejenigen, die in einer technischen Rationalität die Autonomie der menschlichen Vernunft schon verwirklicht sahen, unerwartet, desgleichen aber auch für diejenigen, die wie Kant niemals davon ausgingen, praktische Vernunft auch als historische Vernunft zu begreifen.

So fällt die Rolle der Aufklärung jenseits der Grenzen einer historischen Aufklärung heute einer Philosophie zu, die sich weder als der verlängerte Arm der Wissenschaften noch als praxislose Theorie in einer oft als idealistisch bezeichneten Form versteht. Während die Überzeugung, allein die Rationalität einer wissenschaftlichen Praxis verbürge als solche schon die Wirksamkeit von Aufklärung, nur wieder in das szientistische Mißverständnis hinsichtlich der Möglichkeit begründeter praktischer Orientierungen führt, setzt jene idealistische Variante nur die Geschichte eines kontemplativen Mißverständnisses fort. Dieses sich mit der Position Descartes' verknüpfende Mißverständnis besteht in der Überzeugung, daß Theorie für sich genommen schon die Praxis verändern könne, daß, mit anderen Worten, auch die Geschichte selbst das materiale Resultat eines theoretischen Bewußtseins sei. Daß dem nicht so ist, wissen wir nicht erst seit Marx, auch wenn wir es seither genauer wissen.

V

Philosophie als *praxisleitende Aufklärung*, Wissenschaft als *praxissichernde Zweckrationalität* – die Dinge scheinen einfach zu sein, nachdem erst einmal den beiden alternativen philosophischen Mißverständnissen, der szientistischen und der kontemplativ-metaphysischen Orientierung der Philosophie, der Boden entzogen ist. Gerade dies aber ist in wenigen Worten nicht getan. Dazu sind philosophische Traditionen in der Regel zu stark und wissenschaftliche Traditionen in der Regel zu unbeteiligt, wenn es um nicht allein methodologische Fragen der Konsistenz und Zweckmäßigkeit einer wissenschaftlichen Praxis geht. Andererseits sind es eben solche Fragen, Fragen des inneren Fundierungszusammenhanges von Theorie und Praxis, die als gemeinsame Fragen von Philosophie und Wissenschaft gelten können und daher auch im Zuge ihrer Beantwortung das problematische Verhältnis von Philosophie und Wissenschaft zueinander, das nicht zuletzt das Resultat einer historischen Entwicklung ist, neu bestimmen lassen. Daß an einer derartigen Klärung die Philosophie stärker interessiert ist als die Wissenschaften, ist dabei nicht weiter verwunderlich, solange die Wissenschaften, insbesondere die Naturwissenschaften, in ihrer Praxis dem erläuterten technischen Rationalitätsbegriff folgen und der Philosophie angesichts dieses Umstandes nichts anderes übrigzubleiben scheint, als ihrerseits entweder selbst, in der Reduktion auf Wissenschaftstheorie, diesen Rationalitätsbegriff zu übernehmen oder eigene Wege zu gehen, die oft nur die alten Wege praxisloser Theorien sind.

Es kommt also darauf an, den Wissenschaften gegenüber klar zu machen, daß es hier in der Tat um gemeinsame Fragen geht, daß Wissenschaft in ihrer Rolle als praxissichernde Zweckrationalität selbst einer praxisleitenden Reflexion bedarf, die ihrerseits sowohl theoretische als auch praktische Zusammenhänge betrifft und als Aufgabe einer *methodischen Philosophie* bezeichnet werden kann. Der Verselbständigung der Zweckrationalität, die zuvor bereits im Begriff einer vermeintlichen Autonomie der Wissenschaften kritisiert worden war, muß dabei als erstes entgegengehalten werden, daß auch Wissenschaft ihre Basis in einer gemeinsamen Praxis hat, die sie zwar über ihre Resultate und Anwendungen als historische Praxis ständig selbst verändert, von deren gewissermaßen transzendentalen Bestimmungen sie aber dennoch abhängig bleibt. Unter solchen Bestimmungen ist der Umstand verstanden, daß das methodische Mittel der Begründung, das in einer wissenschaftlichen Praxis nur eine besondere Theoretisierung erfährt, selbst in der Praxis des begründenden Redens gewonnen ist, aus ihr unmittelbar hervorgeht, und daß andererseits auch das methodische Mittel der Rechtfertigung von Zielen keine ›Erfindung‹ eines erst theoretischen Interesses ist, sondern sich mit dem Begriff des Handelns selbst unmittelbar verbunden erweist. Einem Handeln Geltung verschaffen bedeutet, wenn man nicht das jede Praxis zerstörende Mittel seiner gewaltsamen Durchsetzung wählt, Ziele dieses Handelns argumentativ in Kraft setzen, d. h. andere in selbst schon rechtfertigender Rede von diesen Zielen überzeugen. Wissenschaften sind in diesem Zusammenhang damit nur die theoretische Verlängerung eines für jede elementare Praxis konstitutiven Zusammenhanges von begründender Rede und zielgerichtetem Handeln, wissenschaftliche Interessen nur die theoretische Fassung praktischer Interessen, auch dann, wenn dieser schon einmal als praktische Kausalität bezeichnete Zusammenhang unter den besonderen historischen Umständen einer wissenschaftlichen Praxis, insbesondere dann, wenn diese unter einem technischen Rationalitätsbegriff steht, faktisch nicht mehr gesehen wird.

Ein wesentlicher Grund dafür ist die Arbeitsteiligkeit von wissenschaftlicher Praxis und allgemeiner gesellschaftlicher Praxis, die nur noch Fragen der Funktionsbestimmung einer wissenschaftlichen Praxis in einer allgemeinen Praxis, keine Fragen eines Bedingungszusammenhanges mehr zu erfordern scheint. Diese Arbeitsteiligkeit, die historisch von Anfang an mit dem Auftreten eines theoretischen Interesses, wenn dieses auch praktisch motiviert sein mochte, verbunden war, ist selbst ein Faktum, das sich nicht mehr rückgängig machen läßt, das aber insofern *praktisch beherrscht* werden kann, als jene doppelte Abhängigkeit einer wissenschaftlichen Praxis, die Abhängigkeit von den Bedingungen eines theoretischen Zusammenhanges und die Abhängigkeit von den Bedingungen eines praktischen Zusammenhanges, in die Begriffsbestimmung von Wissenschaft mit aufgenommen wird. Diese doppelte Abhängigkeit besagt dabei nicht etwa nur, daß wissenschaftliche Praxis begründende Praxis und zielbestimmte Praxis ist (eine solche Darstellung führte über den Begriff der bloßen Zweckrationalität nicht hinaus), sondern daß auch Wissenschaft wie jede andere Praxis ihre Ziele in begründen-

der Rede zu rechtfertigen hat. Da eine wissenschaftliche Praxis faktisch die Ziele einer Gesamtpraxis bestimmt, indem sie diese Praxis ständig verändert, muß dies zudem, wenn anders nicht ein Rückfall der gesellschaftlichen Praxis in die Naturgeschichte in Kauf genommen werden soll, gleichzeitig die Kontrolle einer wissenschaftlichen Praxis durch einen gemeinsamen Willen, der sich selbst als praktisch bestimmter Wille versteht, bedeuten. Wissenschaft in diesem Sinne ist damit kein selbständiger Handlungszusammenhang innerhalb einer arbeitsteilig organisierten Gesamtpraxis, sondern, durchaus im Anschluß an ihre historische Funktion als praxisstabilisierende Theorie, der hinter ihr stehenden praktischen Intention nach Theorie einer in ihren Zielen gerechtfertigten Praxis.
Diese ›Definition‹ von Wissenschaft folgt ersichtlich keinem deskriptiven, sonderen einem normativen und als solchem nun wiederum in einem weiteren Sinne philosophischen Interesse. Sie schließt die Aufforderung zur Herstellung einer gerechtfertigten Praxis mit ein. Aber nicht nur diese Aufforderung, wenn sie befolgt wird, wäre nunmehr geeignet, einen wissenschaftlichen Willen wieder mit einem philosophischen Willen zu verbinden, sondern auch das Faktum, daß zu dieser Herstellung Mittel erforderlich sind, die im Rahmen einer speziellen Wissenschaft in der hier erforderlichen Allgemeinheit gar nicht zur Verfügung gestellt werden können. Dazu gehören insbesondere eine Theorie der Begründung (von Sätzen) und eine Theorie der Rechtfertigung (von Zielen), in deren Rahmen wiederum jene doppelte Abhängigkeit einer wissenschaftlichen Praxis, von der zuvor die Rede war, nämlich die Abhängigkeit von den Bedingungen eines theoretischen und den Bedingungen eines praktischen Zusammenhanges, theoretisch beherrschbar würde. Als *Logik* im weiteren, Wissenschaftstheorie einschließenden Sinne, und als *Ethik* im engeren, ihre Anschlußstücke in (selbst normativ orientierten) Sozialwissenschaften suchenden Sinne wäre dies eine Aufgabe der Philosophie, in der diese ihre richtig verstandene Selbständigkeit wiedergewinnt. Als Theorie einer gerechtfertigten Praxis, nämlich als Theorie des begründenden Redens und der Rechtfertigung von Zielen, könnte sie zudem den Anspruch erheben, selbst eine Wissenschaft zu sein, ein Anspruch, den

durch Hinweis auf ihre eigenen Verfahren zu bestreiten, den Wissenschaften bisher recht leicht zu fallen schien. Andererseits kommt es auf solche Klassifizierungen auch gar nicht an. Entscheidend ist vielmehr allein, daß auf dem hier eingeschlagenen Wege die Philosophie ihren alten Wunsch, praxisleitende Aufklärung zu sein, und die Wissenschaften ihr altes Selbstverständnis, praxissichernde Zweckrationalität zu sein, auf eine begründete Weise verfolgen können. Thales und seine thrakische Magd hätten am Ende zu einem gemeinsamen Interesse gefunden.[5]

2
Die Entdeckung der Möglichkeit von Wissenschaft

Meinem verehrten Lehrer Wilhelm Kamlah
zum 60. Geburtstag

I

Wenn wir heute von Wissenschaft sprechen, dann denken wir zumeist an die neuzeitliche Wissenschaft, wie sie seit Galilei und Newton entstanden ist; wir denken dabei also insbesondere an die *exakten* Wissenschaften, wobei exakt hier heißen soll, daß gewisse Wissenschaften sich in ihrem methodischen Aufbau der Mathematik und der formalen Logik bedienen. In exemplarischer Form ist dies bei der Physik der Fall, und insofern diesen Aufbau begonnen zu haben, das Verdienst eines einzelnen Mannes, nämlich Galileis ist, scheint es darum auch gerechtfertigt zu sein, mit dem Anfang des 17. Jahrhunderts einen absoluten Anfang in unserer Wissenschaftsgeschichte, zumindest aber in der Geschichte des Selbstverständnisses der Wissenschaft zu setzen. Gleichwohl glauben wir nun aber zu wissen, daß nicht erst die Neuzeit seit 1600, sondern weit früher schon das griechische Denken die Wissenschaft in die Welt brachte, und von einem Anfang der Wissenschaft zu reden, nur Sinn hat, wenn man bedenkt, welche Rolle die Griechen in der Geschichte der wissenschaftlichen Bemühungen des Menschen gespielt haben. Tatsächlich wird denn auch zu Beginn des 17. Jahrhunderts nicht die Wissenschaft überhaupt entdeckt, sondern lediglich die Möglichkeit der Physik als Wissenschaft[1]. Und nur weil die Physik alsbald zur exemplarischen Wissenschaft schlechthin wurde und darüber hinaus bis heute diejenige Wissenschaft geblieben ist, die auf dem Umweg über die Technik in einzigartiger Weise verändernd in die Welt und in das Leben des einzelnen eingreift, kann der Eindruck entstehen, es handele sich bei der Entstehung der neuzeitlichen Wissenschaft um das Entstehen von Wissenschaft überhaupt.

Nun könnte man meinen, die griechische Wissenschaft stelle lediglich die Vorgeschichte jener Wissenschaft dar, wie sie recht eigentlich erst im 17. Jahrhundert beginnt; man würde also

einräumen, daß es auch vorher schon Wissenschaft gab, dann jedoch glauben, daß es sich hierbei lediglich um mehr oder weniger triviale Vorstufen handele, die man getrost wieder vergessen kann, nachdem man sich der Ziele der neuzeitlichen Wissenschaft versichert hat. Aber diese Betrachtungsweise greift zu kurz. Sie greift zu kurz nicht nur, weil gewisse Erkenntnisse z. B. der griechischen Mathematik und der griechischen Astronomie keineswegs trivial sind, sondern weil es, wenn wir nach dem Begriff der Wissenschaft fragen, gar nicht auf den sogenannten Stand der Forschung – z. B. also den Stand der antiken Forschung um −400 im Vergleich zu dem der neuzeitlichen Forschung, sagen wir im Jahre 1687 (Erscheinungsjahr von Newtons *Philosophiae Naturalis Principia Mathematica*) – ankommt, sondern auf die *Idee* der Wissenschaft, wie sie sich Tag für Tag in der wissenschaftlichen Arbeit realisiert und wie sie irgendwann einmal bewußt erfaßt worden sein mußte.
Wissenschaft treiben ist ja eben nicht so etwas Selbstverständliches wie z. B. Essen, Trinken und Schlafen, also etwas, das der Mensch immer schon tut und tun muß, um existieren zu können. Auch daß der Mensch nicht nur Ackerbau und Handel, sondern ebenso Wissenschaft treibt, ist keineswegs selbstverständlich und kann nur jenem selbstverständlich erscheinen, der bereits in einer langen wissenschaftlichen Tradition steht, die selbst die Frage nach ihrem Ursprung nicht mehr stellt. Das heißt aber: die *Möglichkeit* der Wissenschaft mußte ausdrücklich erst *entdeckt* werden; und dies – die Entdeckung der Möglichkeit von Wissenschaft überhaupt – ist es, was wir den Griechen als geniale Tat zuschreiben. Nicht das Verdienst also, einiges schon erkannt und damit der neuzeitlichen Wissenschaft wertvolle Ansätze oder, wie in der Mathematik und in der Logik, die charakteristischen Hilfsmittel zu ihrer Konstituierung als exakter Wissenschaft an die Hand gegeben zu haben, ist das Entscheidende, sondern die Einsicht in eine Möglichkeit des Menschen, an die bislang niemand gedacht hatte, deren Realisierung aber dann das Leben des Menschen bis auf den heutigen Tag bestimmen sollte.
Wenn somit im folgenden von dem Begriff der Wissenschaft in der Antike die Rede sein soll, dann nicht von irgendeinem beliebigen Begriff, wie man etwa auch nach dem Wissenschaftsbegriff der römischen Kaiserzeit oder der Spätscholastik fra-

gen könnte, sondern von der Entdeckung der Möglichkeit von Wissenschaft überhaupt und davon, wie die Griechen mit dieser ihrer großartigen Entdeckung ›fertiggeworden‹ sind, was sie mit ihr anfingen und wie sie selbst über sie dachten.

II

Wollte man sich darauf beschränken, aus der Sicht dessen, der auch die auf die Antike folgende Wissenschaftsgeschichte einigermaßen überblickt, festzustellen, was die besondere Stellung der Griechen in dieser Wissenschaftsgeschichte ausmacht, so wird man sagen dürfen, daß sie als erste *Theorien* ausgebildet haben. Unter einer Theorie verstehen wir eine Reihe von Sätzen, die z. B. in bestimmter geordneter Weise voneinander logisch abhängig sind und auf diese Weise einen Satzzusammenhang oder ein *Satzsystem* darstellen. *Bewiesen* werden Sätze eines solchen Satzsystems in der Regel, indem man gewisse Sätze als logische Folgerungen anderer, bereits *gesicherter* Sätze aufweist. Wie man in diesem Zusammenhang zu *ersten* gesicherten Sätzen kommt, ist dabei eine spezielle Frage, die im Augenblick noch außer Betracht bleiben kann. Worauf es hier zunächst lediglich ankommt, ist die Feststellung, daß man mit einer solchen Überlegung zwar das charakteristische und für die Folgezeit so bedeutende Moment des griechischen wissenschaftlichen Denkens erfaßt haben dürfte, daß man damit aber noch nicht verstanden hat, wie es zu dieser speziell griechischen Theorienbildung kam und wieso damit eigentlich etwas entscheidend Neues in die Geschichte des Menschen trat. Schon die Verwendung solcher Wörter wie ›Theorie‹, ›Satzsystem‹, ›beweisen‹ und ›logisch folgern‹ erfolgt ja im Rahmen einer Fachsprache, die wir zu sprechen gewohnt sind, ohne daß uns normalerweise einfiele, hinter diesen Wörtern ›Entdeckungen‹ zu vermuten, die keinesfalls selbstverständlich sind. Daß man es in der Wissenschaft mit *Sätzen* zu tun hat, daß man diese Sätze *beweisen* kann, das sind z. B. solche Entdeckungen, von denen der Wissenschaftler zwar täglich Gebrauch macht, deren Bedeutung aber nur selten richtig eingeschätzt wird.
Der erste, der nach griechischer Überlieferung Sätze aufgestellt und bewiesen haben soll, war Thales von Milet. Im einzelnen

werden ihm bekanntlich die folgenden elementaren geometrischen Sätze zugeschrieben: (1) Der Kreis wird durch jeden seiner Durchmesser halbiert[2], (2) die Scheitelwinkel sich schneidender Geraden sind gleich[3], (3) die Basiswinkel im gleichschenkligen Dreieck sind gleich[4], (4) zwei Dreiecke, die in einer Seite und den anliegenden Winkeln übereinstimmen, stimmen in allen Stücken überein[5], und (5) der Peripheriewinkel im Halbkreis ist ein rechter[6]. Die Überlieferung darf, mit Ausnahme des fünften Satzes[7], als einigermaßen gesichert gelten[8], zumal Eudem, auf den sich Proklos in seiner Wiedergabe der Sätze bezieht, selbst Originales von Erschlossenem trennt[9] und beim dritten Satz entgegen der damals üblichen Bezeichnung ἴσαι für gleiche Winkel das altertümliche ὅμοιαι bringt[10]. Nun ist die Frage nach der Anzahl wirklich auf Thales zurückgehender Sätze in diesem Zusammenhang nur von sekundärer Bedeutung; entscheidend ist, daß überhaupt solche Sätze (θεωρήματα) von Thales, oder sei es auch einem anderen Griechen um − 600 aufgestellt wurden[11]. Sätze nach Art der fünf genannten hat es vorher, speziell in der babylonischen Mathematik[12], nicht gegeben. Diese vorgriechische Mathematik begnügte sich vielmehr mit der Zusammenstellung praktischer Regeln und Verfahren zur Lösung konkreter Aufgaben, wie sie etwa die Praxis der Feldereinteilung ergab, und ging, wie sich heute bereits mit einiger Sicherheit sagen läßt, noch nicht zu einer in dieser Weise ›zweckfreien‹ Betrachtung der Regeln oder Rezepte über. So wurde z. B. praktisch bereits nach dem sogenannten pythagoreischen Lehrsatz gerechnet, eine Feststellung, die das Niveau dieser vorgriechischen Mathematik deutlich vor Augen stellt, ohne daß dieser Lehrsatz jedoch unabhängig von bestimmten vorgegebenen Aufgaben jemals ausdrücklich als Satz über Hypotenusenquadrat und Kathetenquadrate formuliert worden wäre[13]. Wenn wir heute sagen, daß die Babylonier den pythagoreischen Lehrsatz praktisch schon benutzt haben, so machen wir hierin eben Gebrauch von einer Ausdrucksweise, die erst mit der griechischen Mathematik, speziell mit der Thaletischen Geometrie sinnvoll wurde.

Im Unterschied zu den praktischen Sätzen der vorgriechischen Mathematik, die in Form von Rechenvorschriften und Rezepten ausgesprochen wurden, lassen sich die Thaletischen Sätze

vielleicht am besten als *theoretische* Sätze bezeichnen. In diesen Sätzen ist von speziellen Aufgaben und Anwendungsmöglichkeiten ganz abgesehen; diese Sätze sind nicht formuliert, um z. B. dieses oder jenes Dreieck konstruieren zu können, sondern um etwas mitzuteilen, was der Konstruktion aller möglichen Dreiecke noch vorausgeht. Vielleicht könnte man sagen, daß diese Allsätze, um solche handelt es sich hier, hervorgegangen sind aus einer Reflexion auf das Funktionieren jener babylonischen Rezepte, sie wären also die griechische Antwort auf ein ebenso griechisches wissenschaftliches Warum. Doch müssen solche Überlegungen notwendig bloße Vermutungen bleiben, in denen zudem im einzelnen immer noch allzu viele Einsichten und Fragestellungen vorausgesetzt werden, auf die zu reflektieren doch erst durch das griechische Denken möglich wurde. Man wird sich also mit der Feststellung zufriedengeben müssen, daß aller Wahrscheinlichkeit nach Thales als erster die Möglichkeit gesehen hat, theoretische Sätze (und das heißt für den Fall der Geometrie: Sätze über *ideale Gegenstände*) zu formulieren. ›Sätze über Verhältnisse im Kreis‹ oder ›Sätze über Winkel‹ aufzustellen und in dieser Aufstellung eine sinnvolle Tätigkeit zu sehen, das ist eine ›Entdeckung‹, die weder notwendig noch einfach naheliegend war, und die gemacht zu haben, das Verdienst eines Denkens ist, das wir, zumeist recht allgemein, als das griechische Denken zu bewundern pflegen.
Wichtiger noch als der Übergang von praktischen zu theoretischen Sätzen aber ist für das Entstehen der Wissenschaft der Umstand, daß Thales diese seine theoretischen Sätze ausdrücklich zu *beweisen* suchte[14]. Auf den Gedanken, seine Sätze zu beweisen oder gar beweisen zu müssen, um sie in Form von Vorschriften bestimmten Aufgaben beifügen zu können, ist kein Babylonier gekommen; wie sich bezeichnenderweise auch nachweisen läßt, daß es hier falsche Rezepte gab, nach denen gleichwohl, weil sie noch einigermaßen brauchbare Resultate lieferten, fortwährend gerechnet wurde[15]. Die Frage aber, warum Thales gerade auf diesen Gedanken kam, läßt sich noch schwieriger beantworten als die Frage nach der ›Herkunft‹ seiner theoretischen Sätze. Die bisher vorgebrachten Erklärungsversuche sind wenig befriedigend. Wenn z. B. van der Waerden erklärt, Thales habe gelegentlich zwischen zwei divergierenden Resultaten, etwa zwischen der babylonischen[16]

Kreiszahl $\pi = 3$ und der ägyptischen $\pi = 4 \cdot (\frac{8}{9})^2$, entscheiden müssen, und er habe dies eben »einfach« dadurch getan, »indem er sie bewies«[17], so wird damit nur gesagt, wie man *heute* natürlich vorgehen würde, nachdem die Möglichkeit des Beweisens jedermann geläufig ist, aber nicht erklärt, was es bedeutet, diese Möglichkeit allererst entdeckt zu haben.

Wenn man hier überhaupt von einem Bedürfnis sprechen will, das bei Thales zur Entdeckung der Beweismöglichkeit geführt haben mag, so ließe sich vermuten, daß hinter dieser Entdekkung die Frage steht, wovon denn in den theoretischen Sätzen überhaupt die Rede ist. Nach Platon sagen wir, daß diese Sätze Sätze über ideale Gegenstände sind; um aber deutlich zu machen, was damit gemeint ist, muß man über die Formulierung der Sätze hinaus offenkundig noch zusätzlich etwas tun, d. h. man muß Handlungen anführen oder Zusammenhänge aufweisen, die auch jemand anderen in die Lage versetzen, diese Sätze seinerseits zu übernehmen. Gelingt dies, d. h. läßt sich die Wahrheit dieser Sätze jedermann einsichtig machen, und sei es durch Beachtung gewisser Evidenzen, so mag damit dann die zweite Thaletische Entdeckung einigermaßen umschrieben und als provoziert durch die erste Entdeckung verstanden sein, wobei es relativ gleichgültig ist, ob man das hier angedeutete Verfahren ›Beweisen‹ nennt oder irgendwie anders.

Glücklicherweise sind wir nun in der Lage, mit einiger Sicherheit sagen zu können, wie Thales seine Sätze bewiesen hat. Unter den Axiomen findet sich bei Euklid als siebtes das sogenannte Kongruenzaxiom: »Was einander deckt, ist einander gleich« (τὰ ἐφαρμόζοντα ἐπ' ἀλλήλα ἴσα ἀλλήλοις ἐστίν). Von diesem Axiom macht Euklid dann im folgenden lediglich beim Beweis dreier Sätze, darunter des ersten Kongruenzsatzes (I, 4), Gebrauch[18], und dies ist um so verwunderlicher, als sich gewisse Ungenauigkeiten in den Gleichheitsdefinitionen ohne weiteres hätten vermeiden lassen, wenn Euklid häufiger auf dieses Axiom zurückgegriffen hätte[19]. Offenbar sucht er jedoch absichtlich die Verwendung dieses Axioms auf jene Fälle zu beschränken, in denen er, wie beim ersten Kongruenzsatz, keine andere Beweismöglichkeit sieht. Diese Abneigung dem siebten Axiom gegenüber läßt sich wiederum daraus erklären, daß dieses Axiom ›Bewegung‹ benutzt, sich also auf ein Verfahren bezieht, das offenkundig einen stark *empirischen*

Charakter besitzt; beim Beweis des ersten Kongruenzsatzes heißt es ausdrücklich: »*Deckt* man nämlich Dreieck ABC *auf* Dreieck DEF (ἐφαρμοζομένου) und *legt* dabei (τιθεμένου) Punkt A *auf* Punkt D sowie die Gerade AB *auf* DE...«[20]. Dieses ›empirische‹, genauer vielleicht: dynamische Verfahren, das Übereinanderlegen oder Aufeinanderklappen von Figuren, ist Euklid zweifellos ein Ärgernis; wie man aber aus einigen Mitteilungen, die wir Proklos verdanken, entnehmen kann, ist damit nun genau das Verfahren benannt, dessen man sich früher ausgiebig zu Beweiszwecken bediente! Insbesondere erwähnt Proklos einen solchen Klappbeweis für den Thaletischen Satz, daß der Kreis durch jeden seiner Durchmesser halbiert wird[21], und dies unmittelbar im Anschluß an jene von Eudem übernommene Bemerkung, daß Thales diesen Satz *bewiesen* habe[22]! Es liegt damit nahe, in der von Euklid so ängstlich gemiedenen und in neuerer Zeit bei Hilbert durch Kongruenzaxiome ersetzten Methode des Aufeinanderlegens und Aufeinanderklappens das seit Thales übliche Beweisverfahren zu sehen, zumal sich alle Thales zugeschriebenen Sätze tatsächlich ohne weiteres mit Hilfe dieser Methode beweisen lassen[23].
Damit wäre also das Thaletische Beweisverfahren rekonstruiert und scheinbar gleichzeitig als ein *empirisches* Verfahren bezeichnet. In der Tat nehmen die meisten der modernen Interpreten an, daß Thales in dieser Weise empirisch vorgegangen ist. Doch hat bereits 1902 B. Russell in einem Enzyklopädieartikel darauf aufmerksam gemacht, daß auch die im ἐφαρμόζειν beschriebene Klappmethode schon im Sinne des modernen Kongruenzbegriffes geometrischer Figuren aufgefaßt werden kann; es wird nicht wirklich mit Figuren hantiert, sondern lediglich die Aufmerksamkeit von einer Figur auf eine andere gelenkt, die unter anderem durch gewisse Eigenschaften bestimmt ist, die sie mit der ersteren teilt[24]. Diese Bemerkung Russells, in der K. v. Fritz explizit eine Ehrenrettung Euklids gegenüber dem Vorwurf, er benutze selbst empirische Hilfsmittel, sehen will[25], läßt sich nun auch zur Interpretation Thaletischer Beweisformen heranziehen, zumal ja keineswegs ausgemacht ist, daß Thales selbst dieses Klappverfahren so empirisch verstanden hat, wie Euklids Ausdrucksweise es nahelegt[26]. Anhand der sogenannten Thaletischen Grundfigur, einem Rechteck mit Diagonalen und umschriebenem Kreis,

kann man sich vielmehr ohne große Mühe deutlich machen, daß hier als Beweismethode auch einfache *Symmetriebetrachtungen* in Frage kommen können[27]. Mit dem Hinweis auf ein Klappverfahren würde dann nur auf handgreifliche Weise zum Ausdruck gebracht, daß z. B. im Falle des dritten Satzes (Gleichheit der Basiswinkel im gleichschenkligen Dreieck) das gleichschenklige Dreieck in bezug auf die Winkelhalbierende symmetrisch ist. Thales hätte demnach seine Sätze durch Symmetriebetrachtungen bewiesen, die ihrerseits nicht als Sätze auftreten, sondern unmittelbare, am Objekt gewonnene Einsichten – nämlich daß bestimmte Homogenitätsforderungen am Objekt erfüllt sind – darstellen. Erst die Tradition hat diese Betrachtungen dann durch gewisse, dabei stillschweigend immer schon mitbenutzte Sätze ersetzt. So werden, worauf bereits kurz hingewiesen wurde, von Hilbert Kongruenzaxiome ergänzend in die Geometrie eingeführt, die z. B. bei Euklid noch fehlen[28].

Mit der Realisierung der Möglichkeit theoretischer Sätze und der Möglichkeit des Beweises sind damit am Anfang des griechischen Denkens jene Entdeckungen gemacht, die für den dann faktisch erfolgten Aufbau der Wissenschaft von eminenter Bedeutung sind, ohne daß man behaupten könnte, Wissenschaft sei schlechterdings auf diese Entdeckungen als die Bedingungen ihrer Möglichkeit angewiesen. Dies ist zwar richtig für jene Form der Wissenschaft, wie sie sich seit den Griechen entwickelt hat, doch wäre auch eine Weiterführung der babylonischen Verfahren ohne die Thaletischen Entdeckungen immerhin denkbar, die nicht unbedingt weniger anspruchsvoll als die griechische und neuzeitliche Wissenschaft hätte ausfallen müssen und die sich natürlich auch als Wissenschaft hätte verstehen können. Nun interessiert an dieser Stelle nicht die Frage, wie Wissenschaft allenfalls auch noch möglich sein könnte, sondern allein, wie sie faktisch möglich wurde. Und in Beantwortung dieser Frage haben sich die beiden genannten Entdeckungen zunächst als die zentralen Voraussetzungen herausgestellt. Allerdings genügen sie so, wie sie bisher in ihrem Ursprung behandelt wurden, noch nicht, um das Entstehen des wissenschaftlichen Denkens, speziell bei den Griechen, gänzlich einsichtig zu machen.

Wie zu Beginn erwähnt wurde, liegt ein wesentliches Charak-

teristikum der Theorienbildung weiterhin darin, daß die Sätze einer solchen Theorie untereinander durch gewisse *logische Abhängigkeiten* ausgezeichnet werden. Man kann auch sagen, daß überhaupt erst durch die Herstellung solcher Abhängigkeiten eine Theorie entsteht. In der Durchführung führt dies nun in der griechischen Geometrie, wie sie bei Euklid in beispielhafter Form vorliegt, zu einem axiomatisch-deduktiven Aufbau oder kurz: zu einer *axiomatischen* Theorie, in der aus an den Anfang gestellten nicht bewiesenen Sätzen alle übrigen Sätze erschlossen werden. Dieses Verfahren aber setzt nun zweifellos Logik, zumindest die Kenntnis des *logischen Schließens* voraus, womit eine weitere ›Entdeckung‹ an den Anfang des wissenschaftlichen Denkens bei den Griechen rückt. Blickt man dabei auf den Werdegang der griechischen Geometrie, d. h. auf ihre allmähliche Entwicklung zu einer axiomatischen Theorie, so scheint diese Entdeckung sogar gegenüber den beiden anderen Entdeckungen den Vorrang zu haben. Tatsächlich wird häufig die Meinung vertreten, erst die Logik habe überhaupt die spezifisch griechische Form der Mathematik im Unterschied zur babylonischen Form ermöglicht und es seien insbesondere die Eleaten gewesen, die mit der originalen Entwicklung logischer Beweisformen, vor allem der Form des *indirekten* Beweises, diese Mathematik hervorgebracht hätten[29]. Gegenüber dieser Behauptung hat die Gegenthese, die ebenfalls gelegentlich vertreten wird, daß nämlich die Mathematik es gewesen sei, die historisch gesehen die Logik aus sich entlassen habe, einen schweren Stand, wenn man unter Mathematik hier schon einen axiomatischen Aufbau im Stile Euklids versteht[30]. In der Tat ist es absurd, sich eine axiomatische Theorie vorzustellen, die sozusagen logikfrei sich konstituieren sollte, um erst nachträglich zum methodischen Vorbild einer sich langsam entwickelnden Logik zu werden.
Nun gehen diese Überlegungen in der Regel davon aus, daß die griechische Mathematik, speziell die griechische Geometrie, von Anfang an auf eine axiomatische Theorie hin entworfen wurde. Daß sie diesen Weg faktisch beschreiten sollte, darüber kann in der Tat kein Zweifel bestehen, doch ist sehr die Frage, ob man die Behauptung, sie habe das immer schon getan, wirklich aufrechterhalten kann. Eine nüchterne Betrachtung des Thaletischen Beweisverfahrens bietet z. B., wie vielleicht deut-

lich geworden ist, noch keinerlei Anlaß dazu, diese Behauptung aufzustellen oder zu übernehmen. In der bisherigen Literatur wird allerdings auch Thales, wenn man ihn nicht von vornherein als quasi mythische Gestalt aus der Wissenschaftsgeschichte herausnimmt, schon das methodische Bewußtsein zugesprochen, Sätze ließen sich durch andere Sätze beweisen. So pflegt man insbesondere in der Betrachtung des Satzes über die Gleichheit der Basiswinkel darauf hinzuweisen, daß der Beweis dieses Satzes unter anderem vom ersten Thaletischen Satz über die Halbierung des Kreises durch den Durchmesser Gebrauch mache, indem von der Annahme ausgegangen werde, daß die gemischtlinigen Halbkreiswinkel im Kreis einen festen Wert besitzen[31]. Gerade dieser Basiswinkelsatz aber läßt sich unter Hinweis auf das Klappverfahren, wie gezeigt werden konnte, auch durch einfache Symmetriebetrachtungen beweisen, womit zumindest deutlich sein dürfte, daß Thales nicht unbedingt, wenn er diesen Satz überhaupt bewiesen hat[32], auf andere Sätze angewiesen war[33]. Im Gegenteil; da in dem so verstandenen Klappverfahren gegenüber dem in einem axiomatischen Aufbau verwendeten Beweisverfahren mit Sicherheit ein Stück archaischer Beweismethode greifbar ist, wird man annehmen dürfen, daß es auch bei Thales gegenüber anderen Verfahren primär ist. Wir hätten damit entgegen der sonst üblichen Ansicht in der Thaletischen Geometrie ein Stück logikfreier Elementargeometrie vor uns, eine Geometrie, in der noch keine logischen Schlüsse verwendet zu werden brauchen. Dieses Ergebnis ist dabei insofern von Bedeutung, als man einerseits jetzt sagen kann, daß zu Beginn der griechischen Geometrie über deren axiomatischen Werdegang noch keineswegs entschieden war, und andererseits auch gegenwärtig Bemühungen im Gange sind, die Axiome der Geometrie womöglich anders als durch bloße Evidenzen zu begründen[34].

Wie es scheint, hat die griechische Geometrie jedoch sehr früh, sozusagen noch in ihrer Gründerzeit, begonnen, axiomatisch zu denken. Proklos gibt zweifellos einer bald uneingeschränkt herrschenden Überzeugung Ausdruck, wenn er in seinem Kommentar zu Euklids *Elementen* erklärt: »Da wir behaupten, daß diese Wissenschaft, die Geometrie, auf Voraussetzungen beruhe und von bestimmten Prinzipien aus die abgeleiteten Folgerungen beweise ..., so muß unbedingt der Verfasser eines geometrischen Elementarbuches gesondert die Prinzipien der Wissenschaft lehren und gesondert die Folgerungen aus den Prinzipien; von den Prinzipien braucht er nicht Rechenschaft zu geben, wohl aber von den Folgerungen hieraus«[35].

Zum ersten Male faßbar ist diese Tendenz der griechischen Geometrie, sich als axiomatische Theorie zu etablieren, bei dem durch seine Möndchenquadraturen, also die Quadraturen krummliniger Figuren, berühmt gewordenen Mathematiker Hippokrates von Chios. In dem im wesentlichen auf Eudem zurückgehenden Geometerkatalog findet sich bei Proklos die Notiz, Hippokrates habe als erster Στοιχεῖα, nämlich ›Elemente‹ im Stile Euklids, geschrieben[36], und das ebenfalls aus Eudem stammende Referat des Simplikios über die Möndchenquadraturen hebt gleich zu Beginn ausdrücklich hervor, daß Hippokrates sich eine ἀρχή gemacht und zum Beweis eines Satzes andere Sätze herangezogen habe[37]. Interessant ist dabei nun, daß dort, wo zum ersten Male Anfänge einer axiomatischen Theorie sichtbar werden, zugleich eleatischer Einfluß bemerkbar ist. Wenn Hippokrates z. B. jene Fälle unterscheidet, bei denen der äußere Bogen des Möndchens gleich, größer oder kleiner als der Halbkreis ist, um auf diese Weise alle möglichen Fälle zu diskutieren[38], so ist mit Händen zu greifen, daß er darin methodisch dem bereits bei Parmenides selbst in den sogenannten ›drei Wegen der Forschung‹ faßbaren eleatischen Argumentationsschema folgt, das in der Dialektik zunächst die Unterscheidung verschiedener möglicher Behauptungen und schließlich die Eliminierung der falschen Behauptungen verlangt[39].

Die These, zwischen eleatischer Reflexion auf die Form des Argumentierens und dem Entstehen der Mathematik, speziell der Geometrie, als beweisender Wissenschaft bestehe ein Abhängigkeitsverhältnis derart, daß erst jene Reflexion diese Wissenschaft ermöglicht habe, ist also nur richtig, insofern man dabei an eine Geometrie nach euklidischem Muster denkt, die ja zumindest Vertrautheit mit logischen Schlüssen voraussetzt, und die Möglichkeit Thaletischer Geometrie einmal außer acht läßt. Faktisch hat sich denn auch die ›Eleatisierung‹ der griechischen Geometrie so ausgewirkt, daß man jene beinahe 200 Jahre ältere Möglichkeit gänzlich wieder vergaß, die Thaletischen Sätze im Sinne einer axiomatischen Theorie verstand, wie sie Proklos in seinen Worten zu rechtfertigen sucht, und diese ›neue‹ Geometrie bald als Musterbeispiel des mit dem eleatischen Denken begonnenen ›wissenschaftlichen‹ Denkens auffaßte. Wo bereits in der Antike über die Wissenschaftlichkeit der Wissenschaft diskutiert wird, geschieht dies ausdrücklich immer im Hinblick auf die Mathematik als exemplarische Wissenschaft.

III

Mit dem Hinweis, daß sich die antike Reflexion über die Wissenschaft an der Mathematik als exemplarisch verstandene Wissenschaft orientiert, ist nun ein weiterer Gesichtspunkt geltend gemacht, der geeignet ist, die hier begonnene Betrachtungsweise zu rechtfertigen. In Anlehnung an Aristotelischen Sprachgebrauch erblickt man üblicherweise im ›Denken des Allgemeinen‹, also in generellen Sätzen, die besondere Leistung und wissenschaftsbildende Eigenart des griechischen Geistes. Dieses Denken manifestiert sich nun zweifellos auch in der Aufstellung jener Thaletischen theoretischen Sätze (das sind ebenfalls generelle Sätze!), von denen bisher die Rede war, ließe sich aber ebenso gut auch in den spekulativen Äußerungen frühgriechischer Naturphilosophie über das Seiende als Ganzes nachweisen. Wenn von diesen Spekulationen hier ganz abgesehen wird, dann einmal darum, weil – wie bereits hervorgehoben – mit der Theorienbildung und den dabei vorausgesetzten Entdeckungen der Möglichkeit theoretischer Sätze und Beweise für den zukünftigen Gang der Wissenschaft die entscheidenden Schritte getan sind, zum anderen aber, weil eben auch in der Antike schon die Frage, wie Wissenschaft möglich ist und wie sie im einzelnen verfahren soll, am Beispiel der Mathematik erörtert wird. Allerdings tritt diese Frage, wie sich zeigen wird, nicht unmittelbar mit den Anfängen der Mathematik auf. Es ist keineswegs so, daß etwa die griechische Geometrie sofort begonnen hätte, über ihr eigenes Tun, z. B. also über die Auszeichnung gewisser Sätze als erster Sätze bei ihrer Konstituierung als axiomatischer Theorie zu reflektieren. Diese Reflexion wird vielmehr erst bei Platon und Aristoteles in einem ersten Versuch nachgetragen, wobei deutlich wird, daß gewisse Fragen

in der griechischen Geometrie bislang entweder gar nicht gestellt oder doch zumindest vernachlässigt wurden.
Vielleicht die wichtigste dieser Fragen ist die nach der Idealität geometrischer Gegenstände. Bei der Erörterung der Thaletischen Entdeckung des Beweises war gesagt worden, daß diese Entdeckung möglicherweise durch die Frage erzwungen wurde, wovon denn in den theoretischen Sätzen überhaupt die Rede ist, wobei die beim Beweisen vorgenommenen Handlungen, etwa an der Thaletischen Grundfigur, dann dazu dienten, sich der idealen Gegenstände, über die man sprach, zu vergewissern. Dieser Vorgang des Sichvergewisserns wird nun im Verlauf der Axiomatisierung der Geometrie in zwei Schritte zerlegt; man hat sich jetzt einerseits der Axiome, andererseits der Folgerungen aus diesen Axiomen zu vergewissern. Ist dies nun bei den Axiomen einmal geschehen, was z. B. durchaus im Thaletischen Sinne nach wie vor möglich ist, so braucht im folgenden die Frage nach der Idealität geometrischer Gegenstände nicht mehr behandelt zu werden. Es genügt dann in der Regel, für einen gewünschten Beweisgang die Axiome einfach beizubringen, ohne explizit diese Frage noch zu beantworten. Es liegt mithin nahe, die Frage nach der Idealität geometrischer Gegenstände überhaupt nicht mehr als besonders dringlich anzusehen, und tatsächlich scheint man sich auch über den Status dieser Gegenstände, von denen man etwa bei der Formulierung von Sätzen über Winkel spricht, weiter keine Gedanken gemacht zu haben. Um so gefährlicher aber mußte dann gerade darum ein im Grunde so naiver Einwand gegen die Geometrie als Wissenschaft erscheinen, den Protagoras erhoben haben soll, indem er sich unter Berufung auf empirische Feststellungen gegen den geometrischen Satz wandte, daß eine Tangente eine Gerade sei, die den Kreis nur in einem Punkt berührt[40]. Natürlich wußten auch damals die Geometer, daß sie bei der Formulierung dieses Satzes z. B. nicht über einen an einem Rad lehnenden Stock sprachen, woran Protagoras bei seinem Einwand gedacht haben mag; worüber sie nun wirklich sprachen, konnten sie aber offenbar auch nicht sagen.
Der Hinweis darauf, daß es sich empirisch ganz anders verhalte, als gewisse Sätze der Geometrie es formulierten, war aber nicht nur geeignet, Mathematiker, die mit diesen Sätzen

umgingen, zu irritieren, ihnen gleichsam bewußt zu machen, sie wüßten nicht, worüber sie sprächen – er hatte vielmehr noch einen weiteren unangenehmen Begleiteffekt, da durch ihn nun auch jene Bemühungen diskreditiert erschienen, die von der Geometrie zu anderen wissenschaftlichen Zwecken Gebrauch machten. Hier ist vor allem an die wahrscheinlich auf Eudoxos zurückgehende Einführung von geographischen Koordinaten zu denken, die schematische Einteilung der Erdoberfläche in Längen- und Breitengrade, mit deren Hilfe wiederum auf geometrischem Wege die Lage einzelner Orte, ganz unabhängig von bestimmten geographischen Eigenheiten, zueinander bestimmbar wurde[41].

Diese künstliche Geometrisierung der Wirklichkeit, wie sie seit Eudoxos dann auch in der Astronomie praktiziert wird, beruht nun auf der klaren methodischen Einsicht, daß der Mensch von sich aus Gliederungen und Unterscheidungen treffen muß, um der verwirrenden Vielfalt der Erscheinungen beizukommen – sie ist insofern auch dem schlichteren Versuch des Hekataios weit überlegen, der um – 500 wohl zugunsten besserer Überschaubarkeit auf seiner Weltkarte geographische Gegebenheiten durch geometrische Figuren, Quadrate und Trapeze, wiedergab[42] und sich damit den Spott Herodots zuzog[43] –, doch dürfte wohl kein Zweifel darüber bestehen, daß dieses methodische Vorgehen empfindlich an Überzeugungskraft einbüßen muß, wenn sich herausstellt, daß die Hilfsmittel, die hier eingesetzt werden, selbst noch nicht hinreichend einsichtig und methodisch begründet sind.

In einem weiteren Sinne ist dabei auch die in mancher Beziehung unglückliche und in der Geschichte des europäischen Denkens oft verhängnisvolle Unterscheidung zwischen einer ›wirklichen‹ und einer ›wahren‹ Welt Ausdruck der in der Geometrie aufgeworfenen Frage nach dem Verhältnis idealer Gegenstände und denen der alltäglichen Erfahrung. In der Arithmetik kann diese Frage gar nicht erst auftreten, da es sich hier von vornherein um ein schematisches Operieren mit eigens ›erfundenen‹ Symbolen handelt; wo sie aber dennoch, wie in der pythagoreischen Identifizierung von Zahlen und Dingen, diskutiert wurde, ist ihre Fruchtlosigkeit und Hinfälligkeit evident. Dieser ›Vorteil‹ der Arithmetik gegenüber der Geometrie in der Konstituierung und Abgrenzung ihrer

Gegenstände ist schon in der Antike klar erkannt worden; Proklos z. B. schreibt: »Daß die Zahlen stoffloser (ἀυλότεροι) und reiner (καθαρώτεροι) als die geometrischen Größen sind, und daß die ἀρχή der Zahlen einfacher (ἁπλουστέρα) als diejenige der geometrischen Größen ist, leuchtet einem jeden ein«[44]. Die kompliziertere Lage in der Geometrie prägt sich, historisch gesehen, dann so aus, daß sie einerseits jener, ›wirkliche‹ und ›wahre‹ Welt unterscheidenden Zweiweltentheorie Vorschub leistet, andererseits aber auch zu einem empiristischen Standpunkt führt, der die Geometrie ›aus den Dingen‹ herzuleiten und ihre Sätze unter Hinweis auf diese Dinge zu beweisen sucht, und den z. B. Protagoras zu teilen scheint. Beide Auffassungen sind in gewisser Weise naiv: erstere muß sich den in der Sophistik erhobenen Vorwurf gefallen lassen, die Rede von einer ›wahren‹ Welt habe keinen angebbaren Sinn, da man diese Welt, selbst wenn es sie gäbe, nicht von der wirklichen unterscheiden könne, letztere muß darauf verzichten, zu erklären, wie es zur Aufstellung wahrer theoretischer Sätze kommt.

Damit dürfte aber nun vollends deutlich sein, daß es in der Antike sowohl bei der Frage, wie Geometrie als Wissenschaft möglich ist, als auch bei der Diskussion über die Anwendbarkeit geometrischer Verfahren und deren exemplarischen Charakter für jede wissenschaftliche Bemühung des Menschen in entscheidendem Maße auf eine Klärung der latenten Frage ankam, wie man den idealen Charakter der geometrischen Gegenstände zu verstehen habe.

Der erste, der diese Frage bewußt exponiert hat, und dies charakteristischerweise im Zusammenhang mit der Frage nach dem Wesen von Wissenschaft überhaupt, war Platon. Gegen Ende des 6. Buches heißt es an der bekannten Stelle im *Staat*, daß die Mathematiker »das Gerade und Ungerade, die Figuren und die drei Sorten von Winkeln« voraussetzen, zu ὑποθέσεις machen, »als ob sie dies schon wüßten«, und daß »sie es nicht für nötig halten, sich selbst oder anderen darüber Rechenschaft zu geben«. Vielmehr täten sie so, fährt Platon fort, »als sei dies schon jedermann klar«, und gingen sogleich von diesen Voraussetzungen aus zur Durchführung (nämlich der Beweise) über, »bis sie schließlich dorthin gelangen, auf dessen Untersuchung sie es abgesehen hatten«[45]. Erstaunlich an dieser berühm-

ten Platonischen Kritik mathematischer Verfahrensweisen ist zweifellos, daß sie die Mathematiker nicht, wie man erwarten sollte, auf ihre Begründungspflicht ersten Sätzen gegenüber aufmerksam zu machen scheint, sondern offenbar nur daran Anstoß nimmt, wie diese Mathematiker von Geradem und Ungeradem, den Figuren und den Winkeln sprechen. Unter ›Voraussetzungen‹ oder ›Grundannahmen‹ (ὑποθέσεις) wären hier demnach gar keine Axiome verstanden, sondern eben jenes allzu selbstverständliche Sprechen von nicht-empirischen Gegenständen; und Platons Interesse bestünde mithin in diesem Zusammenhang allein darin, dieses Sprechen auf seine ungeklärten Voraussetzungen aufmerksam zu machen und selbst auf ein sicheres Fundament zu heben. Tatsächlich gipfeln Platons Erklärungen an dieser Stelle dann auch in dem Nachweis, daß auch die Mathematiker es mit *Ideen* zu tun hätten, die fraglichen Gegenstände der Geometrie also Ideen seien[46], und es lediglich einer dialektischen Anstrengung bedürfe, um diesen ihren Status einsichtig zu machen. Im Ergebnis hätte man damit Platons Antwort auf eine erstmals präzise gestellte Frage nach dem Wesen geometrischer Gegenstände vor Augen und gleichzeitig eine wohl einleuchtende Erklärung dafür, wieso Platon hier von Figuren und Winkeln und nicht von Sätzen spricht[47].
Nun ist mit der Erklärung, bei den geometrischen Gegenständen handele es sich in Wahrheit um Ideen, die der Mathematiker in der Regel nur nicht als solche erkenne, für das Verständnis der Platonischen Antwort natürlich noch nicht alles getan, müßte man doch jetzt fragen, was es des näheren mit den Ideen und der Behauptung, etwas sei eine Idee, bei Platon auf sich hat. Aus der Frage: was hat man unter den geometrischen Gegenständen zu verstehen? wird zunächst nur die Frage: was hat man unter den Ideen zu verstehen? Es sieht also so aus, als ob die Explikation der Ideenlehre die endgültige Antwort Platons auf die Frage nach den geometrischen Gegenständen geben könnte. Und doch wäre es ein böser Trugschluß, zu glauben, daß sich die Frage auf diese Weise, nämlich ohne ausdrückliche Berücksichtigung der besonderen Situation der Geometrie, leichter behandeln ließe. Alles spricht vielmehr dafür, daß das Faktum der Geometrie der eigentliche Ausgangspunkt der Platonischen Bemühungen um eine Ideenlehre geblieben ist, und darum auch den vielfältigen Schwierigkeiten, die sich

nach wie vor der Interpretation dieser Ideenlehre entgegenstellen, vermutlich neue Gesichtspunkte abgewonnen würden, wenn man die besondere Problematik der ›geometrischen‹ Ideen mehr in den Mittelpunkt der Betrachtung rückte[48]. Eine solche Betrachtung würde allerdings der hier interessierenden Frage nach der Entdeckung von Wissenschaft und ihrem Verständnis kaum etwas beitragen und soll darum auch nicht weiter verfolgt werden.

Für eine historische Untersuchung genügt hier die Feststellung, daß Platon die auf die Idealität ihrer Gegenstände nachdrücklich hingewiesene Geometrie, ohne des näheren noch auf ihre Verfahren einzugehen, in den Verband jener Wissenschaften aufnimmt, die nach Auskunft des *Staates* in besonderem Maße geeignet sein sollen, die Vernunft auf ihren Weg zu bringen[49]. Es handelt sich hierbei bekanntlich um Geometrie, Arithmetik, Astronomie und Musik, also um die später wahrscheinlich unter dem unmittelbaren Bildungseinfluß der Akademie zum sogenannten Quadrivium zusammengeschlossenen ›exakten‹ Wissenschaften[50]. Platon bezeichnet diese Wissenschaften als μαθήματα, als besondere ›Lehrstücke‹ oder ›Disziplinen‹, und macht hierin von einer Terminologie Gebrauch, die sich in der Bildungsbewegung des 5. Jahrhunderts immer mehr durchgesetzt hat, jedoch nicht auf die vier genannten Fächer beschränkt war[51]. Ein μάθημα ist im geläufigen Sinne vielmehr jeder beliebige Gegenstand, sofern er sich nur *lehren* bzw. *erlernen* läßt[52], insbesondere also auch dasjenige, wovon die praktischen Künste, die τέχναι, wie etwa Politik und Medizin handeln. Tatsächlich treten auch in den Platonischen Dialogen die Ausdrücke τέχνη und μάθημα nicht streng voneinander geschieden auf, wie im übrigen auch die Ausdrücke τέχνη und ἐπιστήμη, also jener Ausdruck, den wir mit ›Wissenschaft‹ zu übersetzen pflegen, in der Regel, vor allem in den frühen Dialogen, miteinander vertauschbar sind[53]. Ansätze zu einer strengeren Differenzierung, wie sie dann bei Aristoteles vorgenommen wird[54], finden sich bei Platon eigentlich nur in der Abgrenzung der τέχνη gegenüber der ἐμπειρία, der bloßen Erfahrung, eine Unterscheidung, die vor Sokrates und Platon nicht getroffen wurde[55], und erst in den späten Dialogen macht sich gelegentlich unter Hinweis auf die unterschiedliche Rolle der Vernunft in der Organisation des

Wissens auch die Tendenz bemerkbar, τέχνη und ἐπιστήμη stärker voneinander abzuheben.

Die besondere Rolle der Vernunft in den genannten μαθήματα: Geometrie, Arithmetik, Astronomie und Musik (gemeint ist hier eine rationale Harmonielehre) ist es nun auch, die diesen Wissenschaften in der Platonischen Hierarchie des Wissens ihren bevorzugten Platz einbringt. Kriterium für die Wissenschaftlichkeit einer Wissenschaft ist nach Platon einerseits die Existenz eines methodischen Begründungszusammenhangs, den er z. B. in der mathematischen Praxis durch die Unklarheit über gewisse Grundbegriffe empfindlich gestört sah, und andererseits die prinzipielle Unabhängigkeit von der Erfahrung, das Fehlen jeglicher empirischer Elemente. Beide Gesichtspunkte reduzieren aber Wissenschaft auf die Rolle, welche die Vernunft in ihnen spielt, und sofern diese seit Thales im griechischen Denken die Tendenz hat, sich insbesondere in Geometrie und Arithmetik zu verwirklichen, wird Wissenschaft selbst, mit einem Worte G. Krügers, »als grundsätzliche Besinnung auf die Möglichkeiten des Vernünftigen, Mathematik«[56]. Genau diese Eigenart, sich als mathematische Theorie darzustellen, aber zeigen auch die im *Staat* aufgeführten Disziplinen der Astronomie und Musik – jedenfalls so, wie sie sich Platon vorstellt[57]; man könnte also meinen, daß sich für Platon Wissenschaft im methodischen Aufbau aller vier Disziplinen, zusätzlich der als fünften noch genannten Stereometrie, erschöpft, oder diese Disziplinen doch zumindest als sozusagen reine Formen von Wissenschaft aufgefaßt werden. De facto stellen sie jedoch den Worten Platons nach lediglich die ›Vorschule‹ zu einer quasi Über-Wissenschaft, der Dialektik, und der Erkenntnis des Guten dar.

Es ist zunächst schwer zu sagen, warum Platon in einer Diskussion über Wissenschaft den genannten vier Wissenschaften lediglich diesen propädeutischen Charakter zuerkennt, und was die Gründe sind, die ihn zu dieser, allem Anschein nach in seinen Augen sogar notwendigen Unterscheidung veranlaßt haben mögen. Ein Methodenmangel der mathematischen Fächer kann jedenfalls kaum der Grund gewesen sein, da sich nicht einsehen läßt, warum die Mathematiker sich nicht Platons Kritik in dieser Richtung zu Herzen nehmen könnten, den Stein des Anstoßes entfernten und fortan Mathematik nach besten Platonischen Maßstäben betrieben. Da Platon aber auch weniger einen gegenwärtigen Zustand kritisieren will, als vielmehr ein anscheinend notwendiges Zurückbleiben der Mathematik hinter der Dialektik konstatieren möchte, bleibt nur übrig, den Grund in der Verschiedenartigkeit der *Objektbereiche*, den Zahlen und Figuren einerseits, den Ideen andererseits zu sehen. Nun wurde bereits hervorgehoben, daß es Platon gerade darauf ankam, zu zeigen, daß es auch die Mathematiker mit Ideen zu tun haben; also könnte es sich bei der Verschiedenartigkeit der Objektbereiche nur um zwei verschiedene Sorten von Ideen handeln. In der Tat kommt die Idee des Guten, um die es Platon in erster Linie geht, unter den mathematischen Ideen nicht vor. Sie allein aber ermöglicht, wie Platon darzustellen sucht, vernünftige Aussagen über eine richtige Lebensführung. Diese Aussagen wiederum sucht Platon in den Mittelpunkt seines Philosophierens zu rücken; seiner Überzeugung nach ist es die eigentliche Aufgabe der Vernunft, ›praktisch‹ zu sein. Und unter dieser Auszeichnung der praktischen gegenüber der theoretischen Vernunft muß sich allerdings dann die Mathematik treibende Vernunft mit jener bloß propädeutischen Funktion begnügen, wobei man hinzufügen darf, daß auch innerhalb der Platonischen Philosophie immer wieder Schwierigkeiten dadurch entstehen, daß die ins Auge gefaßte ›praktische Philosophie‹ quasi als eine theoretische Lehre aufgestellt werden soll. Man wird jedenfalls sagen können, daß es Platon an der hier interessierenden Stelle im *Staat* – vielleicht auch wieder aus dem eben angeführten Grunde – schwerlich gelungen ist, die Relevanz jener Unterscheidung zwischen zwei verschiedenen Sorten von Ideen hinsichtlich seines Wissenschaftsbegriffes wirklich einsichtig zu machen. Von den Schwierigkeiten, die sich ihm hier offenbar entgegengestellt haben, zeugen nicht zuletzt auch seine keineswegs klaren Mitteilungen, die in Verbindung mit der Aristotelischen Behauptung, Platon habe die mathematischen Gegenstände als eine dritte Klasse von Seiendem zwischen den Dingen und den Ideen angesehen[58], in der Platonforschung zu einer kaum mehr überschaubaren Diskussion darüber geführt haben, was Platon nun wirklich gemeint haben könnte[59].

Wie immer man sich aber auch angesichts dieser Diskussion

entscheiden mag, so viel dürfte wenigstens sicher sein, daß die Mathematik für Platon bei der Bestimmung der wahren Wissenschaft eine Orientierungsfunktion ausübt, ohne selbst jedoch den Status einer solchen Wissenschaft zuerkannt zu bekommen. Dies liegt aber gerade daran, daß der Platonische Wissenschaftsbegriff im Grunde ein *normativer* Begriff ist, den sozusagen an der Sache zu begründen, Platon zwar nicht recht gelingt, dessen historische Wirksamkeit man jedoch nicht zuletzt daran erkennen kann, daß bis hin zu Galilei – jedenfalls in der platonischen Tradition – die in ihrer Bindung an die Empirie sogar noch unter der Mathematik stehende Naturerkenntnis keinen wissenschaftlichen Rang besaß und auch auf dem Umweg über die Aristotelische Physik als Wissenschaft nicht möglich wurde.

Nun hat es schon in der Antike nicht an Versuchen gefehlt, über diesen normativen Wissenschaftsbegriff hinauszukommen. Den ersten Versuch in dieser Richtung unternimmt bereits Aristoteles, indem er genauer noch als Platon den Aufbau einer, wie er jetzt sagt, ›beweisenden Wissenschaft‹ (ἀποδεικτικὴ ἐπιστήμη) untersucht und dieser Wissenschaft die Dialektik bewußt unterordnet. Allerdings handelt es sich hierbei um eine von vornherein um die Platonische Ideenlehre verkürzte Dialektik, in der es nicht, um mit Platon zu reden, darum geht, sich des ›wahrhaft Seienden‹ zu vergewissern, sondern darauf ankommt, geeignete Prämissen zu finden, die, sofern sie der Dialogpartner akzeptiert, diesen schließlich zur Übernahme eines zuvor behaupteten Satzes zwingen. Wichtig im Sinne der anfangs aufgestellten These, daß die antike Wissenschaftsdiskussion immer am Leitfaden der Mathematik als exemplarischer Wissenschaft geführt wird, ist dabei, daß auch Aristoteles das Wesen der von ihm intendierten ›beweisenden‹ Wissenschaft am Beispiel der Mathematik deutlich zu machen sucht. Und wie sich bereits Platon keineswegs damit zufriedengab, lediglich auf den wissenschaftlichen Gang der Mathematik hinzuweisen, sondern selbst in der Frage nach dem Status mathematischer Gegenstände in die interne Fachdiskussion eingriff, so beschränkt sich nun auch Aristoteles nicht auf einen solchen Hinweis. Er unternimmt es vielmehr im Rahmen seiner Beschreibung der beweisenden Wissenschaft, den Aufbau der Geometrie methodisch neu zu formulieren, indem er diese erst-

mals konsequent als umfassende axiomatische Theorie darzustellen versucht.
In gewisser Weise könnte man sagen, daß Platon und Aristoteles dabei, entgegen der sonst vorherrschenden Meinung, die in den Aristotelischen Bemerkungen zur Geometrie einen Rückschritt gegenüber Platon sehen will, Hand in Hand arbeiten. Platon hatte nach den Gegenständen gefragt, um die es in der Geometrie geht, und hierbei speziell die Unterscheidung zwischen Axiomen und Folgerungen dahingestellt sein lassen; Aristoteles dagegen will sich nun gerade um diese Unterscheidung, den Aufbau der Sätze in der Mathematik kümmern, indem er zugleich Platons Korrektur, zumindest ihrer Tendenz nach, akzeptiert[60]. Seine berühmte Abstraktionstheorie, nach der wir die geometrischen Figuren aus den Dingen selbst gewinnen, indem wir von deren materieller Bedingtheit absehen und lediglich ihre Form betrachten[61], läßt sich nämlich, mit ein wenig gutem Willen, auch als bloße Variation des Platonischen Standpunktes verstehen. Nur die Akzente wären demnach verschieden gesetzt: wenn Platon erklärt, daß es sich bei den mathematischen Gegenständen um Ideen handele, so kommt es ihm vor allem auf deren *nicht-empirischen* Charakter an; Aristoteles wiederum betont auf dem Hintergrund seines Begriffssystems, in dem die Begriffe Form (μορφή) und Materie (ὕλη) die entscheidende Rolle spielen, daß diese Gegenstände die *mögliche*, aber nie restlos *realisierte* Form *wirklicher* Dinge darstellen. Gemeint ist im großen und ganzen dasselbe, gleichviel, ob man nun lieber mit Platon von Ideen oder mit Aristoteles von reinen Formen sprechen will.
Wenn es dennoch eine Aristotelische Kritik der Position Platons in dieser Frage gibt, so beruht diese auf dem Verdacht, in der Platonischen Sprechweise von Ideen könnte es sich um Existenzbehauptungen im Sinne einer naiven Zweiweltentheorie handeln. Die Reflexion, und das wird gerade in dieser Diskussion besonders deutlich, entbehrt eben noch der methodischen Sicherheit, die dazu nötig ist, um sozusagen jenseits von Empirismus und Hypostasierung, oder auch nur der Befürchtung, in eines dieser Extreme zu fallen, im Sprechen über die Idealität geometrischer Gegenstände *Homogenitätsforderungen* an wirkliche Gegenstände zu sehen. So jedenfalls lautet der Vorschlag, den H. Dingler wiederholt vorgetragen und

den in unseren Tagen P. Lorenzen wieder aufgegriffen und weitergeführt hat. Durch diesen Vorschlag läßt sich das eigentümliche Verhältnis, das die idealen geometrischen Gegenstände den wirklichen Gegenständen gegenüber haben und das bei einem nur axiomatischen Aufbau der Geometrie unberücksichtigt bleibt, näher bestimmen und erstmals wirklich einsichtig machen. Um ein Beispiel zu geben: Ein Oberflächenstück heißt *eben*, wenn sowohl die Punkte auf diesem ebenen Stück als auch die beiden Seiten oberhalb und unterhalb des Stückes in bezug auf dieses Oberflächenstück ununterscheidbar sind. Die Punkte der Ebene heißen dabei ununterscheidbar, wenn jede Aussage über einen Punkt auch über jeden anderen Punkt gilt, und die beiden Seiten der Ebene heißen in bezug auf die Ebene ununterscheidbar, wenn jede Aussage über die Ebene und einen Punkt oberhalb von ihr auch über jeden Punkt unterhalb von ihr gilt. Die Ebene verhält sich, euklidisch gesprochen, zu allen ihren Punkten und zu ihren beiden Seiten ›gleichartig‹[62]. Auf ähnliche Weise, nämlich durch *Invarianzforderungen*, geht man etwa auch von den ›wirklichen‹ Wörtern zu den ›idealen‹ Begriffen über: Über den *Begriff* ›rot‹ spricht man, wenn man über das *Wort* ›rot‹ spricht, allerdings nur, wenn man eben auf *invariante* Weise spricht, d. h. so, daß die Sätze über ›rot‹ wahr bleiben, wenn man ›rot‹ durch gewisse andere Wörter, etwa ›red‹ oder ›rouge‹ ersetzt[63].
Wichtiger als die sogenannte Abstraktionstheorie, mit der Aristoteles auf Platons Klärungsversuch antwortet, ist jedoch im Sinne des eingangs hervorgehobenen Gesichtspunktes der Theorienbildung, wie er für die griechische Idee der Wissenschaft charakteristisch ist, jene Beschreibung einer beweisenden Wissenschaft, die Aristoteles in den ersten Kapiteln der *Zweiten Analytiken* gibt. Diese Wissenschaft, die gleichsam das Modell jeder zukünftigen strengen Wissenschaft sein soll, stellt sich als ein System von Sätzen dar, die untereinander durch logische Abhängigkeiten ausgezeichnet sind, deren formales Beweismittel der Syllogismus ist[64], und von denen es einige gibt, die, durch Syllogismen nicht mehr beweisbar, unbewiesen als erste Sätze am Anfang des Systems stehen[65]. Zweifellos orientiert sich Aristoteles hierbei an dem axiomatischen Aufbau der Geometrie, wie er in Ansätzen zuerst bei Hippokrates greifbar ist, befaßt sich nun aber explizit insbesondere mit der

Form jener unbewiesenen Sätze, um diesen Aufbau erstmals wirklich zu rechtfertigen und gleichzeitig rein durchzuführen. Er schaltet sich damit in eine Diskussion ein, die seinen eigenen Worten nach bisher wenig erfolgreich geführt und in der Antithese steckengeblieben war, entweder den Gedanken einer streng beweisenden Wissenschaft überhaupt aufzugeben, weil die Beweispflicht offenbar in einen unendlichen Regreß führe, oder aber den Zirkelbeweis zuzulassen[66]. Dagegen behauptet Aristoteles nun, daß es durchaus sinnvoll sei, von unbeweisbaren Sätzen zu sprechen, und im übrigen auch die anspruchsvollste Form der Wissenschaft nicht auf solche Anfangssätze verzichten könne. Diese Sätze müssen allerdings folgende Bedingungen erfüllen: sie sollen wahr (ἀληθεῖς), elementar (πρῶται) und unvermittelt (ἀμέσοι), einleuchtender (γνωριμώτεραι) und fundamentaler (πρότεραι) als die aus ihnen abgeleiteten Sätze und schließlich Gründe (αἰτίαι) der abgeleiteten Sätze sein[67]. Als Beispiel eines Satzes, der diese Bedingungen erfüllt, führt Aristoteles mit besonderer Vorliebe den bei Euklid als 3. Axiom aufgenommenen Satz an, daß Gleiches von Gleichem abgezogen Gleiches ergibt[68]. Dieser Satz gilt nach Aristoteles κατ' ἀναλογίαν in allen Wissenschaften als ein Axiom[69], er ist insofern schlechterdings allgemeingültig und noch von jenen ersten Sätzen deutlich unterschieden, die – wie der Satz, daß alle rechten Winkel einander gleich sind, in der Geometrie (*Euklid Post.* 4) – in speziellen Wissenschaften unbewiesen und durch Syllogismen unbeweisbar am Anfang stehen[70].

Mit der Behauptung, jede strenge Wissenschaft müsse im beweisenden Aufbau ihrer Sätze irgendwo sozusagen einen Beweisverzicht leisten und eine Fundierung in allgemeinen und speziellen Axiomen hinnehmen, ist nun eine Position erreicht, die für die neuzeitliche Wissenschaftstheorie charakteristisch werden sollte. Es scheint insbesondere auch jener ›konventionalistische‹, in der Geometrie z. B. von Hilbert vertretene Gedanke nicht mehr allzu fern zu liegen, nach dem die Wahl solcher Axiome mehr oder weniger in das Belieben des einzelnen gestellt ist, prinzipiell immer auch andere Sätze als Axiome ausgezeichnet werden könnten. Schon die Forderungen, die Aristoteles mit der Aufstellung solcher erster Sätze verknüpft, zeigen jedoch, daß dies definitiv nicht seine Meinung ist, sich vielmehr die beweisende Wissenschaft gerade darin von der Dialektik in seinem Sinne unterscheiden soll, daß sie es nicht wie diese mit bloß geeigneten Prämissen zu tun hat, die sich von Fall zu Fall, wenn es die Dialogsituation erfordert, auch austauschen lassen, sondern mit *wahren* und *notwendigen* Prämissen[71]. Diese Behauptung verpflichtet ihn nun wiederum, noch etwas zu tun, wovon sich konventionalistische Standpunkte gleich dispensiert wissen, nämlich zu *begründen,* warum bestimmte Sätze ›notwendig‹ erste Sätze sind und wie man zu ihnen kommt. Aristoteles hat sich dieser Verpflichtung auch nicht entzogen; er betont, daß eine solche Begründung durch ἐπαγωγή, durch Induktion, wie wir übersetzen, vorgenommen werden kann[72], und seine wiederholten Erklärungen, daß man etwas entweder durch Beweis (ἀπόδειξις) oder durch Induktion (ἐπαγωγή) wisse, machen deutlich, daß er dabei an eine vollständige Disjunktion beider Methoden denkt[73].

Hier treten nun leicht Mißverständnisse darüber auf, was Aristoteles mit seinem Hinweis auf die ἐπαγωγή gemeint haben mag. Sie beruhen zumeist darin, daß man unter dieser ἐπαγωγή Induktion im modernen Sinne versteht und damit zugleich den *empiristischen* Grundzug in der Aristotelischen Philosophie, speziell in der Aristotelischen mathematischen Grundlagenforschung bestätigt sieht. Nun sollen aber erstens nach Aristoteles die Axiome gar nicht *bewiesen* werden, indem man etwa hingeht und seine Sätze der Kontrolle der Erfahrung unterwirft. Vielmehr sollen diese Sätze prinzipiell so beschaffen sein, daß man jemand anderen ›dahinführen‹ kann, sie als wahr, elementar, unvermittelt etc. einzusehen und selbst zu übernehmen; ihre *Annahme* soll also gerechtfertigt werden. Zweitens denkt Aristoteles in diesem Zusammenhang nicht an eine möglichst umfangreiche Aufzählung zur Begründung geeigneter Fälle, schon gar nicht an eine vollständige Induktion, wie es die moderne Terminologie nahezulegen scheint, sondern sieht die Annahme eines Axioms bereits gerechtfertigt, wenn aufgrund eines einzigen Falles dessen Sinn unmittelbar einsichtig wird[74]. Die Instanz, an die hier appelliert wird, ist der νοῦς, die intuitive Einsicht, und nicht etwa schon die Wahrnehmung (αἴσθησις) selbst oder die Erfahrung (ἐμπειρία), wie sich Aristoteles gelegentlich leicht mißverständlich ausdrückt[75], ohne daß man ihm deswegen gleich einen Vorwurf machen müßte. Für ihn besitzen ja diese Ausdrücke noch nicht jenen fatalen empiristischen Klang, den sie bei demjenigen hervorrufen müssen, der in der neuzeitlichen Auseinandersetzung zwischen Empirismus und Rationalismus auf der Seite Kants steht. Evidenzen, und auf die allein kommt es Aristoteles in Wahrheit an, sind nichts ›Empirisches‹, auch dann nicht, wenn sie an Beispielen, z. B. also aufgrund von Handlungen erzeugt werden, die man an der Thaletischen Grundfigur vornimmt.

Aristoteles hat selbst nicht versucht, die methodischen Grundsätze der *Zweiten Analytiken* auf seine Philosophie und seinen Entwurf einzelner wissenschaftlicher Disziplinen anzuwenden; dies sollte, wenn auch unter anderen Voraussetzungen, Descartes vorbehalten bleiben, der am Leitfaden der neuzeitlichen Physik mit dem Aufbau einer auf evidenten Grundannahmen und aus diesen abgeleiteten Deduktionen beruhenden Universalwissenschaft begann, ohne dabei jedoch aus spekulativen, wenig überzeugenden Ansätzen herauszufinden. Für Aristoteles genügt es, gezeigt zu haben, wie eine Wissenschaft prinzipiell aufgebaut sein muß, wenn sie wahrhaft als Wissenschaft auftreten will, wobei aus gelegentlichen Bemerkungen deutlich wird, daß er wohl selbst diesen Aufbau nur in der Mathematik für möglich hielt und glaubte, sich in anderen Wissenschaften mit weniger strengen Maßstäben begnügen zu müssen[76]. Sein eigentliches philosophisches Interesse bezieht sich denn auch nicht so sehr auf den methodischen Fortgang dieser Wissenschaften, die von nun an unter der Bedingung der ἕξις ἀποδεικτική, des *Beweisvollzuges*, wie man vielleicht am besten übersetzen sollte, gestellt sind[77], sondern auf jene ersten Sätze, die am Anfang jeder Theorie stehen und von denen es einige gibt, die allen Theorien oder allen Wissenschaften gemeinsam sind. Und hierbei macht sich nun sogleich wieder ein *platonischer* Zug im Aristotelischen Denken geltend. Zwar geht Aristoteles nicht so weit wie Platon, der alle die Grundlagen einer Wissenschaft betreffenden Fragen der Kompetenz der Fachwissenschaftler entziehen wollte, doch erlaubt die Unterscheidung zwischen allgemeineren und spezielleren Axiomen es auch ihm, hier einen Bereich, nämlich den der allgemeineren Axiome, auszuklammern, der nicht mehr von den Wissenschaften selbst verantwortet werden muß, sondern einer der Platonischen Dialektik durchaus noch vergleichbaren Über-Wissenschaft zufallen soll. Gemeint ist jene ›erste Philosophie‹ (πρώτη φιλοσοφία), die ›gesuchte Wissenschaft‹ (ἡ ζητουμένη ἐπιστήμη) der ersten Metaphysikbücher, in der von den Prinzipien im allgemeinen die Rede sein soll[78], die Aristoteles an anderer Stelle aber auch selbst nach ›Disziplinen‹, nämlich in Ontologie (Theologie), Mathematik und Physik einteilt. Diese drei Disziplinen als Formen der *theoretischen* Philosophie werden dann zusätzlich noch von einer *praktischen* und einer *poietischen* Philosophie unterschieden[79].

Die Problematik einer solchen Fächerung, in der der Akzent von rein methodologischen Betrachtungsweisen wieder mehr auf die inhaltliche Formierung von Wissenschaften rückt, mag hier außer Betracht bleiben, zumal sich auch Aristoteles selbst nicht an diese Einteilung hält, sie also, seiner Vorliebe für systematische Unterscheidungen entsprechend, wohl ad hoc, zur vorläufigen Orientierung im Wissenschaftskosmos, getroffen haben dürfte[80]. Wesentlich dagegen ist, daß im Rahmen jener ›ersten Philosophie‹, d. h. cum grano salis in der *Metaphysik*, jetzt Fragen erörtert werden, die mit der Konstituierung einer beweisenden Wissenschaft unmittelbar kaum mehr etwas zu tun haben, und damit auch die Frage nach der Wissenschaftlichkeit der Wissenschaft langsam wieder aus dem Blickfeld gerät. Für den Fortgang griechischen Denkens hat dies schwerwiegende Folgen. Einmal wird in Fortführung sowohl der Aristotelischen ›metaphysischen‹ Überlegungen als auch der rein empirischen Forschung die Wissenschaftstheorie der *Zweiten Analytiken* nahezu vergessen – schon Euklid baut sie für den Bereich der Geometrie allem Anschein nach unabhängig von Aristoteles auf –, zum anderen tritt gegenüber dieser, schon Aristotelischen Interessenverlagerung bald eine Reaktion hervor, in deren Verlauf mit der Metaphysik der gesamte βίος θεωρητικός, die theoretische Einstellung, und also auch die Wissenschaftstheorie, sofern sie noch nicht vergessen ist, in Mißkredit zu geraten beginnt. So wendet sich etwa der Peripatetiker Dikaiarch aus Messene ausdrücklich im Namen einer praktischen Philosophie gegen die herrschende Philosophie (und damit natürlich insbesondere gegen Platon und Aristoteles), in deren theoretischer Einstellung er das abschreckende Beispiel ›nutzloser‹ Gelehrsamkeit zu erkennen glaubt[81].

Dieses Urteil ist in seiner Totalität sicher nicht gerechtfertigt, da gerade für Platon und Aristoteles jene ›griechische‹ Verknüpfung der Frage nach den Bedingungen des Wissens mit der nach den Bedingungen des richtigen Lebens und richtigen Handelns, also die Verbindung von theoretischer und praktischer Philosophie, charakteristisch ist[82], doch macht es überaus deutlich, wie sich bereits unmittelbar nach Aristoteles in der Antike die ursprüngliche Einheit der philosophischen Bemühung aufzulösen beginnt. Die (stoische) Flucht in die praktische Philosophie oder die der Kommentatoren in die Philologie, aus Gründen, die hier nicht erörtert werden sollen, bedeutet jedenfalls auch das Ende jenes großartigen Versuches, nach der Entdeckung der Möglichkeit von Wissenschaft sogleich auch Klarheit über das Wesen dieser Wissenschaft, ihre Leistungen und ihre Methoden, zu erlangen. Immerhin hat dieser Versuch vor allem bei Aristoteles bereits zu Ergebnissen geführt, die es erlauben, die eingangs hervorgehobene Theorienbildung als entscheidenden Schritt anzusehen; entscheidend nämlich im Rahmen der Reflexion darauf, was man in der Wissenschaft tun soll. Daß Platon und Aristoteles dabei noch die Begründung selbst der ersten Annahmen oder der ersten Sätze einer axiomatischen Wissenschaft forderten, zeugt von einer Unbefangenheit und kritischen Nüchternheit dem eigenen Tun gegenüber, die später bedauerlicherweise sogar wieder verlorenging, nachdem man sich in der Neuzeit daran gewöhnt hatte, von ›der Wissenschaft‹ schlechthin zu sprechen und sie in Form der neuen Physik mehr oder weniger fraglos hinzunehmen. Im Grunde fragt erst Kant wieder ausdrücklich nach den Bedingungen der Möglichkeit von Wissenschaft und nimmt damit eine Frage auf, die seit den Griechen in dieser Schärfe nicht mehr gestellt worden war.

3
Erfahrung und Begründung

I

Für größere Teile der gegenwärtigen Wissenschaftstheorie ist die Zurücknahme eines Begründungsanspruches charakteristisch, der in der Geschichte der Erkenntnistheorie und der Theorie exakter Wissenschaften bisher ohne wesentliche Einschränkungen galt. Es geht hier um die Frage, in welcher Weise sich ein empirisches Wissen noch als ein begründetes Wissen in dem Sinne darstellen läßt, daß die gegebene Begründung in ihrem Aufbau und in ihren Teilen als abgeschlossen angesehen werden kann. Gegen diesen Anspruch sind Bedenken geltend gemacht worden, die sich im Kern auf eine wissenschaftliche Praxis stützen, deren Eigenschaft es ist, auf erkenntnistheoretische Fragen *realistisch* und auf wissenschaftstheoretische Fragen *konventionalistisch* zu antworten. Als ›realistisch‹ soll eine Auffassung bezeichnet werden, die sich in ihren theoretischen Annahmen auf einen Gegensatz von Wirklichkeit und Sprache (hier insbesondere die eine als sprachfrei aufgefaßte Wirklichkeit ›erklärenden‹ Wissenschaftssprachen) stützt, als ›konventionalistisch‹ eine Auffassung, die immer dort, wo methodische Anfänge zur Diskussion stehen, Begründungen durch Zweckmäßigkeitsannahmen *bei Voraussetzung prinzipiell ranggleicher Wahlmöglichkeiten* ersetzt. Die pauschale Charakterisierung wissenschaftlicher Verfahren als Verfahren der Hypothesenbildung und der (empirischen) Hypothesenüberprüfung hat in der wissenschaftlichen Praxis und der diese Praxis (in der Regel deskriptiv) begleitenden Wissenschaftstheorie zur Folge, daß zwischen einem gerade auch in seinen Anfängen begründeten Aufbau einer wissenschaftlichen Theorie und den speziellen hypothetischen Verfahren, die im Rahmen einer Theorie gegenüber empirischen Sätzen Anwendung finden, zugunsten dieser Verfahren nicht unterschieden wird. Anfänge einer Theorie erscheinen als eine besondere Form der Hypothesenbildung. Die Möglichkeit, den Aufbau einer Theorie in zen-

tralen Teilen über Begründungsschritte zu vollziehen, die nicht lediglich auf konventionalistischen Annahmen beruhen oder selbst schon empirischen Kontrollverfahren unterliegen, wird in diesem Zusammenhang geleugnet.
Wissenschaftstheoretisch gesehen liegt dieser Auffassung ein *deduktives Modell der Begründung* zugrunde, das hinsichtlich des Problems einer *Begründungsbasis* zu unüberwindbaren Schwierigkeiten führt. Diesem Modell entsprechend kann auch die Begründung der Begründungsbasis, wenn dies gefordert werden sollte, nur deduktiv erfolgen, womit ein Begründungsregreß unvermeidlich wäre. Im Anschluß an K. R. Popper hat H. Albert die hier auftretenden Schwierigkeiten in der Form eines Trilemmas (›Münchhausen-Trilemma‹) formuliert.[1] Danach führt eine deduktiv aufgefaßte Begründung (und dies nicht nur in den empirischen Wissenschaften) 1. in einen unendlichen Regreß, in dessen Rahmen die Kette der begründungsbedürftigen Sätze nicht abbricht, es sei denn, sie würde durch eine einfache Dezision oder durch das Mehrfachauftreten einiger Sätze zum Abbruch gebracht. Wird sie durch ein solches Mehrfachauftreten von Sätzen zum Abbruch gebracht, so bedeutet dies, daß die Begründung 2. in einen Begründungszirkel führt, bei dem Sätze als ihre eigene Begründungsbasis auftreten. Beide Formen einer deduktiv verstandenen ›Begründung‹ methodischer Anfänge kommen damit ersichtlich schon aus logischen Gründen nicht in Frage, womit als Ausweg aus diesem zweifachen Dilemma vermeintlich nur noch 3. die dogmatische oder axiomatische Alternative bleibt, d. h. der Ansatz einer Begründungsbasis nach axiomatischem Muster, gegenüber der die Verabredung gilt, daß sie einer Begründung nicht bedarf.
Faktisch ist gegenwärtig im Umkreis des sogenannten Kritischen Rationalismus, dessen Begründer K. R. Popper ist, eine Variante dieser letzten Alternative in Kraft. Theorien und die sie tragenden Begründungen werden nicht mehr an ihrer methodisch zu gewährleistenden Geschlossenheit, sondern an ihrer Standfestigkeit gegenüber einer ›kritischen Prüfung‹ anhand empirischer und konkurrierender theoretischer Zusammenhänge gemessen. Dies setzt den erwähnten konventionalistischen Begriff von Theorie voraus, den gegenüber dem axiomatischen Theoriebegriff im üblichen Sinne lediglich

die Bereitschaft zur Zurücknahme des eigenen Ansatzes unterscheidet, bzw. die Zurücknahme des Anspruches, Modell einer geschlossenen Begründung zu sein. Orientiert an deduktiven Theorien, deren Paradigma mathematische Theorien sind, führt diese Auffassung dazu, Begründungen prinzipiell als Ableitungen aus unbegründeten Sätzen zu verstehen, wobei die Gültigkeit der Ausgangssätze (Axiome), wenn diese nicht schon unter dem dafür genügenden Hinweis auf die Widerspruchsfreiheit des Systems insgesamt hypothetisch bleibt, konventionalistisch durch die ›erklärende Kraft‹ der Theorie bzw. durch die Möglichkeit einer empirischen Überprüfung der aus diesen Sätzen abgeleiteten Folgerungen als hinreichend gegeben angesehen wird. Gleichzeitig gelten im Anschluß an die auf D. Hilbert und dessen Interpretation des axiomatischen Verfahrens zurückgehende Theorie der impliziten Definitionen die dabei verwendeten Ausdrücke, d. h. die Grundbegriffe der Theorie, durch die Gruppe der aus einem Begründungsanspruch herausgenommenen Ausgangssätze als hinreichend definiert, womit an der Basis das Problem einer methodischen Einführung wissenschaftlicher Ausdrücke, in einem nicht schon durch ein bestimmtes axiomatisches Verständnis getrübten Methodenbewußtsein, scheinbar gar nicht erst auftritt und dabei nun auch ganze Theoriesprachen als implizit konstruierbar erscheinen. Durch die definitionstheoretische Verwendung impliziter Definitionen, die in ihrem Ursprung bei Hilbert auf einem Mißverständnis über eine spezielle Art expliziter Definitionen von Prädikatoren zweiter Stufe beruht[2], wird der Anschein geweckt (und für den eigenen Vorschlag nachdrücklich aufrechterhalten), als sei eine Theorie an entscheidender Stelle ihres Aufbaues nicht nur unabhängig von einem sonst geltenden deduktiven Begründungszusammenhang, sondern auch unabhängig von einem für Prädikatorensysteme sonst konstitutiven Herleitungszusammenhang mit einer vor-theoretischen Unterscheidungspraxis.

Der zuletzt genannte Gesichtspunkt wird noch dadurch unterstrichen, daß infolge einer mangelnden Unterscheidung zwischen hypothetischen Anfängen im empirischen Sinne und theoretischen Anfängen im methodischen Sinne auch die zur Überprüfung von Theorien zugelassenen Sätze, nämlich die in einer empirisch-experimentellen Praxis auftretenden sogenannten Basissätze, ihrerseits als *theoriebestimmt* gelten. Wäre damit gemeint, daß auch derartige Sätze in dem für jede Unterscheidungspraxis charakteristischen Rahmen von exemplarischer Einführung und terminologischer Bestimmung methodisch gewonnen werden, ließe sich dem sofort (allenfalls mit einer Einschränkung hinsichtlich der Verwendung des Ausdrucks ›theoretisch‹ schon an dieser Stelle) zustimmen. Auch elementare Sätze setzen methodische Vereinbarungen sprachlicher und verwendungsmäßiger Art voraus, ohne deren Existenz sie unverständlich wären. Dieser Umstand aber ist nicht gemeint. Es wird vielmehr behauptet, daß derartige Sätze bereits von dem begrifflichen Rahmen derjenigen Theorie abhängig sind, deren Prüfung sie dienen, bzw. von dem begrifflichen Rahmen einer konkurrierenden Theorie. Basissätze gelten in diesem wiederum von Popper explizierten Sinne als ›theoriehaltige‹ Festsetzungen[3], die damit auch in ihrer Funktion als Prämissen einer empirischen Falsifikation selbst konventionalistisch gedeutet werden. Das heißt, der moderne wissenschaftstheoretische Konventionalismus tritt hier gleich an zwei Stellen auf: an der *Basis,* d. h. der Auffassung von Ausgangssätzen als ›theoriehaltigen‹ und insofern selbst hypothetischen Festsetzungen, und im *Überbau,* nämlich dem sich jetzt durch den übereilten bzw. über unbefragte systematische Voraussetzungen ›gewonnenen‹ Verzicht auf einen schrittweise begründeten Aufbau einer Theorie als Konsequenz ergebenden Anfang mit kompletten Theorien.[4] Die These von der Theoriehaltigkeit aller Aussagen verbietet dogmatisch auch einen auf *konstruktive* Akte gestützten Begründungsanspruch und führt zwangsläufig zuerst zur Anerkennung des Faktums einer Theorienvielfalt (mit prinzipiell gleichen Erklärungsansprüchen) und von daher dann zum Begriff des Theorienpluralismus, dem pseudo-normativen Pendant der in der Geschichte von Erkenntnistheorie und Wissenschaftstheorie als wirksam angesehenen dogmatischen Immunisierung einer einzelnen Theorie in ihren Begründungsansprüchen.[5] Dogmatisch, das sei noch einmal hervorgehoben, verfahren gegenüber dem Begründungsproblem beide, d. h. der in der Geschichte aufgespürte und zu polemischen Zwecken gelegentlich wiederbelebte[6] Theorien-Monist und der (beruhigend schon für die gegenwärtige wissenschaftliche Situation) für die Zukunft empfohlene Theorien-Pluralist: der eine, indem er Begründungen für sich in Anspruch nimmt, die er methodisch (und das heißt nicht zuletzt auch kontrollierbar für jedermann) nicht zu leisten vermag, der andere, indem er Begründungen fundamentaler Art generell für unmöglich erklärt und sich in seinem eigenen Vorgehen auf gerade geltende theoretische Annahmen (nach Voraussetzung ohne zureichende Begründungen) stützt.

Empirische Theorien und die ihnen zugeordnete Überprüfungspraxis werden damit in einer für die gegenwärtig vorherrschende Wissenschaftstheorie kennzeichnenden Weise gegenüber einem nicht-konventionalistischen Begründungsanspruch und einer nicht-konventionalistischen Unterscheidungspraxis unter Inkaufnahme einer zunehmend unter anarchischen Gesichtspunkten behandelten Theoriegenese bewußt verselbständigt, was zugleich eine Verselbständigung der wissenschaftlichen Praxis gegenüber der Begründungs- und Rechtfertigungspraxis vor-theoretischer Handlungszusammenhänge bedeutet. Anfänge im Sinne dieses Theoriebegriffes sind stets komplex und nur mit den Mitteln einer auf sich selbst angewendeten Theorie beschreibbar; Theorien im Sinne dieses Theoriebegriffes sind reine Werkzeuge, deren Herstellung einschließlich der dabei zur Geltung kommenden Herstellungsnormen vor keinem praktisch-kritischen Interesse gerechtfertigt werden muß, die also im Grunde schon wieder wie Naturdinge behandelt werden, und deren Verwendung einem ›Erkenntniswachstum‹ dient, das sich einer ›realistischen‹ Behauptung nach[7] (auf eine geheimnisvolle, jedenfalls nicht konstruktiv beherrschte Weise) der ›Wahrheit‹ nähert.

II

Wenn es kein Fundament eines theoretischen Wissens gibt, das unabhängig von den impliziten Festsetzungen einer Theorie ist, und als Methode der Kritik nur die von ihrerseits theoretischen Annahmen ausgehende ›kritische Prüfung‹ in Frage kommt, dann ist die Geltung einer Theorie abhängig von einer bloß faktischen Übereinstimmung der an der jeweiligen wissenschaftlichen Praxis Beteiligten. Diese Übereinstimmung bezieht sich dabei in erster Linie nicht auf wissenschaftliche Ergebnisse und Untersuchungsmethoden im einzelnen, sondern auf recht allgemeine theoretische Rahmenvorstellungen, auf wissenschaftliche Forschungsprogramme im großen[8] sowie darauf, daß eine wissenschaftliche Gemeinschaft (scientific community) stets zu wissen glaubt, ›wie die Welt beschaffen ist‹.[9] Die Annahme, daß ein derartiger Wissenschaftlerkonsens zu einer schrittweisen Verringerung wissenschaftlicher Unvernunft, zu einem ›Fortschritt im Bewußtsein der Wahrheit‹ führen könne, ist von daher selbst ein bloßer Glaube, der sich von Erwartungen anderer Art lediglich dadurch, wenn auch wirkungsvoll, unterscheidet, daß er sich auf eine institutionalisierte wissenschaftliche Praxis, die sich in ihrem Funktionieren immer schon in dieser Weise verstanden hat, zu stützen vermag. Der Wissenschaftlerkonsens, auf den diese Form einer ›kritischen‹ Wissenschaftstheorie rekurriert, ist damit im eigentlichen Sinne zugleich zufällig; er kann sich auf keine methodisch ausgearbeiteten Begründungszusammenhänge berufen, die im Bewußtsein vernünftiger Ziele ein auch hinsichtlich der Anfänge gesichertes Vorgehen erlauben, und ist jederzeit zugunsten eines anderen theoretischen Rahmens unter denselben Spielregeln des ›Spieles Wissenschaft‹[10] aufkündbar.[11] Die Berufung auf ihn ist daher aber auch, wie bereits hervorgehoben, selbst dogmatisch, weil sie die Einlösung einer Behauptung (›Theorie A gilt‹) bereits durch Rekurs auf eine entsprechende Meinung der Mehrheit der Wissenschaftler und nicht – was allerdings ein anderes Verständnis von Begründung voraussetzt – durch den Aufweis eines gegen Widerlegungen möglichst abgesicherten (*das heißt nicht:* damit von jeder weiteren kritischen Behandlung ausgenommenen!) Aufbaues der Theorie selbst. Der gegenüber diesem Dogmatismusvorwurf geltend gemachte Hinweis, daß der Wissenschaftlerkonsens selbst dem historischen Wandel unterworfen sei und schon deswegen nicht dogmatisch gedeutet werden dürfe, hilft an dieser Stelle auch nicht weiter. Er unterstreicht vielmehr nur die Abhängigkeit wissenschaftstheoretischer Beurteilungen von gerade herrschenden Überzeugungen sowie die erklärte Absicht, die jeweils besondere Form dieser Abhängigkeit einem bewußt

inszenierten ›Kampf ums Dasein‹ unter möglichst reichlich zur Verfügung gestellten Theorien zu überlassen.
Sucht man nach einer Instanz, die als Fundament einer *begründeten* wissenschaftlichen Praxis dienen könnte, so kommt diese Konzeption eines Wissenschaftlerkonsenses also nicht in Frage. Da dieser Konsens nur die gerade herrschende wissenschaftliche Meinung darstellt, die sich selbst auf einen konventionalistischen Theoriebegriff stützt, ist er gerade ungeeignet, als unabhängiges Beurteilungskriterium gegenüber wissenschaftlichen Theorien zu dienen. Seine Hervorhebung führt hingegen dazu, darwinistische Vorstellungen auf die Forschungspraxis zu übertragen, sofern jetzt jener ›Kampf ums Dasein‹, der erwartungsgemäß zur Durchsetzung der besseren Theorie führen soll, in der Weise einer Variation und Selektion von Theoriebildungen relativ zu den ›naturwüchsigen‹ Bedingungen einer gesellschaftlichen Praxis beschrieben wird. Die Konjunktur wissenschaftstheoretischer Reflexionen zur Wissenschaftsgeschichte, einsetzend mit Th. S. Kuhns evolutionistischem Modell wissenschaftlicher Entwicklungen[12], stellt daher auch über alle internen Frontenbildungen innerhalb des Kritischen Rationalismus hinweg eine konsequente Ergänzung der Popperschen ›Analyse der wissenschaftlichen Erkenntnis‹ durch eine historische Erklärung von Theoriegenesen, die Analyse wissenschaftlicher Entwicklungen, dar.
Dabei soll nicht geleugnet werden, daß sich die Geschichte der Wissenschaften auf weite Strecken hin tatsächlich nach dieser evolutionistischen Analogie schreiben läßt (faktischer Wissenschaftsdarwinismus).[13] An dieser Stelle geht es jedoch nicht um Geschichte, auch nicht um Formen einer in der allgemeinen wissenschaftlichen Entwicklung möglicherweise bereits enthaltenen *begründeten Entwicklung*[14], sondern um die Frage eines *begründeten Konsenses* (anstelle eines bloß faktischen Konsenses) im Rahmen empirischer Theoriebildungen. Die Behauptung lautet, daß ein solcher begründeter Konsens, der zugleich den vernünftigen Sinn einer Theorie der Begründung einschlösse, nur über die Ergänzung einer inner-theoretischen Praxis, der Verfahren der Hypothesenbildung und Hypothesenüberprüfung, durch ihr noch vorausliegende methodische Schritte möglich ist. Es soll gezeigt werden, daß es sich hierbei im wesentlichen um zwei Schritte handelt: (1)

den Schritt zu einer methodisch orientierten Unterscheidungspraxis, die lebensweltlichen Erfahrungsbezügen zugrunde liegt, und (2) den Schritt zu einer ›protophysikalischen‹ Praxis, die auf dieser lebensweltlichen Unterscheidungspraxis aufbaut.[15]

III

Die Notwendigkeit der Ergänzung einer inner-theoretischen Begründungspraxis durch ihr vorausliegende methodische Schritte läßt sich am besten anhand zweier Erfahrungsbegriffe verdeutlichen, die eng mit der Genese der neuzeitlichen Physik, dem Paradigma einer empirischen Wissenschaft bis auf den heutigen Tag, verbunden sind. Ich nenne die beiden hier in Frage kommenden Begriffe mit Rücksicht auf ihren historischen Ursprung den Aristotelischen und den Galileischen Erfahrungsbegriff.[16]
Der Aristotelische Begriff der Erfahrung scheint zunächst wenig mit dem Aufbau einer Erfahrungswissenschaft wie der Physik zu tun zu haben. Gestützt auf die Ergebnisse von Philosophie- und Wissenschaftsgeschichtsschreibung, hat man sich seit langem daran gewöhnt, von einer Überwindung der Aristotelischen Physik und des für diese Physik konstitutiven Erfahrungsbegriffes durch die mit Galilei einsetzende moderne Entwicklung der Physik zu sprechen. Die Aristotelische Physik und ihr begriffliches Instrumentarium verdienen nach geläufiger Überzeugung nur noch ein antiquarisches Interesse, sie scheint bei Altphilologen und Historikern gut aufgehoben zu sein. Dabei wird jedoch übersehen, daß diese Physik, so spekulativ sie hinsichtlich ihrer kosmologischen Aussagen dem modernen Wissenschaftstheoretiker auch erscheinen mag, in einem konkreten Sinne bereits als eine *empirische* Wissenschaft konzipiert worden war. ›Empirisch‹ in dem Sinne nämlich, daß Aristoteles den Aufbau der auch später als empirisch bezeichneten Wissenschaften bewußt an ein alltägliches Erfahrungswissen anzuknüpfen suchte. Daß dies wiederum nicht bloß als ein didaktischer Kunstgriff gedacht war, der den Einstieg in eine bereits hier mit erheblichem begrifflichen Aufwand betriebene Wissenschaft erleich-

tern sollte, kommt darin zum Ausdruck, daß Aristoteles diesen Zusammenhang z. B. des physikalischen Wissens mit einem ›empirisch‹ erworbenen alltäglichen Wissen ausdrücklich als ein *methodisches Postulat* versteht, von dessen Befolgung und Anwendbarkeit der wissenschaftliche Wert einer Aussage abhängig gemacht werden soll. Dieses Postulat läßt sich in der Weise formulieren, daß für theoretische Satzsysteme (aber z. B. auch für sogenannte abstrakte Gegenstände) schrittweise Konstituierungszusammenhänge zu bilden sind, die auf *konkrete Unterscheidungen* innerhalb der Mannigfaltigkeit alltäglicher Erfahrungsbezüge zurückführen. Läßt sich ein derartiger Zusammenhang angeben, gilt eine Aussage als ›empirisch‹ gesichert; läßt sie sich nicht angeben, gilt sie als spekulativ.[17]

Erfahrung wird von Aristoteles definiert als ein begriffliches (allgemeines) Wissen, das aus ›Erinnerungen‹ hervorgeht und dabei als ein ›Wissen des Besonderen‹[18] in *exemplarischer* (nicht etwa induktiver) Weise gleichzeitig eine ›Wahrnehmung des Allgemeinen‹, an dieser Stelle repräsentiert durch den Begriff (nicht den generellen Satz), leistet.[19] Insofern genügt dann auch ›eine‹ wiederum sogenannte ›Erfahrung‹, d. h. hier ein Einzelfall, auf den die Ausgangsunterscheidungen zutreffen, um ein solches begriffliches Wissen zu vergegenwärtigen. Theoretische Sätze, also z. B. physikalische Sätze, sind in diesem Zusammenhang trotz ihres hochkomplexen Charakters Explikationen eines elementaren Erfahrungswissens, d. h. ›in der Erfahrung‹ getroffener Unterscheidungen, die stets als gemeinsam gelernte und beherrschte Unterscheidungen gelten. Alle zentralen Sätze der Aristotelischen Physik wie z. B. der Aristotelische Bewegungssatz, wonach eine Geschwindigkeit v proportional der treibenden Kraft K und umgekehrt proportional dem Widerstand W ist, oder der Aristotelische ›Trägheitssatz‹, der Bewegungen stets mit einer bewegenden Kraft verbindet, lassen sich in dieser Weise verstehen. Sie sind ebenso wie die einer natürlichen Orientierung zugehörigen kosmologischen Ordnungsbegriffe (›oben‹, ›unten‹ etc.) einer gemeinsamen Orientierungsleistung und von daher auch der ›Erfahrung‹, die jedermann in natürlichen Handlungszusammenhängen ›macht‹, entlehnt und hier lediglich aus einem theoretischen Interesse heraus als allgemeine physikalische

Sätze formuliert. Daher ist es im übrigen auch nicht weiter erstaunlich, daß diese elementare Erfahrung, die bereits als ein begriffliches Wissen bestimmt worden war, die Sätze der Aristotelischen Physik *bestätigt.* Erfahrungswissen und theoretisches Wissen stehen im Aristotelischen Sinne in einem genetischen und damit zugleich analytischen Zusammenhang, der einen Widerspruch zwischen beiden Bereichen von vornherein ausschließt. Träte ein solcher Widerspruch dennoch einmal auf, würde dies nur bedeuten, daß an irgendeiner Stelle des theoretischen Aufbaues das angegebene methodische Postulat verletzt wurde, ein Umstand, der nach Aristoteles jederzeit ohne gravierende Folgen für den Gesamtzusammenhang korrigiert werden kann.

Kennzeichnend für den Aristotelischen Erfahrungsbegriff ist damit, daß er in Form einer noch vor-theoretischen Praxis im engeren Sinne, nämlich der sich in gemeinsamen Unterscheidungen und gemeinsamen Orientierungen artikulierenden gemeinsamen Lebenspraxis, sowohl *Basis* als auch *Begründungsmittel* einer theoretischen Praxis, der Praxis empirischer Wissenschaften ist. Erfahrung im Aristotelischen Sinne ist weder auf ein später sogenanntes ›empirisch (rein) Gegebenes‹ noch auf die Erklärungseigenschaft einer empirischen Theorie bezogen, sie bildet vielmehr den Rahmen, in dem sowohl von diesem als auch von jenem, von ›empirischen Fakten‹ und ›empirischen Theorien‹, geredet werden kann. Es ist dann einer der problematischen Schritte zur neuzeitlichen Physik, den zweiten Gesichtspunkt zu korrigieren und den ersten zu vergessen.

Die Korrektur der Annahme, der Erfahrungsbegriff einer vortheoretischen Lebenspraxis bilde nicht nur die Basis sondern auch den Begründungsrahmen einer empirischen Wissenschaft, erfolgt im Rahmen der Galileischen Physik durch die Einführung des Experiments als einer, wie sich jetzt sagen läßt, technisch kontrollierten ›neuen‹ Erfahrung. An die Stelle der vor-theoretischen Lebenspraxis, die in allen ihren wesentlichen Teilen stets eine *elementare Unterscheidungs- und Orientierungspraxis* ist, tritt als eine unter bestimmten Zielen eingeschränkte, ursprünglich ebenfalls dem vor-theoretischen Bereich zugehörige *Herstellungspraxis* die *technische Praxis.* In dieser technischen Praxis wird unter der Leitung theoretischer Fragestellungen, die, wie nicht anders zu erwarten, noch ganz den Aristotelischen Fragestellungen entsprechen, Erfahrung *instrumental* erzeugt.[20] Der Galileische Erfahrungsbegriff ist damit im Unterschied zum Aristotelischen Erfahrungsbegriff von vornherein an die Bedingungen einer *messenden Physik* gebunden; als empirisches Wissen tritt nicht mehr auf, was sich als ein vor-theoretisches Wissen theoretisch fassen läßt, sondern was mit den Instrumentarien einer physikalischen bzw. technischen Praxis (häufig *gegen* das Erfahrungswissen einer lebensweltlichen Praxis) gewonnen wurde. Daher ändert sich mit dem Begriff der Erfahrung zugleich der Begriff des Empirischen bzw. der Begriff dessen, was *empirisch begründet* heißen darf. Als ›empirisch‹ oder ›empirisch begründet‹ kann im Rahmen des Galileischen, für die Methodologie der Physik in Geltung bleibenden Erfahrungsbegriffes nur noch das Ergebnis einer *messenden Praxis* bezeichnet werden.

Der Gegensatz zwischen Aristotelischer und Galileischer Physik ist damit nicht so sehr in der schon das rhetorische Selbstverständnis der entstehenden neuzeitlichen Physik kennzeichnenden Behauptung zu suchen, daß die eine Physik spekulativ und dogmatisch, die andere Physik empirisch und kritisch sei, sondern darin, daß hier im Rahmen theoretischer Begründungszusammenhänge eine elementare Unterscheidungs- und Orientierungspraxis durch eine messende Praxis ersetzt wurde. Gleichzeitig wird aber verständlich, wieso damit die Aristotelische Physik, die doch ebenfalls als eine empirische Wissenschaft bezeichnet werden darf, dem Verdacht unterliegt, ein (spekulatives) Wissen ohne empirische Begründungen zu sein: eine in Form eines experimentellen Verfahrens konstruierte empirische Kontrolle physikalischer Sätze ist innerhalb der Aristotelischen Physik unbekannt und aus plausiblen Gründen, nämlich dem selbst in methodischer Weise aufgefaßten analytischen Zusammenhang von (elementarem) Erfahrungswissen und theoretischem Wissen, auch unnötig.

So grob diese hier ohnehin nicht aus einem historischen Interesse gebrachte Unterscheidung auch sein mag – sie läßt z. B. die Existenz einer nicht-empirischen Kontinuumslehre im Rahmen der Aristotelischen Physik außer acht, ferner die

Rolle von allgemeinen Rationalitätsbedingungen, die im Aristotelischen Aufbau der Wissenschaften eine ›empirische Metaphysik‹[21] enthält[22] –, die Unterscheidung macht deutlich, daß innerhalb der Methodologie empirischer Wissenschaften wie der Physik das Interesse an einer vor-theoretischen Erfahrungsbasis empirischer Wissenschaften im Aristotelischen Sinne verlorengeht. Der vor-theoretische Erfahrungsbegriff einer elementaren Unterscheidungs- und Orientierungspraxis wird in seiner ursprünglichen Funktion von den Anfängen einer empirischen Theorie gelöst. Er gilt nunmehr als ›unwissenschaftliches‹ Pendant zur wissenschaftlichen, d. h. auf eine Theorie des Messens gegründeten Empirie, während innerhalb des inner-theoretischen Begründungszusammenhanges einer empirischen Theorie der instrumentale Erfahrungsbegriff die Rolle einer empirischen Kontrolle theoretischer Sätze übernimmt. ›Empirisch‹ im Aristotelischen Sinne und ›empirisch‹ im Galileischen Sinne werden zweierlei Dinge, die nichts mehr miteinander zu tun zu haben scheinen: eine Aristotelische Physik ist empirisch, weil sie als eine Weiterführung und ›Objektivierung‹ des in einer gemeinsamen vor-theoretischen Erfahrung liegenden begrifflichen Wissens aufgefaßt werden kann und Basiswissen und Begründungswissen dabei strukturell dasselbe sind; eine Galileische Physik ist empirisch, weil sie ihre Sätze den in einer technischen Praxis beherrschten ›objektiven‹ Erfahrungen unterwirft und Basiswissen (im Aristotelischen Sinne) und Begründungswissen dabei voneinander trennt.
Diese Trennung erweist sich allerdings schon im Aufbau der Galileischen Physik als problematisch, insofern jetzt die Frage einer Begründung theoretischer Anfänge, d. h. die Frage nach dem Erzeugungskontext der in den axiomatischen Teilen der Theorie verwendeten Ausdrücke, unbeantwortet bleibt. Galilei beschränkt sich an dieser Stelle auf den Hinweis auf »die aufmerksame Beobachtung des gewöhnlichen Geschehens und der Ordnung der Natur in allen ihren Verrichtungen, bei deren Ausübung sie die einfachsten und leichtesten Hilfsmittel zu verwenden pflegt«[23], ein Hinweis, der natürlich in keiner Weise genügt, weil hierbei einerseits auf ein vermeintlich elementares Wissen über die Ordnung der Natur zurückgegriffen wird, das mit einem Aristotelischen Unterschei-

dungs- und Orientierungswissen nicht verwechselt werden darf, und andererseits keine Auskunft darüber gegeben wird, wie dieses ›kosmologische‹ Wissen eventuell doch noch über eine nicht selbst schon theoretische Unterscheidungs- und Orientierungspraxis gewonnen werden könnte.

Es gehört zu den in der Regel übersehenen methodischen Vorzügen der Aristotelischen Wissenschaftskonzeption, an eben dieser Stelle in voller Klarheit das eigentliche Problem eines methodisch gesicherten Anfanges empirischer Theorien gesehen zu haben. Der in dieser Konzeption leitende Erfahrungsbegriff ist weder ein ›kosmologischer‹ Begriff, noch wird er komplementär zum Begriff des empirisch Gegebenen gebildet, wie ihn später empiristische Traditionen im Rückgriff auf F. Bacons Konzeption einer rational ins Werk gesetzten induktiven Empirie aufgefaßt haben. Von Induktion in diesem oder auch modernem Sinne kann bei Aristoteles in diesem Zusammenhang keine Rede sein.[24] Vielmehr dient dieser ältere Erfahrungsbegriff, wie erwähnt, der Explikation eines vor-theoretischen begrifflichen Wissens, von dem dann der Aufbau einer empirischen Theorie, welcher der Idee nach auch bei Aristoteles schon in axiomatischer Weise erfolgt, ausdrücklich zu Begründungszwecken Gebrauch machen soll. Das damit aufgenommene Problem eines methodisch gesicherten Anfanges empirischer Theorien, so unzureichend es auch im faktischen Aufbau gerade der Aristotelischen Physik noch formuliert ist, wird durch den Galileischen Aufbau der Physik weder hinfällig noch wird es in einer der Aristotelischen Bemühung auch nur ähnlichen Weise gelöst. Vieles spricht dafür, daß innerhalb einer empirischen Theorie wie der Galileischen Physik, trotz des *synthetischen*, nicht-empirische Teile auszeichnenden Aufbaues dieser Physik[25], empirische Begründungszusammenhänge methodologisch betrachtet eine weitaus größere Rolle spielen als die mit Hilfe eines instrumentalen Erfahrungsbegriffes nicht mehr zu leistende Begründung theoretischer Anfänge. Eine solche von Aristoteles auf dem Hintergrund seines Erfahrungsbegriffes noch gesuchte Begründung bleibt seither in der modernen empirischen Theorie defizitär bzw. wird auf die anfangs geschilderte Weise konventionalistisch umgedeutet.

IV

Der ihr zugrunde liegenden Intention nach ist die Aristotelische Theorie der Erfahrung keine *empirische* Theorie über ein Orientierungs*verhalten*, sondern in erster Linie eine *Prädikationstheorie*, d. h. sie ist vornehmlich auf sprachliche Unterscheidungs- und Orientierungs*handlungen* bezogen, durch die sich vor dem Aufbau theoretischer Satzzusammenhänge eine gemeinsame Lebenspraxis konstituiert. In Form einer Prädikationstheorie ist diese besondere Theorie der Erfahrung auch nicht bloß historisch, sondern verweist auf den systematischen Zusammenhang einer elementaren Unterscheidungs- und Orientierungspraxis mit den Verfahren der Bildung und Begründung von Theorien. Dabei bedeutet ›Erfahrung‹ in umgangssprachlicher Verwendung ebenso wie in der von Aristoteles hervorgekehrten Bedeutung zunächst nichts anderes als die einmal erworbene und fortan geübte Fähigkeit sicherer Orientierungen, das Vertrautsein mit ›alltäglichen‹ Handlungs- und Sachzusammenhängen ohne Rekurs auf ein dazu unabhängig erworbenes theoretisches bzw. wissenschaftliches Wissen. Der Mensch, von dem man sagt, daß er über Erfahrungen ›verfügt‹, ist ein sich in vielen und unterschiedlichen Situationen auskennender Mensch, sein Wissen ist das Wissen vieler ›Fälle‹ und der Art und Weise, dieses Wissen auf jeweils ›neue‹ Fälle und Situationen anzuwenden. Eben deswegen wurde von Aristoteles auch unter Bevorzugung von Beispielen aus der medizinischen Praxis Erfahrung als ein in einer vortheoretischen Praxis wurzelndes ›Wissen des Besonderen‹ bezeichnet, als ein Vertrautsein mit und ein Beherrschen von Unterscheidungen und Orientierungen, die unmittelbar aus der Praxis des Unterscheidens und der selbst als eine unterscheidende Handlung aufgefaßten Orientierungsleistung hervorgehen.[26]

Die ›gemeinsame Welt‹, auf die dieser vor-theoretische Begriff der Erfahrung dabei verweist, ist also in einer gemeinsamen Unterscheidungs- und Orientierungspraxis gegeben. In einer Praxis, auf die man sich vorderhand nicht ›geeinigt‹ hat, die vielmehr in allen ihren Teilen als ein Geflecht von Lehr- und Lernsituationen verstanden werden muß, und zwar angefangen von ersten Lernschritten in der Kindheit bis hin zur

Handhabung von Geltungsfragen, d. h. auf gewisse Aussagenzusammenhänge bezogene Begründungsprobleme auf einer der elementaren Lebenspraxis in der Regel nicht mehr zugehörigen, ›wissenschaftlichen‹ Stufe. Jede Einführungssituation, insbesondere Redeeinführungssituation, sofern diese nicht nur nachträglich und dann in der Regel fiktiv der Überprüfung von Verwendungssituationen, insbesondere Redeverwendungssituationen, dient[27], also z. B. wieder die Situation, in der ein Kind unter Anleitung Unterscheidungen lernt, mag dafür als Illustration dienen. Dieses Lehren und Lernen in einer ›gemeinsamen Welt‹ ändert sich erst dann, wenn gewisse Unterscheidungen und Orientierungen problematisch werden oder (dann in der Regel als Folge dieser Entwicklung) bewußt gegen ein geltendes Selbstverständnis gehandelt wird – aus Gründen, die sowohl in Einsichten in ›bessere‹ Orientierungen als auch im bloßen Wunsch nach ›anderen‹ Orientierungen liegen können. Erst an diesem Punkte wird dann auch Handlung ›individuiert‹, *meine* und *deine* Handlung, z. B. mein und dein Sprechen. Bereits konstatierbare Besonderheiten, die noch vor diesem Punkte liegen, müssen dagegen als, eventuell unbewußte, Realisierung der in einem gemeinsamen Handlungsverständnis, in einer gemeinsamen ›Erfahrung‹ liegenden, prinzipiell gemeinsam verfügbaren Möglichkeiten aufgefaßt werden. In diesem Sinne ist denn auch der alltägliche Vorgang, daß jemand ›eine Erfahrung macht‹, sei diese in der üblichen Einteilung erfreulich oder bitter, als das (oft überraschende) Auftreten eines erfahrungsrelevanten Einzelfalles zu verstehen, auf den die bisherigen Unterscheidungen in einer subjektiv nicht erwarteten Weise nicht zutreffen und von daher zu einer Erweiterung oder Modifikation des eigenen Handlungsverständnisses führen.

Der Vorgang einer exemplarischen Einübung von Unterscheidungen, sprachlich der Bestimmung von Prädikatoren anhand von Beispielen und Gegenbeispielen in ineinandergreifenden Lehr- und Lernsituationen wird damit einschließlich des auf diese Weise gewonnenen Beurteilungsvermögens das eigentliche Paradigma von ›Erfahrung‹ im nicht schon empirisch-physikalischen Sinne. Die modernen Bemühungen um eine methodische Klärung dieses Vorganges, die insbesondere zu einer Rekonstruktion und Normierung einer faktischen

Unterscheidungspraxis beliebiger Komplexität über eine methodisch ins Werk gesetzte (normierende) Einführungspraxis befähigen[28], gehen dabei weit über das hinaus, was hier als die der Aristotelischen Theorie der Erfahrung zugrunde liegende Intention bezeichnet worden war. Sie können dennoch, ungeachtet der hier bestehenden beträchtlichen Unterschiede, als eine wesentliche Konkretisierung dessen aufgefaßt werden, was Aristoteles als elementare Erfahrungsbasis von Theorien (und darin keineswegs eingeschränkt auf empirische Theorien) im Auge hatte. In der *elementaren Prädikationspraxis* und einer Prädikationstheorie, in deren Rahmen schließlich auch als *Orthosprachen* bezeichnete methodisch aufgebaute Unterscheidungssysteme als Modellsprachen zur Kritik und Reorganisation faktischer Umgangs- und Wissenschaftssprachen konstruierbar werden[29], ist diese Basis erstmals konkret und präzise bestimmt. Auf die Orientierungsleistung der Prädikation bezogen, hier am deutlichsten erkennbar, führt ›Erfahrung‹, und zwar erneut auf eine exemplarische, nicht induktive Weise, zu einem elementaren Wissen, auf das – aufbauend auf den einer Prädikation zugeordneten *Elementarbehauptungen* oder *Elementaraussagen* – jedes theoretische Wissen angewiesen ist.

Elementaraussagen haben die Form $x_1, \ldots, x_n \; \varepsilon \; P$ (bzw. $x_1, \ldots, x_n \; \varepsilon' P$) mit $x_1, \ldots, x_n$ für Nominatoren (Eigennamen und Ausdrücken, die an ihre Stelle treten können, z. B. Kennzeichnungen) und P für einen (hier mehrstelligen) Prädikator, der im Falle von εP den durch Eigennamen vertretenen Gegenständen zugesprochen, im Falle von $\varepsilon' P$ abgesprochen wird. In Aussagen der Form $x_1, \ldots, x_n \; \varepsilon \; P$ wird *behauptet*, daß die durch $x_1, \ldots, x_n$ vertretenen Gegenstände unter die Beispiele für P fallen, in Aussagen der Form $x_1, \ldots, x_n \; \varepsilon' P$ wird *behauptet*, daß dies nicht der Fall sei. Damit tritt bereits auf der Seite dessen, der eine solche Aussage behauptet, eine *Begründungsverpflichtung* auf, deren Einlösung eine Verständigung über die Zugehörigkeit der benannten Gegenstände zum Beispielbereich von P und damit der durch P definierten Unterscheidung erforderlich macht. Gelingt diese Verständigung, d. h. kann zweifelsfrei aufgrund der sonst geltenden Vereinbarungen über P nachgewiesen werden, daß die durch die Nominatoren $x_1, \ldots, x_n$ vertretenen Gegenstände (im Falle eines einstelligen Prädikators P ein mit x benannter einzelner Gegenstand) entweder zu den P ursprünglich definierenden Beispielen gehören oder als ›neue‹ Fälle (als ein neuer Fall) eines auf diese Weise sinnvoll erweiterten Beispielbereiches angesehen werden können, darf die mit der entsprechenden Aussage gemachte Behauptung als ›begründet‹ oder ›wahr‹ gelten[30]; gelingt diese Verständigung nicht, muß sie (zumindest bis auf weiteres) als ›unbegründet‹ oder ›falsch‹ bezeichnet werden. Eine zweckmäßige Erweiterung dieses Verfahrens stellt dann in einem zweiten Schritt die Festlegung terminologischer Regeln der Form $x \varepsilon P \Rightarrow x \varepsilon Q$ dar, die den Übergang von einer Unterscheidung zu einer anderen regeln und damit als Sprachnormierungen (nicht zu verwechseln mit einer empirischen Kontrolle unterliegenden Hypothesen!) ein Netz von Beziehungen zwischen exemplarisch eingeführten Prädikatoren bilden, das es erlaubt, zur Verteidigung einer Elementaraussage nicht in jedem Falle bis auf exemplarische Bestimmungen zurückgehen zu müssen. Hier muß lediglich gesichert sein, daß ein solcher Rückgang in endlich vielen Schritten derartige Bestimmungen erreicht und das terminologische System selbst zu keinen Widersprüchen (der Ableitbarkeit von $x_1, \ldots, x_n \varepsilon P$ und $x_1, \ldots, x_n \varepsilon' P$) führt.

Damit ist, wieder anknüpfend an die Ausgangsüberlegungen zum Begriff der Begründung, klargestellt, daß es Verteidigungen von Aussagen, hier elementaren Aussagen, gibt, die nicht ›deduktiv‹ erfolgen und die dennoch sinnvollerweise als *Begründungen* anzusehen sind. Vorausgesetzt ist die Existenz eines *Verteidigungsverfahrens* bzw. einer *Verteidigungsstrategie* im Rahmen eines *geregelten Argumentationsverfahrens*, in diesem Falle der geregelte, eventuell über ein terminologisches System erfolgende Rückgang auf eine exemplarisch gesicherte Unterscheidungsbasis, durch deren Befolgung ein Dialog um die Wahrheit einer Aussage von den ›zufälligen‹ Umständen ihrer Artikulation unabhängig wird. Dasselbe trifft dann auch für die durch die Verwendung von sogenannten logischen Partikeln zusammengesetzten, komplexen Aussagen zu, und zwar sowohl für endliche Zusammensetzungen mit Hilfe der Junktoren (z. B. ›und‹, ›oder‹, ›wenn – dann‹) als auch für unendliche, über die Bildung von Aussageformen erfolgende Zusammensetzungen mit Hilfe der Quantoren

(z. B. ›alle‹, ›einige‹), wenn der semantische Begriff der Wahrheit einer Aussage[31] in diesem Sinne auf den pragmatischen Begriff ihrer Gewinnbarkeit (Begründung) in einem geregelten Argumentationsverfahren zurückgeführt wird.
Auch Verteidigungsverfahren für Aussagen, die nicht auf deduktive Zusammenhänge zurückgreifen, die zu verteidigende Aussage also nicht bereits in einem deduktiven System von Aussagen ansiedeln, sondern eine Aussage durch Verfahren charakterisieren, die über die Festlegung von Argumentationspflichten und Argumentationsrechten ›dialogdefinit‹ angeben, wie diese Aussage behauptet und bestritten werden kann, dürfen mit Fug und Recht Begründungen der in Frage stehenden Aussagen genannt werden. Deutlich wird daher auch, wieso *deduktive* Begründungszusammenhänge, in deren Rahmen eine Aussage durch logische Folgerung aus bereits geltenden Aussagen hergeleitet wird (Zusammenhänge, die axiomatische Theorien charakterisieren), bereits Spezialisierungen dieses Begründungsbegriffes sind, desgleichen aber auch *induktive* Zusammenhänge, in deren Rahmen eine Aussage über einen in der Regel unendlichen Bereich von Gegenständen aus der Geltung aller diese Gegenstände in bestimmter Hinsicht betreffenden Einzelaussagen erschlossen wird. Im deduktiven wie im induktiven Fall wird die Geltung gewisser Basisaussagen als (›axiomatisch‹ bzw. ›empirisch‹) gegeben vorausgesetzt, d. h. eine methodisch abgesicherte Begründung auch dieser Aussagen wird nicht erbracht (im deduktiven Fall sogar explizit unter Hinweis auf einen dann vermeintlich unausweichbaren Begründungsregreß). Demgegenüber dürfen jetzt Basisaussagen dieser Art, darunter auch mit Hilfe logischer Partikeln zusammengesetzte Aussagen im Rahmen einer von P. Lorenzen und K. Lorenz entwickelten Dialogtheorie der Begründung (vorgeführt im Aufbau einer dialogischen Logik als Theorie des logischen Schließens)[32] als begründet und damit als wahr gelten, wenn ein Argumentationsverfahren eine Gewinnstrategie *für* diese Aussagen erlaubt. Entsprechend dürfen sie als unbegründet und damit als falsch gelten, wenn dasselbe Argumentationsverfahren eine Gewinnstrategie *gegen* diese Aussagen erlaubt. Das sogenannte Begründungsproblem verlagert sich in diesem Zusammenhang in die ›Begründung‹ der Argumentations- oder Dia-

logregeln, die jedoch auch hier nicht ›axiomatisch‹ oder ›konventionalistisch‹ erfolgt, d. h. durch schlichte Anerkennung beliebig vorgeschlagener Regeln, sondern über die Ausarbeitung von Kriterien für rationale Dialoge.[33]

›Erfahrung‹ als eine für theoretische Zusammenhänge konstitutive vor-theoretische Unterscheidungs- und Orientierungspraxis, als ›*Grund* der Technik und der Wissenschaft‹, wie es Aristoteles formulierte[34], hat auf dem Boden der hier vorgetragenen Überlegungen den konkreten Sinn, daß theoretische Zusammenhänge auf dem mit der elementaren Prädikation bzw. den dieser zugeordneten Elementaraussagen und ihren logischen Verknüpfungen gegebenen elementaren Wissen *basieren*; und zwar nicht *ohne* Begründungen, wie ein weithin herrschendes Wissenschaftsverständnis, gestützt auf einen ausschließlich empirisch-physikalischen (Galileischen) Erfahrungsbegriff, zu wissen vorgibt, sondern *mit* Begründungen in der angegebenen Weise. Dem ›genetischen‹ Primat der so begriffenen ›Erfahrung‹ vor der Theorie korrespondiert der ›logische‹ Primat der (elementaren) Prädikation vor ›theoriebildenden‹ komplexen Aussagen und spezielleren Beweis- und Begründungsverfahren. Das bedeutet aber, daß ohne die elementare Prädikation in ihrer Zugehörigkeit zu einer vortheoretischen Unterscheidungs- und Orientierungspraxis der Aufbau eines theoretischen Wissens, die Bildung und Begründung von Theorien, nicht denkbar ist und dieses theoretische Wissen umgekehrt nicht in der Lage ist, die elementare Prädikation in irgendeiner Weise selbst noch zu ›erklären‹ oder zu ›begründen‹. Erkenntnistheoretisch formuliert ist die Prädikation als eine elementare Handlung unhintergehbar, ein *Apriori der Erkenntnis.*[35]

Mit der Unhintergehbarkeit der elementaren Prädikation erweist sich damit auch die in dieser Handlung liegende vortheoretische Praxis für jede theoretische Praxis als unhintergehbar. Und zwar als unhintergehbar in einem doppelten Sinne: (1) Es kann keine Theorie geben, die jene vor-theoretische Unterscheidungs- und Orientierungspraxis ihrerseits zu begründen vermag. Dazu müßte nachgewiesen werden, daß sie selbst von der sprachlichen Handlung der Prädikation keinen Gebrauch macht. Und dieser Nachweis ist nicht möglich; schon die Annahme, er sei möglich, ist vielmehr absurd. (2) Es kann keine apriorische Begründung einer Theorie geben, in die nicht selbst jene vor-theoretische Unterscheidungs- und Orientierungspraxis als ein selbst apriorischer Bestandteil Eingang gefunden hätte. Gäbe es eine solche Begründung, träfe wiederum das unter (1) Gesagte auf sie zu: sie müßte selbst keine prädikativen Ausdrücke enthalten.

Mit Rücksicht auf diesen allgemeinen, nämlich für jede theoretische Praxis zutreffenden Fundierungszusammenhang hat F. Kambartel, dabei an Bemühungen E. Husserls erinnernd, von einem *lebensweltlichen Apriori* z. B. der Physik gesprochen, in dem sich der vor-theoretische (Aristotelische) Erfahrungsbegriff gegenüber dem empirisch-physikalischen (Galileischen) Erfahrungsbegriff auf eine methodisch relevante Weise geltend macht.[36] Und zwar nicht in Konkurrenz zu diesem Begriff, auf den hin nunmehr durchaus von *empirischen Begründungen* gesprochen werden kann, sondern in Ergänzung einer in dieser Form theoretischen Praxis um ihre vor-theoretischen, dabei selbst eben in methodischer Weise explizierbaren und (re-)konstruierbaren Voraussetzungen.

Schließt man sich der Redeweise von einem lebensweltlichen oder vor-theoretischen Apriori empirischer Theorien an, so bedarf es jetzt hinsichtlich des Verständnisses von ›apriori‹ einiger Unterscheidungen. Als apriorische Bestandteile einer Theorie sollen folgende Teile bezeichnet werden: (1) Teile, die von *empirischen Meßverfahren* unabhängig sind, also z. B. *analytische* Sätze, die allein aufgrund logisch-definitorischer Vereinbarungen gelten. (2) Teile, die im Anschluß an Kant *transzendentale Bedingungen* einer messenden Theorie wie der Physik heißen sollen, also z. B. das als ein methodisches Postulat aufgefaßte Kausalitätsprinzip, mit dem angegeben wird, wonach in empirischer Absicht gesucht werden soll, oder das sachlich damit in einem engen Zusammenhang stehende ›Prinzip der Reproduktion von Experimenten‹[37]. (3) Teile, die sich in der hervorgehobenen Weise auf eine vor-theoretische elementare Unterscheidungs- und Orientierungspraxis beziehen. Während (1) und (2), ein logisch-definitorischer Teil und ein transzendentaler Teil von jeher zum Begriff einer rationalen Theorie wie der Physik gehören – (2) dabei die Kontroverse zwischen Rationalisten und Empiristen bestimmend –, stellt (3), das vor-theoretische Apriori der

Lebenspraxis, jene Ergänzung dar, durch welche die Behandlung einer Begründungsbasis empirischer Theorien ihren konventionalistischen Charakter verliert. Der bloße Hinweis auf eine ›Weiterentwicklung der alltäglichen Erkenntnis‹ durch die ›wissenschaftliche Erkenntnis‹, den z. B. Popper in diesem Zusammenhang gibt[38], genügt nicht, solange der *methodisch* vermittelte Charakter dieser ›alltäglichen Erkenntnis‹, explizierbar im Rahmen einer Prädikationstheorie, übersehen und sie lediglich als ein ungenaues empirisches Wissen, als methodisch irrelevante Vorstufe des empirisch-physikalischen Wissens, der ›eigentlichen‹ wissenschaftlichen Empirie, aufgefaßt wird. Das Verständnis elementarer Zusammenhänge, unter die dann auch die elementare Prädikation fällt, als empirisch-hypothetischer Zusammenhänge[39], läßt die *methodische Ordnung* zweier verschiedener Erfahrungsbegriffe außer acht und führt in der Konsequenz zu jenem Begründungsverzicht an der Basis, der alle konventionalistischen Positionen charakterisiert.

Was sich im Rahmen konventionalistischer Positionen als methodische Redlichkeit gibt, der Verzicht auf einen Begründungsanspruch gegenüber der Begründungsbasis, ist in Wahrheit das Resultat mangelnder Unterscheidungen, hier vor allem der Unterscheidung zwischen einem vor-theoretischen oder lebensweltlichen Apriori und der hypothetischen Bestimmtheit empirischer Sätze in einer experimentellen wissenschaftlichen Praxis.

V

Die aus Gründen eines methodischen Aufbaues von Theorien vorgeschlagene Ergänzung einer innertheoretischen Praxis durch die lebensweltlichen Bezügen zugrunde liegende sprachliche Unterscheidungs- und Orientierungspraxis, die in dieser Form ein vor-theoretisches oder lebensweltliches Apriori der wissenschaftlichen Praxis darstellt, genügt allein noch nicht, um einer empirischen Theorie – im folgenden soll nur noch von der Physik die Rede sein – eine Basis zu verschaffen, die sie von einem willkürlichen ›Anfang von oben‹, dem Anfang mit komplexen Satzsystemen, die sich dann über deduktiv gewonnene Folgerungen an der ›Wirklichkeit‹ bewähren sollen, unabhängig macht. Der Hinweis auf ein solches Apriori jeder Theorie betraf die Art und Weise, in der über elementare Prädikationen ›erste‹ Unterscheidungen getroffen werden (damit Orientierungen gewonnen werden), die ihrerseits in Form von Elementaraussagen einschließlich deren logischer Verknüpfungen nicht mit den empirischen Sätzen einer empirischen Theorie und deren Überprüfungsverfahren verwechselt werden dürfen. Die Überprüfung einer elementaren Prädikationspraxis erfolgt prinzipiell über eine *Argumentationspraxis,* sofern es hierbei um *sprachliche Normen* geht und eine Argumentation (ein Dialog) diejenige Instanz ist, vor der in lebensweltlichen Orientierungen auftretende Schwierigkeiten, in der Regel ›rekonstruktiv‹ durch die (wiederholte oder erstmalig explizit erfolgende) Anwendung einer Einführungssituation auf die in Frage stehende Anwendungssituation, entschieden werden. Eine empirische Theorie wie die empirische Physik wiederum besteht nicht nur aus sprachlichen Normen, weshalb auch die gesuchte *proto-empirische Basis* nicht allein in diesem vortheoretischen Apriori einer lebensweltlichen Unterscheidungs- und Orientierungspraxis beruhen kann. Hätten wir nur die Physik in ihrem hypothetisch-deduktiven Aufbau und eine elementare Prädikationstheorie, bliebe völlig unklar, wie sich diese Physik durch jene Theorie in der verlangten Weise ›begründen‹ ließe. Hier bedarf es also des zuvor erwähnten zweiten methodischen Schrittes, der zu einer protophysikalischen Basis führen soll.

Um diesen Schritt verständlich zu machen, sei zunächst bemerkt, daß das in lebensweltlichen Bezügen eingeschlossene elementare Wissen, d. h. die ›Erfahrung‹ im vor-theoretischen (Aristotelischen) Sinne, nicht nur eine elementare sprachliche Unterscheidungspraxis, sondern in gleicher Weise eine elementare *Herstellungspraxis* betrifft. Wir sind (ob uns das nun von Tieren anderer Art unterscheidet oder nicht) ja nicht nur Wesen, die *unterscheiden* können – was in der Regel mit sprachlichen Mitteln geschieht –, die sich in ihrer Umwelt umsichtig *einrichten* können – z. B. aufgrund eines sich sprachlich wiederum durch die Verwendung von Relatoren wie ›vor‹, ›hinter‹, ›auf‹ und ›neben‹ artikulierenden *räumli-*

chen Orientierungsvermögens –, sondern die auch in planvoller Weise Gegenstände *herstellen* können, die z. B. in Form von Geräten noch vor der Konstruktion komplizierter Maschinen, bei der dann auf dieses elementare Vermögen zurückgegriffen wird, in alltäglichen Handlungszusammenhängen Anwendung finden. Aus diesem Grunde wurde auch bisher bewußt nicht nur von einer hinsichtlich des Aufbaues komplexer Theorien ein lebensweltliches Apriori darstellenden *Unterscheidungs*praxis gesprochen, sondern ausdrücklich auch von einer *Orientierungs*praxis. Orientierungen, z. B. sprachliche Orientierungen, aber auch Orientierungen mit Hilfe des Gesichtssinnes, sind selbst *Handlungs*zusammenhänge (das Sehen als Wahr*nehmen* ein Auswählen und intentionsgeleitetes Zentrieren innerhalb des optischen Feldes), d. h., wer sich in einer ihm fremden Situation gleich welcher Art befindet und mit dieser Situation ›fertigzuwerden‹ sucht, *verhält* sich nicht nur, sondern *handelt,* indem er ebenso wie in sprachlichen Zusammenhängen ›gelernte‹ Unterscheidungen anwendet oder auf dem Hintergrund ›gelernter‹ Unterscheidungen ›neue‹ Unterscheidungen trifft. Dabei darf das *herstellende Handeln* geradezu als ein Paradigma von Handlung überhaupt gelten, weil hier die für jede Handlung konstitutive Unterscheidung zwischen dem eigentlichen Handlungs*akt* und dem Handlungs*ziel* in Form des Herstellungsprozesses und des schließlich hergestellten Gegenstandes (des Zieles dieser Handlung) besonders offensichtlich ist.[40]

Nun setzt das herstellende Handeln bereits ein bestimmtes Maß an ›praktischem Kausalwissen‹, ein Wissen um die *Folgen* gewisser Handlungen, voraus. Doch handelt es sich auch hier noch nicht um ein gewissermaßen ›von außen‹ an Handlungen herangetragenes theoretisches Wissen, ein Wissen, das allererst befähigen würde, in elementare Handlungszusammenhänge wie die der Herstellung von Gegenständen einzutreten, sondern um ein Wissen, das sich selbst in Handlungszusammenhängen ›bildet‹ – um dann etwa auch in nunmehr theoretischer Absicht weiter differenziert und angewendet zu werden. Wer nicht selbst schon in Handlungszusammenhängen, sei es aktiv oder auch nur passiv, gestanden hat, der kann auch nicht wissen, was ein ›kausaler Zusammenhang‹ ist. Das heißt, auch das in einfachen Herstellungshandlungen vorausgesetzte

Kausalwissen bleibt an eine vor-theoretische, lebensweltliche Praxis gebunden.
Auf eben solchen einfachen Herstellungshandlungen, auf einer elementaren lebensweltlichen Herstellungspraxis aber baut jene *technische Praxis* mit ihrem apparativen Charakter auf, die den empirisch-physikalischen (Galileischen) Erfahrungsbegriff bestimmt. Im Rahmen dieser Praxis wird als ein empirisches Wissen bezeichnet, was sich mit Hilfe apparativer Mittel kontrollieren läßt. Damit ist das empirische Wissen und sind empirische Theorien an die Bedingungen einer Praxis gebunden, die nicht allein eine (elementare) Argumentationspraxis ist. Vorausgesetzt im Sinne eines vor-theoretischen oder lebensweltlichen Apriori empirischer Theorien wie der Physik ist nicht nur ein in der elementaren Prädikation eingeschlossenes elementares Wissen und eine mit diesem Wissen verbundene gelungene (gegebenenfalls kontrafaktisch zur Verfügung gestellte) Argumentationspraxis, sondern auch ein elementares Herstellungswissen, die gelungene lebensweltliche (›handwerkliche‹) Praxis der Geräteherstellung. Das heißt, neben der elementaren Prädikationspraxis gehört auch eine elementare Herstellungspraxis zu jenem lebensweltlichen Apriori, das sich in einem vor-theoretischen Begriff der Erfahrung geltend macht und allererst den methodischen Aufbau von Theorien ohne einen Begründungsverzicht ›an der Basis‹ erlaubt.
In Anknüpfung an eine geläufige, in vieler Hinsicht aber mißverständliche Terminologie schiebt sich das technische Wissen der empirischen Physik in Form der Meßgeräte und der mit ihnen gewonnenen Messungsreihen zwischen das (nach empiristischer, von der Wissenschaftstheorie mittlerweile wieder aufgegebener, in der normalen wissenschaftlichen Praxis nichtsdestoweniger nach wie vor wirksam vertretener Auffassung) ›empirisch Gegebene‹ und die Interpretationseigenschaften einer ›physikalischen Theorie‹, ebenso aber auch zwischen diese Theorie und eine ›Erfahrung‹, die noch allein auf lebensweltliche Unterscheidungs- und Herstellungshandlungen gegründet ist. Als *proto empirische Basis* der Physik bietet sich damit eine *Theorie des Messens* bzw. eine *Theorie der Meßgeräte* an, die ihrerseits – um nicht dem zirkulären Vorgehen einer Selbstanwendung der zur Begrün-

dung anstehenden physikalischen Theorie zum Opfer zu fallen – auf ein apriorisches Wissen gestellt werden muß. Sofern dazu der Rekurs auf vor-theoretische Unterscheidungs- und Herstellungszusammenhänge nicht mehr ausreicht, handelt es sich dabei nicht länger um ein elementares Wissen im bisher hervorgehobenen Sinne. Dieses Wissen wird vielmehr einerseits von Arithmetik und Analysis, andererseits von Geometrie, Chronometrie und Hylometrie zur Verfügung gestellt, sofern man davon ausgeht, alle physikalischen Meßgrößen über Längen-, Zeit- und Massenmessungen zu bestimmen.[41] Das bedeutet jedoch andererseits nicht, daß damit auch die Absicht, theoretische Zusammenhänge über die Ausarbeitung vor-theoretischer Zusammenhänge, die dann gegenüber Theorien die Funktion eines *methodischen Apriori* gewinnen, zu fundieren, auf einmal aufgegeben wäre. Vielmehr wird an einem solchen Fundierungszusammenhang auch für die hier genannten Theorien ausdrücklich festgehalten, z. B. für die Geometrie in der Weise, daß die geometrischen Begriffe im Rahmen einer *operativen Begründung* über Herstellungsverfahren für räumliche Formen definiert werden.[42] Als Theorie der räumlichen Formen und Größen wird die Geometrie damit selbst auf eine von geometrischen Bestimmungen ihrerseits noch unabhängige Herstellungspraxis zurückgeführt, wobei eine Theorie der geometrischen Größenbestimmungen dann bereits die Herstellung von Meßgeräten voraussetzt. Mit anderen Worten: Es handelt sich auch hier, bezogen auf den Aufbau einer physikalischen Theorie, um kein apriorisches Wissen im Sinne einer axiomatisch-deduktiven Theorie, sondern um die Bereitstellung einer aus einem vor-theoretischen, lebensweltlichen Apriori herausgearbeiteten proto-empirischen oder, um den dafür eingeführten Ausdruck auch zu verwenden, protophysikalischen Basis.

Die durch den Aufbau einer solchen Basis in Kraft gesetzten Normen sind in der Regel keine allein sprachlichen Normen mehr, obgleich auch die z. B. eine experimentelle Praxis leitenden sprachlichen Normierungen zu den normierten Bedingungen einer messenden Theorie gehören. Sie betreffen vielmehr die Herstellung und Verwendung von Meßgeräten und schreiben (im Verwendungsfalle) die Invarianz der Meßgeräte bezüglich der Variation der Verwendungssituationen vor. Die

Herstellungspraxis, in der Geräte situationsgebunden Anwendung finden, ist dann im engeren Sinne durch Auswahlnormen geleitet, die immer dann ein Gerät verwerfen lassen, wenn es den in sie gesetzten (situationsgebundenen) Erwartungen nicht genügt. Im Übergang von einer in diesem vortheoretischen Sinne situationsgebundenen Meßpraxis zu einer situationsinvarianten Meßpraxis, der dadurch erfolgt, daß man Abweichungen von einem erwarteten Meßgeräteverhalten prinzipiell als Störungen ansieht und empirisch-hypothetisch zu erklären versucht[43], werden diese Auswahlnormen in Form von Verwendungsnormen präzisiert und durch eine ideative Zielsetzung ergänzt. Die Realisierung dieser Zielsetzung in Meßgeräteeigenschaften läßt sich dann approximativ ständig verbessern.

Wendet man in diesem Zusammenhang die Aufmerksamkeit wieder der wissenschaftstheoretischen Systematik zu, dann gehört zu den methodischen Grundlagen einer empirischen Theorie wie der Physik jetzt nicht nur die sich auf eine elementare sprachliche Unterscheidungspraxis beziehende elementare Prädikationstheorie, sondern auch die Theorie einer elementaren Herstellungspraxis. Ich möchte eine solche Theorie, zu deren Aufgaben z. B. eine auf sprachliche Normierungen gerichtete Analyse von Herstellungszusammenhängen sowie die Klärung von Rechtfertigungsfragen in einem durch Herstellungsregeln geleiteten Handlungszusammenhang gehören, im Hinblick auf das in einer elementaren Herstellungspraxis wirksame *poietische Können* als *Poiesistheorie* bezeichnen.[44] Sie gehört zu denjenigen Teilen einer allgemeinen *Handlungstheorie,* die sich auf bestimmte *aktive* Handlungen, Handlungen, die ›frei‹ geplant, d. h. deren Ziele bewußt gesetzt und ›frei‹ ins Werk gesetzt werden können, richtet und nicht auf *passive* Handlungen, nämlich solche Handlungen, bei denen das Subjekt der Handlung gleichzeitig deren Objekt ist, d. h. seine Handlung ›erleidet‹ (wie das Weinen und Lachen). Gegenüber den Begründungsproblemen einer empirisch-physikalischen Theorie hat dann die Poiesistheorie denselben methodischen Status wie die Prädikationstheorie. Beide Theorien sind Teile einer allgemeinen Handlungstheorie und beide Theorien beziehen sich auf ein vortheoretisches, in der lebensweltlichen Erfahrung gegebenes

elementares Wissen bzw. Können, auf das ein theoretisches Wissen in seinem methodischen Aufbau angewiesen bleibt.
Insofern diese Abhängigkeit eines theoretischen Wissens von einer elementaren Prädikations- und Herstellungspraxis nicht einfach faktisch besteht (und ja in der Regel auch, jedenfalls in der Weise einer methodisch beherrschbaren Abhängigkeit, geleugnet wird), sondern in *normativer Absicht* zur Basis eines konstruktiven Aufbaues von Theorien genommen werden soll, ist ein proto-empirisches oder protophysikalisches Apriori ebenso wie das lebensweltliche Apriori, aus dem es über zusätzliche normierende Theorien wie die Geometrie entsteht, durch eine normative Praxis definiert. Auch der Aufbau einer Theorie des Messens bzw. einer Theorie der Meßgeräte erfolgt ja in der angegebenen Weise nicht willkürlich, sondern über eine begründete Wahl und Explikation der in einer empirischen Theorie verwendeten Maßstäbe. Das protophysikalische Apriori stellt folglich eine *normative* Ergänzung des auf eine elementare Prädikations- und Herstellungspraxis gestützten lebensweltlichen Apriori dar, wobei auch die transzendentalen Bedingungen empirischer Theorien, von denen Kant spricht, in diesem Sinne zu den protophysikalischen Normen gehören. Auch ihre Formulierung macht bereits in methodisch einsichtiger Form von einem elementaren Wissen, z. B. einem als ›praktischem Kausalwissen‹ bezeichneten alltäglichen Orientierungswissen, ebenso Gebrauch wie der Aufbau protophysikalischer Theorien.[45]
Die Ergänzung der innertheoretischen Praxis einer Hypothesenbildung und Hypothesenüberprüfung durch zwei ihr vorausliegende methodische Schritte führt damit zu einem dreistufigen Aufbau empirischer Theorien nach dem Beispiel der Physik.[46] (1) Basis jeder theoretischen Orientierung ist ein vor-theoretisches oder lebensweltliches Apriori, das durch eine elementare Unterscheidungs- und Herstellungspraxis gegeben ist. Die Unterscheidungspraxis wird durch eine Prädikationstheorie, die Herstellungspraxis durch eine Poiesistheorie systematisch dargestellt. (2) Auf dieser Basis baut sich, insbesondere unter Rückgriff auf jene elementare Herstellungspraxis und die sie leitenden Normen, eine Theorie des Messens auf, die in Form einer protophysikalischen Theorie die Maßstäbe für die die Objektivität einer messenden Physik

sichernden Meßverfahren zur Verfügung stellt. (3) Mit Hilfe dieser protophysikalischen Theorie erfolgt der Aufbau einer im einzelnen dann hypothetisch-deduktiv verfahrenden Physik wie auch jeder anderen empirischen Theorie, die sich auf Meßverfahren stützt.

Damit ist die Möglichkeit gegeben, das Begründungsproblem empirischer Theorien wie der Physik überzeugender zu lösen, als dies durch den Verzicht auf eine Begründung der Begründungsbasis in der anfangs geschilderten und kritisierten Weise geschieht. Diesem Verzicht liegt ja nicht nur ein eingeschränkter Begründungsbegriff, das Modell einer durchgängig deduktiven Begründung, zugrunde, sondern auch die mangelnde Unterscheidung zwischen zwei Erfahrungsbegriffen, von denen der eine, der Erfahrungsbegriff einer vor-theoretischen Lebenspraxis, nicht durch den anderen, den Erfahrungsbegriff empirischer Theorien, ersetzt werden kann. Eben dies geschieht aber im Rahmen der kritisierten Wissenschaftstheorie. Protophysik ist deswegen, ihrer Aufgabenstellung nach, nicht nur proto-empirische Theorie empirischer Wissenschaften, sondern auch Teil der Bemühung, das vor-theoretische Apriori einer lebensweltlichen Unterscheidungs- und Herstellungspraxis im Rahmen einer theoretischen Praxis in begründender Weise wieder zur Geltung zu bringen.

4
Wider den Dingler-Komplex

In der Wissenschaftstheorie geht ein Gespenst um: der Dinglerismus. Nach Aussage derer, die dieses Gespenst gesehen haben wollen, erscheint es mit Vorliebe, wenn die Schatten der Rationalität lang werden und die Eule der Minerva zu ihrem Flug ansetzt. Es ist rechthaberisch und dogmatisch, kleidet sich nach klassischem philosophischem Schnitt und nagt an den Grundfesten toleranter Wissenschaftlichkeit. Es ist auf der Suche nach absoluter Gewißheit.

Diesem Gespenst haben einflußreiche Wissenschaftstheoretiker unter Hinweis darauf, daß sich mit zunehmender wissenschaftlicher Strenge absolute Gewißheit als eine Illusion erweist, den Kampf angesagt. Wo immer es sich regt, wird ihm der Spiegel einer endlichen, ehrlichen und ihrer Grenzen bewußten Wissenschaftlichkeit vorgehalten. Dabei sah es zunächst noch so aus, als ob die Absicht, »ein System von absolut gesicherten, unumstößlich wahren Sätzen aufzustellen«, lediglich eine methodologisch betrachtet unverbindliche Eigenart des wissenschaftstheoretischen *Konventionalismus* sei[1]: »Während wir keine endgültige Sicherheit von der Wissenschaft verlangen und deshalb auch keine erreichen, sucht der Konventionalist in der Wissenschaft ein ›System letztbegründeter Erkenntnisse‹ (Dingler). Dieses Ziel ist erreichbar, denn jedes gerade vorliegende wissenschaftliche System kann als System von impliziten Definitionen interpretiert werden; und in ruhigen Zeiten der Wissenschaftsentwicklung wird es zwischen dem konventionalistisch eingestellten und dem Forscher, der unsere Absichten gutheißt, keine oder doch nur rein akademische Gegensätze geben.«[2] Offenbar sind derartige ruhige Zeiten inzwischen dahin. So führt nach H. Albert, der sich im übrigen der Forschungslogik Poppers ohne wesentliche Modifikationen anschließt, der ›Primat der Gewißheit‹, den Popper selbst noch, wenn auch in einer gewiß recht eigenwilligen Interpretation konventionalistischer Standpunkte, zu einer bloßen Formsache herunterspielte, zum ›Erkenntnisverzicht‹[3]. Der ›Wille nach Gewißheit‹ wird mit ›Dogmatis-

mus‹ in eins gesetzt[4] und Dogmatismus damit zur Grundhaltung derer, die wie der ›Konventionalist‹ Dingler im akademischen Gegensatz zur Forschungslogik Poppers stehen: »Die Dinglersche Konzeption … zeigt durch ihre Radikalisierung des Begründungsstandpunktes den im Grunde genommen *pragmatischen Charakter aller Dogmatisierung*, die Tatsache, daß in ihr jeweils der Wille zur Gewißheit den Sieg davon trägt über den Willen zur Erkenntnis der Wirklichkeit.«[5] Den wiederum recht eigenwilligen Gegensatz von Gewißheit und Erkenntnis, nach absoluter und damit sicherer Begründung die Rede, »daß sich Gewißheitsstreben und Wahrheitssuche letzten Endes ausschließen«[6]. Poppers Verzicht auf ›endgültige Sicherheit‹ hat sich scheinbar unbeschadet älterer Vorstellungen von wissenschaftlicher Wahrheit durchgesetzt: »Die Dinglersche Konzeption kann mit einigem Recht als letzter Ausläufer der klassischen Erkenntnislehre aufgefaßt werden, in der die Suche nach dem archimedischen Punkt der Erkenntnis, nach absoluter und damit sicherer Begründung aller akzeptablen Aussagen, dominierendes Motiv war.«[7]
Während es auch bei Albert im wesentlichen noch so aussieht, als sei die Suche nach absoluter Gewißheit, nach einem archimedischen Punkt der Erkenntnis mit den (später noch näher zu charakterisierenden) Bemühungen Dinglers ausgestanden, hat neuerdings W. Stegmüller unter den gegenwärtig vertretenen wissenschaftstheoretischen Richtungen einen ›wiederauferstandenen Dinglerismus‹ diagnostiziert und diesen als »eine theoretische Gefahr für die Wissenschaftstheorie selbst« bezeichnet[8]: »Es ist in gewissem Sinn die duale Gefahr zu jener, unter der die ›Kuhnianer‹ stehen: Während dort die Wissenschaftstheorie von der science of science aufgesaugt zu werden droht, verwandelt sich bei Indienststellung in das Streben nach absoluter Sicherheit die Wissenschaftstheorie in eine *metascience of science fiction*, in das Postulat von erst zu schaffenden Wissenschaften und Begründungsweisen, ohne Rücksicht darauf, ob diese auch menschenmöglich *oder menschenunmöglich* sind.«[9] Eine solche Gefahr sieht Stegmüller, ohne selbst Namen zu nennen, heute mit der auf P. Lorenzen zurückgehenden *konstruktiven Wissenschaftstheorie* gegeben – das Gespenst des Dinglerismus hat vom Konventionalismus in den Konstruktivismus gewechselt.

Nun übersieht natürlich auch Stegmüller nicht, daß der konstruktive Ansatz in der Wissenschaftstheorie, z. B. in Form einer dialogischen Begründung der Logik, einer operativen Begründung der Mathematik und einer protophysikalischen Begründung der Physik, methodisch erbrachte Leistungen aufzuweisen hat, die es wenig ratsam erscheinen lassen, die wissenschaftstheoretische Auseinandersetzung nach den Spielregeln einer Gespensterjagd zu führen. Ihm geht es daher in erster Linie auch nicht um die Beurteilung dieser Leistungen, sondern um den Spielraum, der neben einem konstruktiven Ansatz anderen, im wesentlichen *analytisch-deskriptiv* orientierten wissenschaftstheoretischen Ansätzen gewahrt werden soll. Zu diesem Zweck unterscheidet er zwischen den Aufgaben des Erkenntnistheoretikers, der seiner Meinung nach durchaus zu dem Ergebnis kommen kann, »daß dem konstruktivistischen Vorgehen der Vorzug gegenüber den anderen Methoden zu geben sei«[10], und den Aufgaben des Wissenschaftstheoretikers, für dessen Arbeit ein solches Ergebnis keine einschneidende Orientierungsfunktion habe.[11] Ein praktischer Konflikt, der Folgen für die eigene wissenschaftliche Praxis hätte (im Unterschied also zu dem von Popper schon erwähnten ›akademischen Gegensatz‹ und seiner offenbar zu den entsprechenden Spielregeln gehörenden praktischen Folgenlosigkeit) muß nicht auftreten, »wenn der Konstruktivist nicht intolerant gegenüber anderen Einstellungen wird«[12]. Intoleranz wiederum erscheint an dieser Stelle als eine ›emotionale Auswirkung‹, die ›psychologisch gut zu verstehen‹ sei[13]: »Die Faszination, die der Konstruktivismus und in seinem Gefolge jede Form der *›Absolutbegründung‹ der Wissenschaft* auf junge Geister ausübt, dürfte ihre Wurzel in dem Streben nach einem *absolut sicheren Fundament* oder nach einer *absolut sicheren,* keine bedenklichen gedanklichen Operationen zulassenden *Methode* haben, die den Menschen seine grenzenlose Unwissenheit vergessen machen läßt.«[14] Wie schon Albert in diesem Zusammenhang hervorhob, führt diese Einstellung »haltungsmäßig meist *zum Dogmatismus und zur Intoleranz* gegenüber andersartigen Denkeinstellungen«[15], und schließlich zum ›Sektierertum‹[16].

Der Hinweis auf die ›grenzenlose Unwissenheit‹ des Menschen deutet bereits an, wie Stegmüller seine Warnung vor den ›theoretischen‹ und ›moralischen‹ Gefahren eines erneuten Strebens nach absoluter Gewißheit, zu der seiner Darstellung nach der Konstruktivismus aufgebrochen ist, und seinen Aufruf zu wissenschaftstheoretischer Toleranz (auch des Erkenntnistheoretikers in seinem Sinne) zu begründen sucht. Diese Begründung ist dennoch überraschend. Es wird nämlich nicht gezeigt, daß es auch im Rahmen einer *konstruktiven Theorie* aus *methodischen Erwägungen* nicht angeht, von ›absoluter Gewißheit‹ oder ›Absolutbegründung‹ zu sprechen, sondern auf schlichte ›lebensweltliche‹ Einsichten verwiesen: »Das relativ Beste, was man hier sagen kann, ist etwas, das viele Philosophen in verschiedensten Wendungen und Zusammenhängen in irgendeiner Form ausgedrückt haben und woran wir in diesem Jahrhundert besonders eindrücklich von den Existenzphilosophen wieder erinnert worden sind: Daß es uns Sterblichen nicht ansteht, absolute Sicherheit für was auch immer auf solche Weise in Anspruch zu nehmen, daß damit zugleich ein Nichttolerierenwollen andersartiger Auffassungen und Denkweisen verknüpft wird.«[17] ›Geworfenheit‹ und ›Existenzerhellung‹ als Argumente in einem wissenschaftstheoretischen Diskurs? An dieser Stelle macht es sich Stegmüller mit dem Begründungsproblem zu leicht. Er unterstellt den Vertretern einer konstruktiven Wissenschaftstheorie eine beängstigende Naivität und läßt es dabei selbst mit einem bildungssprachlichen Abstecher in Bereiche einer ehemals theologischen Anthropologie bewenden; assistiert von A. Kamlah, der an anderer Stelle von ›Neodinglerianern‹ mit einer ›konstruktivistisch halbierten Vernunft‹ spricht[18] (was immer man sich darunter nun wieder vorstellen soll). Wichtiger als dieser Umstand aber ist, daß Stegmüller hier offensichtlich eine *Toleranz gegenüber Meinungen und Argumenten* mit einer *Toleranz gegenüber Begründungen* verwechselt. Während Toleranz gegenüber Meinungen und Argumenten begründet gefordert werden kann, weil sie die Voraussetzung sichert, daß Vorschläge nun gerade nicht mit bloß dogmatischen Mitteln durchgesetzt werden können, gilt dies für eine Toleranz gegenüber Begründungen nicht – eine solche Toleranz üben, bedeutete schließlich nichts anderes als den Verzicht auf Begründungen. In dem von Stegmüller formulierten ›Prinzip der wissenschaftlichen Toleranz‹[19] ist diese systema-

tisch relevante Unterscheidung, die nun auch der Rede von Toleranz in wissenschaftstheoretischen Kontexten einen verständlichen methodischen Sinn gibt, nicht vorgesehen.
Vermutlich würde Stegmüller auch mit einem in dieser Weise ›gereinigten‹ wissenschaftstheoretischen Toleranzprinzip seinen Vorwurf gegenüber den Vertretern einer konstruktiven Wissenschaftstheorie aufrechterhalten, sie jagten mit ihrer Vorstellung eines begründeten Aufbaues von Wissenschaft der Illusion einer ›Absolutbegründung von Wissenschaft‹ nach und zeigten sich eben darin als Anhänger des ›Dinglerismus‹, über dessen Beurteilung im Sinne einer unzeitgemäßen Erneuerung klassischer Rationalitätspostulate man sich so einig zu sein scheint. Was ist das, der ›Dinglerismus‹? Oder anders gefragt: was wollte Dingler, der Gründer dieser obskuren Richtung, die offenbar zu früh totgesagt worden war, wirklich? Ich werde im folgenden zu zeigen versuchen, was hier als eine sinnvolle Intention auch gegenüber der im allgemeinen recht pauschal vorgetragenen Kritik verdient festgehalten zu werden und was im Gegensatz dazu zu Recht einer differenzierten Kritik überantwortet werden sollte. Der Vorschlag wird sein, das eine systematisch weiterzuführen und das andere fallenzulassen. Da es dabei in erster Linie nicht auf eine gelehrte Dingler-Interpretation ankommen soll, sondern auf die Klärung eines Mißverständnisses gegenüber dem *Begründungsbegriff einer konstruktiven Wissenschaftstheorie*, darf dieses Stück der Argumentation kurz ausfallen. Mit ihm wird weder Anspruch auf Vollständigkeit noch Anspruch auf ›historische‹ Gerechtigkeit in allen Teilen erhoben.[20]
Zunächst zur Intention Dinglers. Im Mittelpunkt stehen Begründungsfragen der exakten Wissenschaften, die im Rahmen einer sowohl allgemeine Fundierungszusammenhänge betreffenden als auch ins methodische Detail gehenden Methodologie der exakten Wissenschaften behandelt werden. Dabei ist ebenso von ›Vollbegründung‹ und ›Letztbegründung‹ wie von ›absoluter Sicherheit‹ und ›absoluter Wissenschaft‹ die Rede. Die Probleme, die sich damit hinsichtlich der Sicherung einer Begründungsbasis stellen, werden in voller Klarheit gesehen: »Die Forderung der Vollbegründung führt... auf einen unendlichen Regreß. Sie kann nur erfüllt werden, wenn dieser Regreß an einer Stelle abgeschnitten

wird. Dieses Abschneiden konnte nur so gelingen, daß die ›erste‹ Allgemeinaussage eine Begründung erhielt, die nicht selbst in Form von Aussagen bestehen konnte und die zugleich so beschaffen war, daß sie selbst keiner weiteren Begründung hinter sich bedurfte, also sozusagen ihre Begründung ›in sich selbst trug‹.«[21] Nach heute weithin geltender Überzeugung kann eine solche ›Begründung‹ der Begründungsbasis, von der Dingler hier behauptet, daß er sie gegeben habe, nur dogmatisch erfolgen: ›vollständige‹ Begründungen führen nach dieser Überzeugung entweder in einen *unendlichen Regreß*, in dessen Rahmen die Kette der begründungsbedürftigen Sätze nicht abbricht, oder in einen *Begründungszirkel*, bei dem Sätze als ihre eigene Begründungsbasis auftreten, oder zum Ansatz einer Begründungsbasis, die der Behauptung nach einer Begründung nicht bedarf. Diese Behauptung kann *axiomatisch* oder *dogmatisch* verstanden werden. In der Dingler-Kritik gilt sie als dogmatisch.
Nun setzt eine derartige Kritik in der Regel einen *deduktiven Begründungsbegriff* voraus, in dessen Rahmen Sätze ihrerseits wieder nur durch Sätze begründet werden können (auch dies war, wie man sieht, Dingler völlig klar).[22] Ein Begründungsregreß ist dann in der Tat unvermeidlich, es sei denn, er wird in der erwähnten Weise zum Abbruch gebracht. Dieser Abbruch aber kann selbst dann keine Begründung heißen: er ist entweder durch einen Begründungsfehler (Zirkel) zustande gekommen, oder durch den (dogmatischen oder axiomatischen) Verzicht auf eine Begründung der Begründungsbasis. Dinglers Vorschlag lautet daher auch an dieser Stelle, eine Begründung der Begründungsbasis nicht deduktiv zu suchen, sondern unter Rückgriff auf *normierte Handlungen*.[23] Das Erlernen eines Handlungsschemas, das damit zur Grundlage eines konstruktiven Aufbaues z. B. der Arithmetik wird, erfolgt unabhängig von der Geltung irgendwelcher Aussagen. So werden in der Arithmetik nach dem von P. Lorenzen[24] präzisierten Dinglerschen Vorschlag die elementaren arithmetischen Gegenstände, d. h. die natürlichen Zahlen, durch einen Kalkül, also durch Handlungsanweisungen zur regelgerechten Herstellung von Figuren (Ziffern), z. B. Strichlisten, erzeugt, wobei Sätze über hergestellte Figuren (Ziffern) als invariant gegenüber der Ersetzung durch konstruktionsglei-

che Figuren gelten sollen und daher als Sätze über ›abstrakte‹ Gegenstände, in diesem Falle Zahlen, behandelt werden.[25] Die Regeln zur Konstruktion von Ziffernfolgen werden durch einen Strichkalkül wiedergegeben:

$$\Rightarrow | \qquad (1)$$

$$n \Rightarrow n| \qquad (2)$$

Mit Regel (1) ist ein Anfang notiert, mit Regel (2) die Handlungsanweisung oder Erlaubnis, immer dann, wenn eine Strichfigur (Ziffer) n regelgerecht hergestellt worden ist, durch Anfügen eines Striches zu einer Strichfigur (Ziffer) n| weiterzugehen (der Regelpfeil ⇒ stellt in diesem Sinne ein praktisches ›wenn – dann‹ dar, das eine geregelte Handlungsfolge festlegt, im ›uneigentlichen‹ Falle (1) eine ›erste‹ Handlung). Arithmetische Aussagen über Zahlen werden dann durch weitere, auf dem Strichkalkül aufbauende Kalküle eingeführt; so z. B. durch einen Kalkül, der unter Berücksichtigung eines konstruktiv bereits eingeführten Additions-Kalküls mit dem Anfang $\Rightarrow m + |, m|$ die Operation der Multiplikation regelt:

$$\Rightarrow m \cdot |, m$$

$$m \cdot n, p; p + m, q \Rightarrow m \cdot n|, q$$

In ihrer Durchführung liefert die über normierte Handlungen erfolgende Begründung der Arithmetik ein sogenanntes ›operatives Modell‹ des Peano-Dedekindschen Axiomensystems, das in seiner konstruktiven Deutung im Unterschied zu diesem Axiomensystem vollständig ist.[26] Eben dies verstand Dingler zunächst einmal unter seiner Forderung, »eine aus Allgemeinaussagen bestehende Wissenschaft *absolut* zu sichern«[27].

Der Rekurs auf normierte Handlungen zum Zwecke einer methodischen Sicherung von Anfangsschritten, die einer ›theoretischen‹ Begründung im Sinne eines deduktiven Begründungsbegriffes nicht zugänglich sind, ist nicht nur ein geschickter Einfall, in dessen Verfolgung axiomatische Ansätze ihren konventionalistischen Charakter verlieren, sondern macht insbesondere deutlich, daß selbst komplexe wissenschaftliche Zusammenhänge über die Konstruktion elementarer Anfangsschritte mit ›vor-wissenschaftlichen‹ Handlungszusammenhängen genetisch, und damit in der umgekehrten Richtung auch begründungsmäßig, verbunden sind. Was in einer anspruchsvollen Terminologie als Primat der praktischen Vernunft gegenüber der theoretischen Vernunft bezeichnet wird, stellt sich in Dinglers Konzeption einer auf normierte Handlungen rekurrierenden Wissenschaft als *Rekonstruktion vor-wissenschaftlicher Handlungsintentionen mit konstruktiven Mitteln* dar. Was als ein in der Regel noch unzureichend begründeter Zusammenhang von zielbestimmtem Handeln und Sicherung dieses Handelns in einer elementaren Lebenspraxis intendiert ist, wird in der Wissenschaft, d. h. in der Theorie, in methodisch orientierter Weise der Praxis wieder zur Verfügung gestellt. Zählhandlungen führen zur Arithmetik, und diese wiederum zur rekonstruktiven Sicherung jener Handlungen; das formgebende Bearbeiten von Körpern führt zur Geometrie und zur Physik, und diese wiederum zur apparativen Unterstützung von Herstellungshandlungen – nicht allein in Form einer ›Entwicklungsgeschichte‹ der Wissenschaften, sondern vor allem methodisch, d. h. im Sinne eines nicht selbst schon theoretische Annahmen voraussetzenden Aufbaues von Theorie. Die Unterscheidung zwischen einem ›Standpunkt des täglichen Lebens‹[28], der dadurch definiert ist, daß auf ihm nicht reflektiert wird[29], einem ›Vorallgemeinstandpunkt‹[30] oder vorsynthetischen Standpunkt und einem synthetischen Standpunkt, d. h. dem konstruktiven Aufbau der Theorie[31], ist in diesem Sinne bereits selbst als eine ›reflexive‹ Rekonstruktion elementarer Zusammenhänge zu verstehen, desgleichen der Hinweis auf sogenannte ›Grundfähigkeiten‹[32] wie Sprechen- und Herstellenkönnen, von denen beim Übergang vom vorsynthetischen zum synthetischen Standpunkt in Form von Handlungsfähigkeiten immer schon Gebrauch gemacht wird.[33]

Die methodische Einführung normierter Handlungen, die den Zwang beseitigt, einen vermeintlich unausweichbaren Begründungsregreß bei ihrerseits begründungsbedürftigen Behauptungen abzubrechen, rückt auch das sogenannte Anwendungsproblem, nämlich die Anwendbarkeit von ›reiner‹ Theorie auf bloße Empirie, einer Lösung näher. Im Rahmen der Dinglerschen Überlegungen, die darin eine Konkretisierung von Intentionen Kants bedeuten, erfolgt eine Vermittlung von Theorie und Empirie auf dem Wege einer *konstruktiven Praxis*. Entscheidend dabei ist, daß diese Vermittlung in konstruktiven Theorien nicht ›nachträglich‹

erfolgt, hier kein zusätzliches Instrumentarium zu Operationalisierungszwecken geschaffen wird, das eine bereits gegebene Theorie auf eine theoriefrei gegebene Empirie anwenden läßt, sondern diese Anwendung mit dem Aufbau der Theorie bereits gegeben ist – in Arithmetik und Geometrie durch eine operative Begründung, in der Physik durch die auf eine operative Begründung der Geometrie zurückgreifende Herstellung von Meßgeräten. Dabei soll durch eine zunehmend bessere Realisierung von ›Ideen‹, d. h. der Forderungen, die an Konstruktionshandlungen etwa bei der Formgebung oder der Meßgeräteherstellung gestellt werden und diese eindeutig bestimmen, die ›Wirklichkeit‹ über konstruktive Akte in empirischer Absicht prinzipiell unbegrenzt genauer approximiert werden. In einer ständigen Verfeinerung der Herstellungs- und Kontrollverfahren werden hier ideative Normen exhauriert, ein Vorgehen, das nach Dingler durch ein ›Prinzip der konvergenten Genauigkeitsschichten‹[34] bestimmt ist. Der häufig kritisch vermerkte ›Apriorismus‹ einer konstruktiven Theorie wie der Protophysik als einer Theorie des Messens bzw. der Meßgeräte betrifft dann genau diesen Umstand, daß bei auftretenden Abweichungen von einem erwarteten Meßgeräteverhalten diese nicht zu einer Änderung der Geometrie führen sollen, sondern zur Exhaustion von Normen und Gesetzen. ›Apriorisch‹ ist damit nicht ein als solches ausgegebenes ›inhaltliches‹ Wissen, sondern die Abhängigkeit empirischer Theorien wie der Physik von einer Konstruktion von Formen, Begriffen und Methoden, bei der diese Theorien ja nicht schon als gegeben vorausgesetzt werden können. Wissenschaftstheoretisch gesehen liegt damit der Weg zu konstruktiven Theorien fest; im Gegensatz etwa zu dem von der analytischen Wissenschaftstheorie bevorzugten Entwurf von axiomatischen Theorien, die als formale Beschreibung gegebener empirischer Theorien dienen.

Den methodologischen, begründungsorientierten Charakter seiner Bemühungen unterstreichend, formuliert Dingler neben dem erwähnten ›Prinzip der konvergenten Genauigkeitsschichten‹ noch eine Reihe anderer Prinzipien, unter denen wiederum das ›Prinzip der pragmatischen Ordnung‹[35] die zentrale Rolle spielt; andere Prinzipien wie ein ›Prinzip der Vollbegründung‹ und ein ›Baukastenprinzip‹[36] können als

Spezialisierungen dieses Prinzips aufgefaßt werden. Es schreibt vor, bei jeder Konstruktion nur von solchen Hilfsmitteln Gebrauch zu machen, die ihrerseits schon konstruiert sind. Daß damit kein erneuter Regreß anläuft, hat die Möglichkeit eines Anfanges mit normierten Handlungen gezeigt. Wird das ›Prinzip der pragmatischen Ordnung‹ verletzt, liegt ein ›pragmatischer Zirkel‹[37] vor, unter den neben logischen Zirkeln auch praktische Zirkel (›den zweiten Schritt vor dem ersten tun‹) fallen, wobei praktische Zirkel strenggenommen nur in Beurteilungen von Handlungszusammenhängen auftreten können (wo der zweite Schritt ohne den ersten getan wird, ist der zweite der erste).[38] Da das ›Prinzip der pragmatischen Ordnung‹ eine Schrittfolge festlegt, in der ein neuer Schritt nicht ohne die bereits verfügbaren Schritte getan werden soll, ließe es sich auch als ›Prinzip der methodischen Ordnung‹ bezeichnen: ein methodisches Vorgehen unterscheidet sich von einem unmethodischen dadurch, daß es nicht ›springt‹ und keine Hilfsmittel benutzt, die nicht selbst schon auf eine methodische, konstruktive Weise gewonnen worden sind.

Auf dem Prinzip der methodischen Ordnung beruhen auch die Wissenschafts- und Sprachkonstruktionen einer konstruktiven Wissenschaftstheorie. Ziel dieser Theorie ist die Ausarbeitung von Begründungszusammenhängen, die ein schrittweise kontrolliertes Vorgehen in Fundierungsfragen sichern soll und darin die Konstruktion von Theorien nicht beliebigen Erzeugungszusammenhängen überläßt, sondern auf begründete Verfahren verpflichtet. Die insbesondere für eine analytisch und ›kritisch-rationalistisch‹ orientierte Wissenschaftstheorie charakteristische Immunisierung einer auf beliebige Erzeugungszusammenhänge setzenden wissenschaftlichen Praxis gegenüber einer konstruktiven Kritik ist daher auch als der Versuch zu werten, diese Praxis von begründeten methodischen Zugriffen freizuhalten (uneingeschränktes Toleranzprinzip). Insofern ist es aber auch richtig, daß in einer konstruktiven Wissenschaftstheorie Intentionen Dinglers fortgeführt werden.

Im Rahmen dieser Intentionen sind die gegen formalistische und semantische Logikverständnisse gerichteten Bemühungen um eine *dialogische Begründung* der Logik, die gegen das übliche empiristische Verständnis gerichteten Bemühungen um eine *protophysikalische Begründung* der empirischen Physik und die gegen formalistische Interpretationen der Mathematik gerichteten Bemühungen um eine *operative Begründung* von Arithmetik und Geometrie als erste methodisch durchgeführte Realisierungen einer konstruktiven Idee von Wissenschaft zu verstehen. Dabei bleibt auch hier hinsichtlich des Problems einer begründeten Auszeichnung von Anfängen der Rückgang auf *normierte Handlungen* einschließlich der in geordneten Handlungszusammenhängen in Kraft gesetzten *sprachlichen Normierungen* zentral. Ein weiteres Beispiel dafür ist die operative Definition elementarer geometrischer Termini, die durch Angabe von Herstellungsverfahren für räumliche Formen erfolgt. Diese Herstellungsverfahren sind insofern geometrisch voraussetzungslos, als die dabei zur Anwendung kommenden Handlungsschemata bereits in einer vor-theoretischen Lebenspraxis zur Verfügung stehen und ihrerseits Prädikatoren wie ›berühren‹, ›passen‹, ›verschieben‹ und ›glatt‹ in Herstellungshandlungen mit einer für vor-theoretische Zwecke hinreichenden Bestimmtheit definieren. So wird bereits von Dingler der elementare Prädikator ›flach‹ durch das sogenannte Dreiplattenverfahren eingeführt, nach dem drei, zunächst grob vorgeebnete Körper solange paarweise aufeinander abgeschliffen werden, bis sie paarweise verschiebbar aufeinander passen (›passen‹ wird dabei im Sinne einer elementaren operativen Praxis als ein Berühren in allen Punkten, ›verschiebbar‹ als Invarianz der Eigenschaft ›passen‹ bei Bewegungen zweier Oberflächen gegeneinander definiert).[39] Die in einem solchen Herstellungsverfahren leitenden Handlungsanweisungen lassen dann ideale *Ebenen* über Forderungen an eine immer genauere Realisierung von flachen Körpern eindeutig bestimmen, womit gleichzeitig deutlich wird, daß räumliche Formen wie die Ebene durch Ununterscheidbarkeitsforderungen gewonnen werden. Nach einem Vorschlag von P. Lorenzen, der von P. Janich weiter ausgearbeitet und präzisiert wurde[40], sind diese Ununterscheidbarkeitsforderungen in Form von *Homogenitätsprinzipien* formulierbar, die dann selbst *ideative Normen* für die Herstellung räumlicher Formen darstellen.

Im Falle der Ebene handelt es sich um ein Homogenitätsprinzip, das die Ununterscheidbarkeit aller Punkte einer Fläche fordert. Sind P,P' Punkte, E eine Ebene und a(P,E) eine Aussage über P und E, bezeichnet ferner $\subset$ die Beziehung ›liegt in‹, so besagt das Homogenitätsprinzip, daß für alle P und P' gilt:

$$P \subset E \wedge P' \subset E \wedge a(P,E) \rightarrow a(P',E)$$

Dabei dürfen in den Aussagen a keine freien Variablen vorkommen. Weiterhin muß zur Unterscheidung der Ebenen von sphärischen Flächen durch eine ebenfalls operative Definition von ›konkav‹ und ›konvex‹ verlangt werden, daß die dem Homogenitätsprinzip genügende Fläche weder konkav noch konvex ist. P. Janich hat in diesem Zusammenhang gezeigt, daß die Ununterscheidbarkeit der durch die Ebene gebildeten Halbräume, für die P. Lorenzen noch ein eigenes ›äußeres‹ Homogenitätsprinzip fordert, in Verbindung mit einem Homogenitätsprinzip der Orthogonalität beweisbar wird.[41] Er hat ferner gezeigt, daß dabei für Homogenitätsprinzipien dieser Art ein Eindeutigkeits-Metapostulat gelten muß, das die Übereinstimmung zweier unabhängig voneinander hergestellter Realisate in den durch das Realisierungsverfahren postulierten Eigenschaften als logische Implikation der Homogenitätsprinzipien darstellt.

Der *normative* Charakter einer solchen nicht-formalistischen, nämlich operativen Begründung der Geometrie, die in Form einer Theorie der Meßgeräteeigenschaften gleichzeitig protoempirische Basis einer messenden Physik ist (im Unterschied zum üblichen Physikverständnis, das Meßgeräteeigenschaften nur unter dem Gesichtspunkt ihrer logischen Verträglichkeit mit gegebenen empirischen Theorien behandelt), geht folglich darauf zurück, daß diese Geometrie als ein Normensystem für die Formgebung von Körpern (Längenmeßgeräten) in lebensweltlichen Herstellungszusammenhängen fundiert ist, die ihrerseits einer theoretischen Grundlage, sei es nun in Form einer empirisch-physikalischen oder formalen Geometrie (im Sinne Hilberts) nicht bedürfen. Die hier über Handlungsvorschriften in Geltung gesetzten Normen können durch Ergebnisse einer empirisch-physikalischen Theorie nicht in Frage gestellt werden, sofern ihre Gewinnung bereits die Anwendung einer operativ begründbaren Geometrie voraussetzt. Hingegen können derartige Ergebnisse zu einer besseren

Kenntnis der bei der Verwendung von Meßgeräten auftretenden Störungen führen, deren Beherrschung dann wiederum eine verbesserte Realisierung der den Meßhandlungen zugrunde liegenden Normen erlaubt. Es ist genau dieser in seinen methodischen und begrifflichen Voraussetzungen häufig unaufgeklärte Zusammenhang zwischen empirischen Messungen und normierten Meßverfahren, der die wissenschaftstheoretische Kontroverse um Begründungsfragen der Physik, ausgehend von dem Problem der Verfügbarkeit starrer (deformationsfreier) Körper, bestimmt. Daß starre Körper, die als *starre Meßgeräte* zur Längenmessung benötigt werden, im Rahmen einer empirisch-physikalischen Geometrie nicht definiert werden können und deshalb proto-empirische Überlegungen unabdingbar machen (es sei denn, man beschränkte sich an dieser Stelle auf ein theoretisch unbefriedigendes Postulat[42]), ist dann bereits selbst eine Einsicht, die durch den operativen Ansatz der Geometrie in gleicher Weise formuliert und konstruktiv eingelöst worden ist. Auch hier hat Dingler mit seinem Vorschlag, den starren Körper durch nicht selbst schon messende Verfahren seiner Kontrolle zu definieren[43], den entscheidenden Hinweis gegeben.

Es mag damit bisher so aussehen, als bauten neuere Bemühungen um konstruktive Begründungszusammenhänge tatsächlich unmittelbar auf entsprechenden Vorarbeiten Dinglers auf. Das gilt jedoch, wie bereits angemerkt, hier nur für gewisse begründungsorientierte Intentionen Dinglers, sofern deren Ausarbeitung im Sinne eines praktisch angewendeten Prinzips der methodischen Ordnung zu einem schrittweise kontrollierbaren Aufbau von Theorien unter besonderer Berücksichtigung von Anfangsschritten führt. Es handelt sich dabei in erster Linie um *praktische Einsichten,* in deren konsequenter Verfolgung historisch im Bereich der Wissenschaften aufgetretene Fundierungsmängel behoben werden können – wobei sich im übrigen die diesen Einsichten zugeordneten Vorschläge Dinglers im einzelnen als in erheblichem Umfange überarbeitungsbedürftig erweisen. Dingler hat jedoch darüber hinaus seinen begründete Wissenschaftskonstruktionen ermöglichenden praktischen Einsichten eine *theoretische Deutung* gegeben, die diese Einsichten nicht nur verfälscht, sondern häufig sogar in ihr Gegenteil verkehrt;

wobei es dann auch eben diese Deutung ist, die in der weiteren wissenschaftstheoretischen Entwicklung zu den einleitend unter dem Stichwort ›Dinglerismus‹ erwähnten Vorwürfen an die Adresse einer konstruktiven Wissenschaftstheorie geführt hat.

Zu dieser Deutung gehört insbesondere der Versuch, die eigene Position in eine *voluntaristische* Begrifflichkeit zu fassen, in deren Rahmen der *Wille* als begründende Instanz aller konstruktiven Akte erscheint: »daß ich etwas will, muß ich als unmittelbar gewiß annehmen. Für die Gültigkeit dieses Satzes kann ich keines besonderen Kriteriums bedürfen. Irgendetwas müssen wir als unmittelbar gültig voraussetzen, und das ist das, daß ich etwas will.«[44] Der Wille erscheint damit als »sein eigener Geltungsgrund«[45], als letztes Glied willensmäßig organisierter Handlungen, das »völlig frei und aus dem Gebiete des ›Unbewußten‹ her gewählt werden« muß.[46] Über alle operativ schon gewonnenen Begründungen hinweg – und damit an seinem eigenen Prinzip der pragmatischen (methodischen) Ordnung vorbei – sieht Dingler eine »letzte Lösung der Frage nach der Begründung der Erkenntnis«[47] und glaubt sie in einem ›willenhaften Ich‹[48] gefunden zu haben. Die ihm auch von einem seiner modernen Kritiker zugestandene ›Überwindung der Orientierungslosigkeit des Konventionalismus‹[49] gerät ihm damit unter der Hand zur schlechten Metaphysik. Es ist weiterhin völlig korrekt, wenn im Hinblick auf diese erkenntnistheoretische oder wissenschaftstheoretische Verkehrung der ursprünglichen praktischen Einsichten H. Albert von einem ›epistemologischen Dezisionismus‹ spricht.[50] Ebenso könnte man von einem dezisionistischen Operativismus oder hinsichtlich des monologischen Charakters einer im individuellen Willen fundierten Handlungstheorie von einem operativen Cartesianismus sprechen.

Der insgesamt gesehen konservative Zuschnitt der Dinglerschen ›Lösung‹ des Begründungsproblems, soweit diese mit erkenntnistheoretischen Mitteln angestrebt wird, kommt auch in dem beibehaltenen Dualismus von Ich und Welt zum Ausdruck, der in Form des Gegensatzes von Wille und Unberührtem eine zentrale Rolle spielt. Die dabei behauptete Vollständigkeit der Disjunktion von dem, »was unserem eigenen Willen untersteht«, und dem, »was diesem nicht oder nicht vollständig untersteht«[51] bzw. »ohne unser Zutun uns ›gegeben‹ ist«[52] (seit 1942 als das Unberührte bezeichnet), dazu gedacht, die uneingeschränkte Geltung des ›Prinzips des Willens‹[53] zu sichern, ist im übrigen selbst eine einen Allsatz einschließende Voraussetzung, die an dieser Stelle eines methodischen Aufbaues des Dinglerschen ›Systems‹ einer vollbegründeten Wissenschaft noch gar nicht zur Verfügung stehen kann. In diesen Zusammenhang gehört ferner eine totale Unterschätzung der Logik, die lediglich im Sinne herkömmlicher analytischer Urteilstheorien als vermeintlich triviale Lehre ›tautologischer‹ sprachlicher Umformungen angesehen wird, eine naive Vorstellung von der Rolle der Sprache in Begründungszusammenhängen (Ausdrücke wie ›Sein‹ und ›Seiendes‹ gelten als unmittelbar verständlich[54]) sowie hochspekulative Begriffsspielereien, die z. B. mit Hilfe der Ausdrücke ›Etwas‹ und ›Verschiedenes‹ zur Aufstellung eines ›Urschemas‹ für alle begründeten Wissenschaftskonstruktionen führen.[55]

Wie man sieht, hält Dingler damit im Rahmen erkenntnistheoretischer Reflexionen an traditionellen Denkgewohnheiten fest, die in Form einer von praktischen Einsichten geleiteten operativen Begründungsbemühung insbesondere im Bereich von Arithmetik und Geometrie, wenn man von deren im einzelnen methodisch noch unzureichenden Ausführung absieht, bereits als überwunden gelten können. Grund dafür ist Dinglers eigentümliche Neigung, *Handlungsmaximen zu radikalisieren*. Dies geschieht über maximal formulierte theoretische Forderungen, die in der Regel völlig unnötige und auf methodische Weise gar nicht einlösbare Beweislasten mit sich bringen. Als Beispiel dafür Dinglers Forderungen an ein ›System in idealster (!) Vollendung‹: »Es müßte logisch widerspruchslos sein. Es müßte eine in sich geschlossene Einheit bilden, die alles, was im menschlichen Denken ›systemfähig‹ ist, früher oder später zu umfassen geeignet sein soll. Es müßte in seiner Geltung absolut und vollkommen gesichert sein in derjenigen vollkommenen Weise, welche die Philosophie den apriorischen Urteilen zubilligt, insbesondere müßte seine letzte Basis, auf der es steht, in ihrer absoluten Geltung unserem Verstande völlig einsehbar und keinem auch nur möglichen Einwand mehr irgendwie zugänglich sein. Natürlich ist hier bei Geltung nicht etwa nur an irgendeine logische Geltung gedacht, darum sei noch ausdrücklich als Forderung hervorgehoben, daß unser Idealsystem auch in seiner Realgeltung vollkommen und in apodiktischer Form und mit absoluter Genauigkeit gesichert sein soll. Diesem Idealsystem müssen in absolut beweisbarer Form alle systematischen Einzelwissenschaften, insbesondere also die Mathematik, die rationale Mechanik und Physik ..., soweit sie eben jeweils schon systemfähig sind, in natürlicher Weise eingegliedert sein und an seinen allgemeinen Eigenschaften partizipieren.«[56] Das also ist die von Dingler angestrebte ›absolute Wissenschaft‹[57] und die in dieser Wissenschaft gesuchte ›absolute Sicherheit‹[58]. Die Ausdrücke ›vollbegründet‹ und ›absolut begründet‹ (»d. h. von jeder Möglichkeit irgendeines Zweifels oder einer Unsicherheit völlig und für alle Zeiten befreit«[59]) werden hier nicht länger nur im Sinne einer methodisch gesicherten Unabhängigkeit konstruktiver Anfangsschritte von der Geltung irgendwelcher Aussagen verwendet, sondern zur Kennzeichnung der Eigenschaften eines ›Systems‹ auf dezisionistischer Basis.

Angesichts dieser theoretischen Überforderung praktischer Einsichten ist es verständlich, wenn heute von wissenschaftstheoretischer Seite vor einem Rückfall in derartige Ansichten gewarnt wird. Einer solchen Warnung kann auch hier nachdrücklich beigepflichtet werden. Eine Forderung nach Absolutbegründung in diesem Sinne läßt sich nicht rechtfertigen, und zwar schon aus *methodischen Gründen.* Ein Hinweis auf die beklagenswerte Endlichkeit des Menschen ist in diesem Zusammenhang eher irreführend, weil dadurch nur wieder der Eindruck entsteht, als läge das Unvermögen zur Absolutbegründung nur an einer mangelhaften biologischen Organisation. Da so zu sprechen, methodisch gesehen sinnlos ist – entweder ist eine Absolutbegründung ein vernünftiges Ziel, dann muß dieses Ziel prinzipiell auch erreichbar sein, oder sie ist kein vernünftiges Ziel, dann sollte man auch nicht versuchen, ihr eine verständliche Bedeutung zu unterstellen –, sei daher vorgeschlagen, die Ausdrücke ›Absolutbegründung‹ oder ›Letztbegründung‹, desgleichen die Ausdrücke ›absolute Gewißheit‹ oder ›absolute Sicherheit‹ nicht mehr zu verwenden. Wer sie verwendet, der muß sehr genau sagen, was er meint (etwas, das sich natürlich sowieso empfiehlt); er muß aber in diesem Falle auch sehr genau sagen, was er nicht meint, und das wird im Hinblick auf die vorgeführte theoretische Überforderung dieser Ausdrücke bei Dingler immer ein vermutlich recht aufwendiges Verfahren bleiben.

Im Gegensatz zu einem verbreiteten Mißverständnis haben die genannten Ausdrücke mit den Intentionen einer konstruktiven Wissenschaftstheorie nichts zu tun. Der normative Anspruch, der hier erhoben und neuerdings als Dinglerismus verdächtigt wird, betrifft die Aufforderung zur Ausarbeitung von Begründungszusammenhängen, ohne die jede Analyse und jede Kritik einer wissenschaftlichen Praxis orientierungslos bleiben muß, nicht jedoch ein Abonnement auf ein spezielles Begründungswissen und eine damit verbundene Annahme, man könne sich nicht mehr irren. Wer dies unterstellt, der hat die Intentionen einer konstruktiven Wissenschaftstheorie entweder nicht verstanden oder deutet sie bewußt zu polemischen Zwecken um. Im Rahmen ausgearbeiteter konstruktiver Begründungszusammenhänge wird weder die Forderung aufgestellt, vollständige Konstruktionen aller Unterscheidungen und Sätze einer wissenschaftlichen Disziplin zu erarbeiten, noch wird die Behauptung vertreten, daß ein anderer Anfang als der jeweils vorgelegte unmöglich sei. Eine ›Absolutbegründung‹ oder ›Letztbegründung‹ in diesem Sinne steht weder in ihrer dogmatischen Variante (Descartes und der klassische Rationalismus) noch in ihrer dezisionistischen Variante (Dingler) zur Verfügung.[60]

Es geht also gar nicht um eine Alternative ›absolute Gewißheit‹ ja oder nein (eine solche Alternative wäre ohnedies falsch gestellt), sondern um die Modalitäten einer Verpflichtung zur Ausarbeitung von Begründungszusammenhängen sowie die dazugehörige Verpflichtung, bereits ausgearbeitete Begründungszusammenhänge als nunmehr gemeinsam zur Verfügung stehende Mittel auch zu benutzen. Während hinsichtlich einer Verpflichtung zum begründeten Vorgehen unter dem Stichwort wissenschaftlicher Rationalität quer durch alle wissenschaftstheoretischen Richtungen zumindest verbal alles in bester Ordnung ist – bei näherer Prüfung stellt sich bald heraus, daß dies oft nur die Einhaltung vorgefundener Spielregeln betrifft –, wird der Verpflichtung zur

Benutzung bereitstehender begründeter Mittel in der Regel mit einem Dogmatismusverdacht begegnet. So auch im Falle der konstruktiven Wissenschaftstheorie, deren Vertretern man, wie bereits erwähnt, Intoleranz und Dogmatismus vorwirft. Allein, schon der Zwang, in diesem Zusammenhang dann selbst auf ein wissenschaftstheoretisches Toleranzprinzip rekurrieren zu müssen, unter das nicht nur Meinungen und Argumente, sondern auch Begründungen fallen, zeigt, daß ein solcher Vorwurf in dieser Form nicht aufrechterhalten werden kann. Er läuft strenggenommen überhaupt auf einen Verzicht auf Begründungen hinaus und sucht dabei Vorschläge bereits auf einer Ebene zu relativieren, auf der es noch gar nicht um die mit ihnen vorgelegten Begründungen selbst gehen kann. Es ist daher auch charakteristisch, daß die sich selbst auf ein uneingeschränktes wissenschaftstheoretisches Toleranzprinzip stützende Kritik an weitergehenden Begründungsansprüchen in der Regel ein mehr oder weniger intuitiv wiedergegebenes konstruktives Programm betrifft und dabei die schon geleisteten Begründungsstücke stillschweigend übergangen werden. Man betrachte nur einmal die konstruktive Begründung der Arithmetik auf dem Hintergrund der angeführten, gegen Dinglersche Intentionen gerichteten Behauptung, daß ein ›Primat der Gewißheit‹ zum ›Erkenntnisverzicht‹ führe, und man wird bemerken, wie windschief diese Kritik in der wissenschaftstheoretischen Landschaft steht.
Die hier vorgeschlagene Unterscheidung zwischen Intentionen Dinglers, die auf praktischen, wissenschaftskonstituierenden Einsichten beruhen, und solchen, die sich nur noch als ungeeignete theoretische Deutung dieser Einsichten verstehen lassen, soll zusammen mit dem Vorschlag, die praktischen Intentionen weiterzuentwickeln und die theoretischen Intentionen endlich auf sich beruhen zu lassen, zu einer Neuorientierung der festgefahrenen wissenschaftstheoretischen Diskussion zwischen ›Konstruktivisten‹ und ›Analytikern‹ führen. Manches deutet darauf hin, daß dies keine leere Hoffnung bleiben muß. Von konstruktiver Seite liegt in diesem Zusammenhang z. B. ein Vorschlag zur arbeitsteiligen Kooperation zwischen normativer und analytischer Wissenschaftstheorie zur Physik vor[61], von analytischer Seite wird, wenn auch noch mit einer gewissen Reserve, bemerkt, daß sich im Rahmen

einer operativ begründeten protophysikalischen Geometrie »wohl durchaus der rationale Kern einer gewissen Entdekkung Hugo Dinglers herauspräparieren« läßt[62] und die Auffassungen der ›Neodinglerianer‹ von denjenigen Dinglers abweichen.[63] Das heißt, auch hier wird jetzt zwischen den operativen Vorschlägen Dinglers im engeren Sinne (praktische Einsichten) und solchen Teilen seines Werkes im weiteren Sinne unterschieden, die in systematischer Hinsicht für die Leistungsfähigkeit jener Vorschläge ohne Bedeutung sind (theoretische Deutung) und in ihrem problematischen und unkritischen Charakter längst durch ›abweichende‹ Vorschläge ersetzt wurden. Angespielt wird damit auf einen nunmehr dreistufigen Aufbau empirischer Theorien am Beispiel der Physik. Basis dieses Aufbaues ist ein durch eine elementare Unterscheidungs- und Herstellungspraxis gegebenes vortheoretisches oder lebensweltliches Apriori. Auf ihm baut sich ein protophysikalisches Apriori in Form einer Theorie des Messens auf, welche die Maßstäbe für alle die Objektivität einer messenden Physik sichernden Meßverfahren zur Verfügung stellt. Beide Stufen bilden die proto-empirische Basis einer messenden Physik sowie jeder anderen empirischen Theorie, die sich auf Meßverfahren stützt.[64] Die bisherigen Schwierigkeiten in Fundierungsfragen der Physik rühren im wesentlichen daher, daß dieser gestufte Charakter einer proto-empirischen Basis unbemerkt blieb und der Aufbau der Physik entweder allein mit den synthetischen Mitteln der zweiten Stufe oder dem Empiriebegriff der dritten Stufe versucht wurde.

Was hier wie ein spezielles Fundierungsproblem der Physik aussehen mag, ist die Ursache für die gegenwärtig so kontroverse Diskussion über den wissenschaftstheoretischen Status von Begründungsbegriffen. Zumindest gilt das für die Stellungnahme des sogenannten, sich an Poppers Forschungslogik orientierenden Kritischen Rationalismus. Popper selbst hatte in einer begründeten Kritik an den Vorstellungen des Logischen Empirismus, gestützt auf den Nachweis der logischen Unmöglichkeit von Induktionsschlüssen in empirischen Theorien und der daraus folgenden Asymmetrie von Verifikation und Falsifikation, den Anspruch auf einen begründeten Aufbau von Theorien zugunsten einer hypothetisch-deduktiven

Theoriekonzeption fallengelassen, einer Konzeption, die sowohl an der ›Basis‹, d. h. der Interpretation sogenannter Basissätze als hypothetischer Festsetzungen, als auch im ›Überbau‹, dem nunmehr zwangsläufig sich ergebenden Anfang mit kompletten Theorien, Begründungen nur noch als Ausdruck einer empirischen Bewährung verstehen läßt. Mit dem Empiriebegriff der dritten Stufe, d. h. einer messenden naturwissenschaftlichen Theorie, werden Theorien hier als Werkzeuge verstanden, die man verwendet, um den Prozeß des Erkenntnisfortschritts zu befördern, die man dabei aber wie Naturdinge behandelt, als ›Werkzeuge‹ nämlich, deren Herstellung den Zufällen einer als naturhaft organisiert aufgefaßten wissenschaftlichen Praxis überlassen bleibt. Im Gegensatz zu einer sonst (seit Kant) üblichen Bedeutung von ›Kritik‹, welche die Forderung nach einer Konstruktion von Begründungszusammenhängen einschloß, werden derartige Konstruktionen bewußt beliebigen Erzeugungszusammenhängen anheimgestellt, wodurch gleichzeitig, wie bereits hervorgehoben, eine Immunisierung der Erzeugungspraxis gegenüber einer konstruktiven Kritik eintritt. Der Vorschlag, eine ›Idee der positiven Rechtfertigung‹ zugunsten einer ›Idee der kritischen Prüfung‹ aufzugeben[65], mit dem der Kritische Rationalismus die Form einer Erkenntnistheorie annimmt, überträgt diese zunächst in den Grenzen einer naturwissenschaftlichen Methodologie entwickelte Ansicht auf Begründungsverhältnisse aller Art und läßt rationale Orientierungen damit auf dem Hintergrund beliebiger Erzeugungszusammenhänge als die Bemühung erscheinen, sich in eigenen Vorschlägen wenigstens nachträglich einigermaßen verläßlich auszufinden (also ein ›Rationalismus danach‹).

Man versteht jetzt, wieso Begründungsbemühungen, die dieser erkenntnistheoretischen Interpretation einer ›deduktivistischen‹ Methodologie nicht entsprechen, als Bemühungen um eine ›absolute Gewißheit‹ verdächtigt werden können. Es dürfte aber auch deutlich geworden sein, daß diese Verdächtigung unberechtigt ist; sie verdankt sich selbst einem dogmatisch eingeschränkten Begriff von Begründung und übersieht dabei andere Möglichkeiten schrittweise begründeter Wissenschaftskonstruktionen. Zur Ersetzung einer ›Idee der positiven Rechtfertigung‹ durch eine ›Idee der kritischen Prüfung‹

besteht daher auch kein Grund, wenn man unter ›positiver Rechtfertigung‹ die Bemühung um einen methodisch gesicherten Aufbau rationaler Orientierungen versteht und darin eben nicht die fleißige, aber vergebliche Suche nach archimedischen Punkten, irgendwo draußen in einer Welt absoluter Gewißheiten. Eine solche Ersetzung könnte schließlich dazu führen, sich überhaupt auf Kosten der Konstruktion begründeter Vorschläge mit den Insignien der Redlichkeit und Toleranz zu schmücken.

Daß die Konstruktion begründeter Vorschläge nicht ›unfehlbar‹ ist, daß sie insbesondere andere Anfänge nicht ausschließt und darin jederzeit einer ernsthaften Kritik, die sich ihrerseits auf begründete Vorschläge zu stützen vermag, offensteht, von ›Letztbegründungen‹ zu reden, also sinnlos ist, wurde schon gesagt. Hier geht es lediglich um Argumente gegen ein bequemes Beharren auf einem wissenschaftstheoretischen Toleranzprinzip, das in seiner begründungsneutralen Formulierung im Grunde niemanden mehr dazu verpflichtet, selbst Behauptungen zu übernehmen und diese einer *argumentativen Bewährung* auszusetzen. Unter einer argumentativen Bewährung sei eine Verständigung in einem Diskurs verstanden, die nicht nur *empirisch* zustande kommt, indem sich eine Behauptung faktisch gegenüber anderen Behauptungen durchsetzt, sondern zu einer Übernahme der für die infrage stehende Behauptung geltend gemachten ›Gründe‹ durch alle an dem Diskurs Beteiligten führt. An dieser Verständigung muß sich ablesen lassen, ob sie nur aufgrund ›schwacher‹ Gegenargumente und damit ›zufällig‹ zustande kam, oder ob es für die betroffene Behauptung ein *Verteidigungsverfahren* bzw. eine *Gewinnstrategie* gab, die eine Verständigung über diese Behauptung von den zufälligen Umständen faktischer Argumentationssituationen unabhängig macht. Ein solches Verteidigungsverfahren, das eine Aussage durch Regeln charakterisiert, die über die Festlegung von Argumentationspflichten und Argumentationsrechten angeben, wie diese Aussage behauptet und bestritten werden kann, soll eine Begründung heißen.[66] Entsprechende Verfahren werden in elementaren Fällen zusammen mit der Einführung von Sprachhandlungen gelernt, z. B. durch die Angabe einer exemplarisch gesicherten Unterscheidungsbasis für die Verwendung von

Prädikatoren; in komplexen Fällen betreffen sie die (exemplarische, konstruktive oder argumentative) Sicherung eines Anfangs sowie den Nachweis, daß ein Argumentationszusammenhang ohne Widerspruch zu bereits gesicherten Argumentationsteilen nicht bestritten werden kann. In diesem Rahmen haben dann natürlich auch deduktive Ableitungsbeziehungen ihren methodischen Sinn. Als Beispiel einer nicht schon von anderen, als gültig unterstellten Behauptungen abhängigen Begründung war hier die konstruktive, über normierte Handlungen erfolgende Bereitstellung der Gegenstände und Aussagen einer arithmetischen Theorie sowie die operative Definition geometrischer Termini angeführt worden.
Natürlich bringt der Begriff einer argumentativen Bewährung hinsichtlich der Auszeichnung rationaler Diskurse und der Festlegung von Gewinnstrategien Probleme mit sich, die in dieser Kürze nicht behandelt werden können.[67] Es genügt jedoch für die hier verfolgten Zwecke, nämlich die Beseitigung eines Mißverständnisses und die Neuorientierung einer wissenschaftstheoretischen Kontroverse, gezeigt zu haben, daß ›kritische Prüfung‹ konstruktive Begründungen nicht entbehrlich macht, sondern diese sogar erfordert, wenn ›Kritik‹ nicht lediglich den unverbindlichen Gebrauch beliebiger begrifflicher Werkzeuge in argumentationsdarwinistisch aufgefaßten theoretischen Zusammenhängen bedeuten soll.
Mit Dinglerismus hat das alles nichts zu tun. Diesen Dinglerismus gibt es nur in den Büchern Dinglers. Vielleicht auch hin und wieder in den Erinnerungen eines Metaphysikers. Diejenigen, die dieses Gespenst über den Gefilden der Wissenschaftstheorie gesehen haben wollen, werden wohl mehr ihren eigenen Gedanken als den Gedanken anderer nachgehangen haben. Mit den Gespenstern ist es eben wie mit den Geistern: »Von der Erklärung, was der Begriff eines Geistes enthalte, ist der Schritt noch ungemein weit zu dem Satze, daß solche Naturen wirklich, ja auch nur möglich seien«, sagte schon Kant in den *Träumen eines Geistersehers, erläutert durch Träume der Metaphysik.*[68]

5
Prolegomena zu einer konstruktiven Theorie der Wissenschaftsgeschichte

I

Im Rahmen grundlagenorientierter Bemühungen um Fragen der Geschichtsschreibung hat die Wissenschaftsgeschichtsschreibung lange Zeit keine sonderliche Rolle gespielt. Für das historische Interesse, das sich in einer Theorie der Geschichtsschreibung unter hermeneutischen und sozialwissenschaftlichen Gesichtspunkten auf eine systematische Weise artikuliert, besitzt die in der Wissenschaftsgeschichte behandelte Vorgeschichte einer gegenwärtigen Praxis, der Praxis der Wissenschaften, nur eine untergeordnete Bedeutung. Das hat im wesentlichen zwei Gründe. Der erste Grund ist darin zu suchen, daß unter Wissenschaftsgeschichte in erster Linie die Geschichte der Naturwissenschaften und der Mathematik verstanden wird und der Interpretationsspielraum, der dem historischen Interesse gegeben ist, an dieser Stelle eindeutig durch den jeweils gegenwärtigen Stand einer exakten Wissenschaft definiert erscheint. Die Beurteilung der Geschichte einer Wissenschaft erfolgt nach Maßstäben, die durch das in dieser Wissenschaft als begründet geltende Wissen selbst zur Verfügung gestellt werden. Der zweite Grund liegt darin, daß in der Wissenschaftsgeschichtsschreibung ein *Lehrbuchwissen* um seine Vorgeschichte ergänzt wird, ohne daß es der Behauptung nach dazu eines besonderen Begriffs der *historischen Erfahrung* bedarf. Der Wissenschaftshistoriker ist in der Regel ein Wissenschaftler mit zusätzlichen (für seine Wissenschaft systematisch irrelevanten) historischen Interessen, d. h. die Beschäftigung mit Wissenschaftsgeschichte wird im Gegensatz zu den aus einer allgemeinen historischen Praxis hergeleiteten Aufgaben der Geschichtsschreibung im Selbstverständnis einer historischen Theorie und im Selbstverständnis des Wissenschaftshistorikers von vornherein auf ein ›biographisches‹ Unternehmen eingeschränkt. Die Implikationen, die sich dabei für das Verständnis jener allgemeinen histori-

schen Praxis ergeben mögen, werden als nicht mehr zur Sache des Wissenschaftshistorikers im engeren Sinne gehörig angesehen.
Hinter einer derartigen Betrachtungsweise steht unausgesprochen die These von der Selbständigkeit der Wissenschaftsgeschichte, die sich auch als die These von der Isolierbarkeit wissenschaftshistorischer Fakten gegenüber dem Kontext einer allgemeinen historischen Praxis formulieren läßt. Entscheidend ist dabei die zuvor angeführte, am Aufbau und am Selbstverständnis sogenannter exakter Wissenschaften orientierte Begründung, wonach der gegenwärtige Stand einer Wissenschaft den Faktenbereich ihrer Vorgeschichte eindeutig definiert, und zwar in einer ähnlichen Weise, wie gesicherte Ergebnisse einer Wissenschaft über die Formulierung von Anschlußaufgaben deren zukünftige Geschichte bereits hinreichend zu definieren scheinen. Wie es in der Wissenschaft weitergehen soll, ist eine Frage, die in der Regel nicht über normative Erwägungen, den methodischen Aufbau einer Theorie und deren Rechtfertigung über gerechtfertigte Anwendungen betreffend[1], sondern dadurch entschieden wird, daß man einfach dort weitermacht, wo man gestern aufgehört hat und dieses kontinuierliche Vorgehen als ein ›von der Sache geleitetes‹ Vorgehen versteht. Dem entspricht das Verständnis historischer Zusammenhänge, die auf dem Hintergrund einer pragmatischen Vorstellung von Wissenschaft und wissenschaftlicher Praxis als die Geschichte eines solchen Vorgehens aufgefaßt werden. Das für Geschichte sonst spezifische Problem einer Konstitution historischer Fakten (welches Vergangene ist ein historisches Faktum?) tritt scheinbar nicht auf, auch wenn im einzelnen nicht von vornherein als eindeutig entscheidbar angesehen werden kann, welche Teile etwa der Astrologie zur Vorgeschichte der modernen Astronomie und welche Teile etwa der Alchemie zur Vorgeschichte der modernen Chemie zu rechnen sind. Der Spielraum, der dem historischen Interesse an dieser Stelle bleibt, scheint ohnehin weniger der Ort wesentlicher historischer Einsichten zu sein als vielmehr ein Anlaß, das Kuriositätenkabinett intelligenter und dunkler Phantasien aus den Grenzbereichen der Wissenschaft um weitere Stücke zu ergänzen, deren Vorstellung dem Wissenschaftler dann wie-

derum dazu dient, sich und seinem Auditorium gelegentlich ein wenig Abwechslung zu verschaffen. Daß dies in der Regel auf Kosten von Nachbardisziplinen geht, sei nur am Rande vermerkt: im nachhinein hat es z. B. nach dem Willen mancher Wissenschaftshistoriker die Philosophie angesichts ihrer metaphysischen Traditionen zu verantworten, daß eine ursprünglich schon so exakt angetretene Fachwissenschaft wie die Astronomie zwischenzeitlich, und wenn auch nur aus Gründen größerer gesellschaftlicher Wirksamkeit, den seltsamen Wegen der Astrologie verfiel. Die Keplerschen Gesetze hat dann der Astronom Kepler formuliert, den *Tertius interveniens*, eine Warnung an die Gegner der Astrologie[2], der Philosoph Kepler[3].

Die These von der Selbständigkeit der Wissenschaftsgeschichte, gegründet auf die Vorstellung einer eindeutigen Festlegung des historischen Faktenbereichs durch das Lehrbuchwissen einer Wissenschaft, erlaubt es daher auch, eine Theorie der Wissenschaftsgeschichte, wenn diese sich überhaupt als erforderlich erweisen sollte, auf eine immanente Beurteilung der *historischen Verlaufsform* wissenschaftlichen Wissens, unabhängig von der dieses Wissen einschließenden allgemeinen historischen Praxis, einzuschränken. Unter einer historischen Verlaufsform wissenschaftlichen Wissens ist dabei eine als ein *Wirkungszusammenhang* dargestellte wissenschaftliche Entwicklung zu verstehen, deren Erklärung über die Hervorhebung *genetischer Regelmäßigkeiten* erfolgt, unter einer allgemeinen historischen Praxis die Summe derjenigen gesellschaftlichen Handlungszusammenhänge der Vergangenheit, als deren Folgepraxis sich gegenwärtige gesellschaftliche Handlungszusammenhänge mittelbar rekonstruieren lassen.[4] Die genannte Einschränkung bedeutet also, daß sich Teile einer historischen Gesamtpraxis und des diese Praxis bestimmenden Vermittlungszusammenhanges historischer Entwicklungen unter Berufung auf ein geltendes Wissen, nämlich das Lehrbuchwissen einzelner Disziplinen, so voneinander isolieren lassen, daß unter wissenschaftshistorischen Gesichtspunkten der Wirkungszusammenhang einer historischen Gesamtpraxis keine wesentliche Rolle mehr spielt. Dieser Wirkungszusammenhang wird zwar nicht geleugnet, doch bringt es die Orientierung an einem als begründet ausgewiesenen oder

auch nur faktisch als in Geltung befindlich angesehenen Wissens mit sich, daß von ihm ohne methodologischen Schaden abgesehen werden kann. Eine Theorie der Wissenschaftsgeschichte, die sich in diesem Sinne bewußt auf eine Beurteilung der historischen Verlaufsform wissenschaftlichen Wissens beschränkt, gibt sich damit gleichzeitig das Aussehen einer positiven Wissenschaft (mit gesetzesmäßigen Aussagen über ihren Gegenstand, die wissenschaftliche Entwicklung), ohne länger dem Umstand Rechnung zu tragen, daß sie in demselben Sinne, in dem z. B. Geschichtsphilosophie nicht nur Philosophie der Geschichte, sondern auch Philosophie der Geschichtsschreibung und deren Geschichte ist, eine (normative) Reflexion auf die Wissenschaftsgeschichtsschreibung und deren Geschichte zu leisten hat.
In der Tat ist es genau diese Beschränkung auf eine Erklärung wissenschaftlicher Entwicklungen, welche die sich im wesentlichen an Vorschläge Th. S. Kuhns und die in deren Rahmen getroffene Unterscheidung von ›normaler‹ und ›revolutionärer‹ Wissenschaft anschließende moderne Diskussion um eine adäquate Theorie der Wissenschaftsgeschichte bestimmt.[5] In dieser Diskussion gilt noch immer die Frage, worum es in der Wissenschaftsgeschichtsschreibung eigentlich geht, d. h. die Frage nach dem Faktenbereich und den Zielen dieser Geschichtsschreibung, als unproblematisch: als Theorie der Wissenschaftsgeschichte treten eine inhaltliche Beurteilung historischer Verlaufsformen und die Art und Weise auf, in der diesen Formen Erklärungsmuster zugrunde gelegt werden können. Das mag angesichts der Bemühungen Kuhns, die Geschichte der Wissenschaften als eine Geschichte der *Forschungspraxis,* genauer: als eine Geschichte der dieser Forschungspraxis zugrunde liegenden ›Regeln‹, zu schreiben, auf den ersten Blick wie eine unzureichende, dieser ›historiographischen Wende‹, wie Kuhn selbst bemerkt[6], in keiner Weise gerecht werdende Charakterisierung erscheinen. Doch bedeutet diese Verlagerung des historiographischen Interesses von einer Analyse von Texten und Überlieferungen auf eine Analyse der Forschungspraxis in erster Linie nicht, daß jetzt auch die Abhängigkeit dieser Praxis von gesamtgesellschaftlichen historischen Handlungszusammenhängen in den Blick träte (von ihr ist eher als einer zufälligen Randerscheinung, als will-

kürlichem Element persönlicher und historischer Umstände die Rede[7]); gemeint ist vielmehr die Abhängigkeit einer wissenschaftlichen Entwicklung von den in der sie tragenden ›scientific community‹ herrschenden Überzeugungen, dem Umstand nämlich, »that the scientific community knows what the world is like«[8], und dies, solange hinsichtlich ihres bisherigen methodologischen Vorgehens kein Motiv für wesentliche neue Orientierungen gegeben ist. Diese Gesellschaft in der Gesellschaft bleibt damit eine monadische Konstruktion, und ebenso die Wissenschaftsgeschichte, die jetzt auf ihre Aktivitäten hin, auch darin wieder ›biographisch‹ ausgerichtet, geschrieben wird.

Nun soll gar nicht geleugnet werden, daß sich die Wissenschaftsgeschichtsschreibung zumindest exakter Wissenschaften von anderen Bereichen der Historiographie dadurch unterscheidet, daß sie zunächst einmal von einem Wissen ausgehen kann, das historisch nicht kontrovers ist. Das systematische Wissen der Wissenschaften, deren Vorgeschichte geschrieben werden soll, liefert in diesem Sinne einen historiographisch einzigartigen Archimedischen Punkt, auf den hin der Wissenschaftshistoriker seine Unterscheidungen treffen kann, ohne dabei selbst entscheiden zu müssen, ob z. B. das von Galilei formulierte Fallgesetz, der von R. Clausius aufgestellte zweite Hauptsatz der Thermodynamik (Entropiesatz), die Sätze von den konstanten und multiplen Proportionen der Elemente in ihren Verbindungen (J. L. Proust, J. Dalton) oder der von C. F. Gauß entdeckte, von A. L. Cauchy erstmals veröffentlichte Hauptsatz der Funktionentheorie zu den gesicherten Sätzen der Wissenschaft zählen oder nicht. Und dieser Vorteil, der darin beruht, historische Behauptungen nicht allein auf historisches Wissen bzw. auf ein noch kontroverses systematisches Wissen gründen zu müssen, gilt nicht nur gegenüber einer auf die allgemeine historische, insbesondere politische Praxis gerichteten Geschichtsschreibung, sondern auch gegenüber selbst ›theoretischen‹ Disziplinen wie der Philosophie oder der (Traditionen der praktischen Philosophie fortsetzenden) politischen Theorie, sofern diese aus systematischen Gründen auf eine historische Reflexion nicht verzichten, diese aber auf unmittelbare Weise an einem gesicherten Wissen nicht orientieren können. Trotzdem handelt es sich hierbei um einen Vorteil, der so, wie er in der Regel genutzt wird, nur zu einer mehr oder weniger antiquarischen Geschichtsschreibung führt. Der Grund ist klar. Wenn der methodische Vorteil der Wissenschaftsgeschichtsschreibung gegenüber anderen Bereichen der Historiographie darin liegt, daß hier von einem Wissen Gebrauch gemacht werden kann, das die zu ermittelnden historischen Fakten eindeutig bestimmt, dann ist dieser Vorteil des wissenschaftshistorischen Wissens um den Preis erkauft, als historisches Wissen keine Orientierungsfunktion in einer gegenwärtigen Praxis zu haben. Und dies sowohl in Form der ›klassischen‹, an inhaltlichen wissenschaftlichen Resultaten und deren allmählicher Akkumulation, als auch in Form der eben erwähnten, an den einer Forschungspraxis immanenten Regulativen und Entwicklungen orientierten Wissenschaftsgeschichtsschreibung. Diese gerät auf die eine oder die andere Weise in ein historisches Abseits, aus dem sie ohne Verzicht auf die durch das moderne, auf den Begriff des Lehrbuchwissens gegründete Wissenschaftsverständnis getroffene Begrenzung nicht mehr herauskommen kann. Ihre handwerkliche Sicherheit erweist sich zugleich als funktionelle Schwäche.

II

Die These von der Selbständigkeit der Wissenschaftsgeschichte, die hinter dem geläufigen Wissenschaftsbegriff der Wissenschaften und ihrer Geschichtsschreibung steht, läßt sich bereits durch ein methodologisches Argument erschüttern. Mit dieser These ist vorausgesetzt, daß es die Wissenschaften selbst sind, die durch den jeweiligen Stand ihres als begründet angesehenen Wissens, d. h. ihres Lehrbuchwissens, sowohl Aufgaben der (internen) Wissenschafts*planung*, also die Zukunft der Wissenschaften, als auch Aufgaben der Wissenschafts*geschichtsschreibung*, also die Genesis der Wissenschaften, bestimmen. Eine solche Voraussetzung ist aber nur bedingt richtig. Zwar läßt sich die durch die neuzeitliche wissenschaftliche Entwicklung gebildete *technische Rationalität* unter anderem dadurch kennzeichnen, daß in ihr eine wissenschaftliche Praxis einfach als gegeben und als durch irgendwelche in dieser Praxis nicht selbst hervorgebrachte Resultate unhintergehbar angesehen wird, doch wird dabei meist außer acht gelassen, daß diese Praxis methodologischen Orientierungen folgt, die als solche in ihr nicht artikuliert werden. Explizit treten diese Orientierungen in *wissenschaftstheoretischen* Erörterungen auf, die dadurch eine Art Begründungsfunktion gegenüber der wissenschaftlichen Praxis erhalten.

Als Beispiel einer derartigen Orientierung mag der Empiriebegriff empirischer Wissenschaften dienen. In der Forschung sowohl der Naturwissenschaften als auch der sich als empirische Disziplinen verstehenden Sozialwissenschaften entspricht diesem Begriff ein Vorgehen, das von der Bereitstellung von Messungen (Datenerhebungen) über die Aufstellung theoretischer Ansätze und der Herleitung von Gleichungen (Folgerungen) aus diesen Ansätzen, welche die ursprünglichen Meßdaten wieder ergeben, zu einer *Erklärung* des diesen Daten zugrunde liegenden Vorganges führt. Ein solches Verfahren wird *empirisch* genannt, weil es auf der Basis von Messungen (Datenerhebungen) beruht, und es wird darüber hinaus *hypothetisch* genannt, weil die hier eingehenden theoretischen Ansätze bloße Annahmen sind, die sich über geeignete Folgerungen wiederum empirisch bewähren sollen. Was dabei auf dieser Stufe der Deskription eines faktischen Vorgehens noch relativ unproblematisch erscheinen mag und im Rahmen des Alltags empirischer Wissenschaften auch kaum methodologische Beachtung findet, wird in der Wissenschaftstheorie, der fachbezogenen wie der allgemeinen Wissenschaftstheorie, zum Anlaß systematischer Erwägungen, die über methodologische Fragen im engeren Sinne hinaus den Wissenschaftsbegriff selbst betreffen. Über derartige Erwägungen gewinnt dann auch der Empiriebegriff empirischer Wissenschaften das Gewicht, das seine Rolle in der gegenwärtigen Diskussion um Begründungsfragen der Wissenschaften ausmacht, wobei wiederum tiefgreifende Differenzen, die innerhalb der Wissenschaftstheorie empirischer Wissenschaften, etwa zwischen den sogenannten Induktivisten (Reichenbach, Carnap u. a.) und den sogenannten Deduktivisten (Popper und seinen Schülern), aufgetreten sind, in den betroffenen Wissenschaften selbst kaum irgendwelche Folgen haben. Entscheidend für das auf diese Weise gebildete methodologische Bewußtsein empirischer Wissenschaften ist allein der Gegensatz zu dem vermeintlich immer zum Spekulativen neigenden Versuch, *nicht-empirische Bedingungen* empirischer Wissenschaften zu formulieren; Differenzen in der dieses Bewußtsein stützenden Grundlagendiskussion werden dabei in Kauf genommen.

Die Behauptung der Selbständigkeit der Wissenschaftsgeschichte in der geschilderten Form tritt damit in Abhängigkeit nicht nur zum Selbstverständnis der Wissenschaften (›Forscher über sich selbst‹), sondern darüber hinaus zu den in den Wissenschaften wirksamen methodologischen, wissenschaftstheoretisch ausgewiesenen Orientierungen (›Metatheoretiker über die Forschung‹). Dabei spielt es für diese Überlegungen keine Rolle, daß die wissenschaftstheoretische Systematik oft keine Unabhängigkeit gegenüber dem wissenschaftlichen Vorgehen beansprucht, ja im Gegenteil, die faktisch in diesem Vorgehen verfolgten Orientierungen nur expliziert und damit ihrerseits abhängig von einer bestimmten wissenschaftlichen Praxis wird. Eine solche Abhängigkeit kommt darin zum Ausdruck, daß das Faktum der Wissenschaft nicht nur »den einzig möglichen Ausgangspunkt wissenschaftstheoretischer Analysen bildet«[9] (was unbestreitbar ist, da es sonst keinen Grund für wissenschaftstheoretische Erwägungen gäbe), sondern daß auch die Frage ›was ist Wissenschaft?‹, d. h. die Frage nach eindeutigen Kriterien einer wissenschaftlichen Begründung, als unbeantwortbar gilt, weil »die Explikation des Wissenschaftsbegriffs ... die Lösung der wissenschaftstheoretischen Spezialprobleme« voraussetze[10]. Diese Lösung macht es wiederum nach dem hier wiedergegebenen ›analytischen‹ Wissenschaftsverständnis erforderlich, »die intuitiven Auffassungen des Wissenschaftlers als im Prinzip richtig anzuerkennen, solange nicht das Gegenteil erwiesen wurde«[11]. Das bedeutet faktisch, in einer eigenwilligen Fassung der Maxime, hinter jeder ernsthaft vorgetragenen Behauptung zunächst nach guten Gründen zu suchen, die Beschränkung des wissenschaftstheoretischen Interesses auf nicht einmal mehr unter dem Postulat methodischen Vorgehens stehende wissenschaftliche Gewohnheiten. Diese Gewohnheiten und eine *analytische* oder *deskriptive* Wissenschaftstheorie stützen sich daher gegenseitig, wobei von W. Stegmüller, dessen pointierte Bemerkungen eine derartige Auffassung kurz illustrieren sollten, normative Gesichtspunkte z. B. zugunsten eines *konstruktivistischen* Standpunktes durchaus zugelassen, aber in den Bereich der *Erkenntnistheorie* delegiert werden (der wiederum, und darin beruht die Pointe dieser Delegation, in seiner historischen Gestalt einem permanenten Dogmatismusverdacht ausgesetzt ist).[12]

Worauf es in diesem Zusammenhang ankommt, ist weniger der Umstand dieser gegenseitigen Abhängigkeit von wissenschaftlichem Vorgehen und analytischer Wissenschaftstheorie, die das moderne Wissenschaftsverständnis in erheblichem Maße beeinflußt, als vielmehr der prinzipielle Gesichtspunkt, daß die besondere Form, in der in der Wissenschaftsgeschichtsschreibung von Wissenschaft die Rede ist, ihrerseits wissenschaftstheoretisch vermittelt ist. Hier wird eine Praxis, in diesem Falle die wissenschaftliche Praxis, nicht nur um ihre inhaltliche Vorgeschichte im üblichen historischen Verstande ergänzt, diese Vorgeschichte wird vielmehr stets in den Begriffen eines als gemeinsam unterstellten wissenschaftstheoretischen Vorverständnisses geschrieben. Es ist nicht die wissenschaftliche Praxis allein, die den Geschichtsbegriff ihrer Vorgeschichte bestimmt, sondern auch der in ihr selbst realisierte Wissenschaftsbegriff.

Was auf den ersten Blick wie eine façon de parler erscheinen mag, ist von erheblicher systematischer Bedeutung, wenn man dabei noch ein verbreitetes, auf den Begriff einer exakten Wissenschaft bezogenes Mißverständnis ins Auge faßt. Ich meine die Auffassung, wonach Wissenschaft mit der *Geschichte* die Eigenschaft des *Fortschritts* und mit der *Natur* die Eigenschaft der *Geschichtslosigkeit* teilt. Unter der Eigenschaft des Fortschritts sei die Vorstellung einer kontinuierlichen Erweiterung des Wissens verstanden, die schon Kuhn unter dem Begriff ›development-by-accumulation‹ kritisiert[13], und die am ehesten noch mit der historischen Entwicklung der Mathematik, speziell ihrer seit D. Hilbert herrschenden formalen Auffassung in Verbindung gebracht werden kann. Im Gegensatz zu empirischen Theorien, die auf eine wenn auch wissenschaftstheoretisch keineswegs eindeutig schon bestimmte methodische Weise ›an der Wirklichkeit‹ scheitern können, gibt es für axiomatisch-deduktive Theorien der Mathematik keinen derartigen Bewährungszwang, zumal dann nicht, wenn auch noch die Begründungsregeln (Ableitungsregeln) konventionalistisch festgelegt werden. Prinzipiell hat damit jeder bewiesene Satz Anspruch auf Übernahme in das mathematische Lehrbuchwissen, das sich in diesem Sinne sogar verlustlos ständig erweitert.

Mit der für eine Theorie der Wissenschaftsgeschichte womöglich noch zentraleren Eigenschaft der Geschichtslosigkeit, bezogen auf das wissenschaftliche Lehrbuchwissen, ist die Behauptung gemeint, daß wissenschaftliche Sätze in ihrem begründeten Charakter, d. h. wiederum als Teil eines Lehrbuchwissens, nicht nur von ihrem historischen Zustandekommen unabhängig sind, sondern darüber hinaus, als Manifestationen einer reinen *Objektrationalität,* keinen nicht durch ihren Objektbereich unmittelbar bedingten Abhängigkeiten unterliegen. Während die Unabhängigkeit von einem historischen Zustandekommen die Unterscheidung zwischen *Genesis* und *Geltung* betrifft, d. h. den Nachweis, daß eine Theorie wie z. B. die euklidische Geometrie ohne Rekurs auf historische Entwicklungen begründet werden kann, besagt der Begriff der Objektrationalität an dieser Stelle, daß alle Veränderungen innerhalb eines wissenschaftlichen Vorgehens allein auf Erkenntnisse ›an der Sache‹ zurückzuführen sind und daher auch eine Psychologie oder Soziologie der Forschung neben der Beschäftigung mit Forscherbiographien entbehrlich machen. In diesem Sinne wäre etwa der Übergang von der Newtonschen zur Einsteinschen Physik, an dem sich die Wissenschaftstheorie Poppers (mit ihrem Begriff der permanenten Revolution) und die Theorie der Wissenschaftsgeschichte Kuhns (mit ihrem Begriff der außergewöhnlichen Revolution) in gleicher Weise orientieren[14], durch die Erkenntnis erzwungen worden, daß die Mechanik Teil der Elektrodynamik sei, und nicht – was historisch korrekter ist – durch das Scheitern der Versuche, die lorentzinvariante Elektrodynamik in die galileiinvariante Mechanik zu überführen und den daraufhin von Einstein gemachten Vorschlag, die Lorentztransformationsgleichungen durch das Prinzip der Vakuumlichtgeschwindigkeit, d. h. durch die Auszeichnung einer physikalischen Größe gegenüber den bisherigen Verfah-

ren der Längen- und Zeitmessung, zu interpretieren. Dieser Schritt erfolgt zwar noch immer inner-theoretisch, im Rahmen der Begründungsproblematik einer empirischen Physik, doch nicht unabhängig von schwerwiegenden methodischen Entscheidungen, insbesondere eine Theorie des Messens und damit auch Begründungsfragen der Geometrie betreffend.
Träfe die Charakterisierung einer reinen Objektrationalität in dem genannten Sinne auf Wissenschaft zu, so müßte die Wissenschaftsgeschichte nach Analogie der *Naturgeschichte* verstanden werden. Ihre Selbständigkeit bestünde nicht nur in ihrer Isolierbarkeit von einer allgemeinen historischen Praxis mit den Mitteln eines begründeten systematischen Wissens, sondern in dem Umstand, daß sie im Gegensatz zu dieser allgemeinen Praxis, eben wie die Natur, ohne historische Vermittlungen sei. In dieser Form wäre eine solche Charakterisierung aber nur vertretbar, wenn wissenschaftstheoretische Orientierungen dabei keine Rolle spielen, eine wissenschaftliche Praxis, einschließlich ihrer Vorgeschichte, unabhängig von der Geltung irgendwelcher Wissenschaftsbegriffe wäre, für deren Formulierung wiederum die Analogie mit natürlichen Prozessen nicht gilt. Dies aber ist nicht der Fall. Faktisch folgt jede wissenschaftliche Praxis schon einem bestimmten Wissenschaftsbegriff, ohne dessen Explikation sie sich anders als durch den bloßen Hinweis auf ihre Resultate gar nicht beschreiben ließe. Den Nachweis aber, daß es sich dabei nicht um ein und denselben Wissenschaftsbegriff handelt, der seit dem Anfang von Wissenschaft (ein Anfang, der sich an die Entdeckung der Möglichkeit theoretischer Sätze und Beweise knüpft[15]) die Praxis der Wissenschaften bestimmt, enthält die Wissenschaftsgeschichte, wenn sie mit den Augen des kritischen, d. h. nicht einem bloß deskriptiven Wissenschaftsverständnis folgenden Wissenschaftstheoretikers betrachtet wird.
Damit läßt sich eine erste These zu einer konstruktiven Theorie der Wissenschaftsgeschichte formulieren. Sie lautet: *Die vermeintliche Selbständigkeit der Wissenschaftsgeschichte, bezogen auf die Isolierbarkeit ihrer Gegenstände gegenüber einer allgemeinen historischen Praxis, findet ihre Grenze in der für jede wissenschaftliche Praxis geltenden Abhängigkeit von wissenschaftstheoretischen Orientierungen. Im Rahmen dieser wissenschaftstheoretischen Orientierungen wird*

durch den Wissenschaftsbegriff einer wissenschaftlichen Praxis der Geschichtsbegriff ihrer Vorgeschichte bestimmt, wodurch dieser sich im Gegensatz zur These von der Selbständigkeit der Wissenschaftsgeschichte gleichzeitig als historisch vermittelt erweist.

III

Wenn der Geschichtsbegriff der Wissenschaftsgeschichte abhängig ist vom Wissenschaftsbegriff einer wissenschaftlichen Praxis, um deren Genese es in diesem Zusammenhang geht, dann darf man vermuten, daß die Frage, in welcher Weise Wissenschaftsbegriffe eine wissenschaftliche Praxis, darunter auch alle Formen einer historischen Praxis, bestimmen, für jede theoretische Reflexion über Wissenschaftsgeschichte zentral ist. Tatsächlich ist diese Frage aber in der modernen Diskussion, worauf bereits hingewiesen wurde, von nur untergeordneter Bedeutung. Wissenschaftsgeschichte besitzt hier den Charakter von *Theoriegeschichte,* wobei Theorien in der Regel als Konstruktionen über einer gegebenen Datenbasis angesehen werden.[16] Im Rahmen eines solchen Ansatzes haben Theorien die Qualität von *Interpretationssystemen,* ihr Wandel erfolgt relativ zu ihrer Interpretationsleistung gegenüber einer sich im allgemeinen kontinuierlich erweiternden Datenbasis. Das bedeutet zwar, daß nicht mehr naiv der These von der Geschichtslosigkeit der Wissenschaft das Wort geredet wird, sofern nunmehr auch Theorien ihre Geschichte haben, doch vollzieht sich diese Geschichte als ein selbst noch wissenschaftsimmanenter Wechsel. Das theoretische Mobiliar einer Wissenschaft wird gewissermaßen bloß umgestellt, ältere Stücke werden durch neue ersetzt. Wissenschaftsbegriffe, denen die Theoriebildung dabei folgt, ohne daß sie in dieser ihrer normativen Funktion in der Regel herausgestellt werden, scheinen auch in diesem Zusammenhang keine Rolle zu spielen.

Einen schlagenden Beleg für die Vernachlässigung wissenschaftstheoretisch relevanter Veränderungen zugunsten einer eher technisch zu nennenden Beurteilung historischer Verlaufsformen von Theorien liefert z. B. Kuhn, dessen Begriff einer paradigmenbestimmten Forschung und dessen in seinem Rahmen erfolgende Erläuterung der Unterscheidung zwischen ›normaler‹ und ›revolutionärer‹ Wissenschaft durch den Begriff des *Paradigmawechsels* doch gerade eine nachdrückliche Berücksichtigung derartiger Zusammenhänge erwarten läßt. Denn welcher Paradigmawechsel, d. h. welche grundlegende theoretische Neuorientierung in der Forschungspraxis einer Wissenschaft, könnte revolutionärer genannt werden als ein Wechsel, der den Begriff des wissenschaftlichen Vorgehens und damit den Begriff des Aufbaus und der Begründung wissenschaftlicher Theorien selbst betrifft? Kuhn aber vernachlässigt die Unterscheidung zwischen wissenschaftstheoretisch relevanten, hier *begründungsorientierten* Veränderungen und theoriengeschichtlich relevanten, hier *erklärungsorientierten* Veränderungen und übersieht damit ebenso wie die herkömmliche Wissenschaftsgeschichtsschreibung das beste Beispiel für das, was er einen Paradigmawechsel nennt. Für ihn stellt nämlich die Entwicklung der Physik von Newton zu Euler und Lagrange und weiter bis ins 19. Jahrhundert hinein lediglich die Bemühung dar, »to reformulate mechanical theory in an equivalent but logically and aesthetically more satisfying form«[17]. Unter dem Gesichtspunkt einer Paradigmapräzisierung, wobei Kuhn zurecht den paradigmatischen Charakter der Newtonschen Mechanik im Rahmen der Geschichte der Physik unterstreicht (die Newtonsche Mechanik übernimmt im 18. Jahrhundert für den Begriff der naturwissenschaftlichen Erklärung dieselbe Rolle, die in den vorausgegangenen fast 20 Jahrhunderten die Aristotelische Physik gespielt hatte), gerät diese Phase der Wissenschaftsgeschichte damit in der Terminologie Kuhns in die Nähe einer ›normalen‹ Organisation der Forschungspraxis, sofern eine Paradigmapräzisierung unter anderem ebenso wie ›normale Wissenschaft‹ gekennzeichnet ist durch »the articulation of those phenomena and theories that the paradigm already supplies«[18]. Dabei bleibt aber nun völlig unerkannt, daß sich unter der ›Neuformulierung‹ der Newtonschen Theorie in den analytischen Systemen etwa Eulers und Lagranges, d. h. in der Ersetzung des axiomatischen Aufbaus der Newtonschen Mechanik durch Systeme von Bewegungsgleichungen, in deren Rahmen Messungsreihen erstmalig als methodisch pri-

mär erscheinen und damit die Möglichkeit einer Begründung der in den analytischen Systemen verwendeten Algorithmen durch Erfahrung (die Wissenschaftstheorie des klassischen Empirismus macht daraus ein ›allein durch Erfahrung‹) nahegelegt wird, ein folgenschwerer Wechsel zweier Wissenschaftsbegriffe vollzieht. An die Stelle des bisherigen, durch die Euklidische Geometrie und die Newtonsche Mechanik in den *Principia* exemplifizierbaren *synthetischen* Wissenschaftsbegriffs tritt in den analytischen Theorien ein *analytischer* Wissenschaftsbegriff, der seither auf eine in der Tat paradigmatische Weise die Theoriebildung exakter Wissenschaften bestimmt.[19] Und eben dies wird von Kuhn übersehen, weil sein Begriff der paradigmenbestimmten Forschung bei aller Ambivalenz, die für den verwendeten Begriff des wissenschaftlichen Paradigmas selbst im übrigen charakteristisch ist[20], doch im wesentlichen auf einen Wechsel inhaltlicher theoretischer Entwürfe bezogen bleibt. Auch hier erweist sich die Orientierung am Gegensatz von klassischer und relativistischer Physik als instruktiv: dieser Gegensatz wird nicht auf zentrale Begründungsfragen, an denen sich die davon betroffenen Geister, in diesem Falle die Vertreter einer analytischen und einer konstruktiven Wissenschaftstheorie scheiden, zurückgeführt, sondern an derartigen Fragen vorbei am Maßstab der jeweils größeren ›erklärenden Kraft‹ (explanatory power) gemessen.[21]
Weniger eingeschränkt erscheinen in diesem Zusammenhang S. Toulmins Redeweise von »drastic change in the direction of explanation«[22], sofern damit von vornherein methodologische Gesichtspunkte bei der Beschreibung revolutionärer Veränderungen in der Wissenschaftsgeschichte in den Vordergrund treten, und I. Lakatos' Ersetzung des Begriffs der paradigmenbestimmten Forschung durch den aus der Forschungsplanung vertrauten Begriff des wissenschaftlichen *Forschungsprogrammes* (›scientific research programme‹)[23]. Während Toulmin dabei auch von ›Idealen einer natürlichen Ordnung‹ (ideals of natural order)[24] und ›Erklärungsparadigmen‹ (explanatory paradigms)[25] spricht, dic im Sinne vorweggenommener methodischer Orientierungen die Forschung bestimmen, definiert Lakatos ein Forschungsprogramm direkt über die Existenz der es charakterisierenden Methodologie

(»The programme consists of methodological rules: some tell us what paths of research to avoid [*negative heuristic*], and others what paths to pursue [*positive heuristic*]«)[26]. Trotzdem ist damit die wissenschaftstheoretisch zentrale Unterscheidung zwischen einer begründungsorientierten und einer erklärungsorientierten Veränderung der wissenschaftlichen Praxis, über die Kuhns Begriff der paradigmenbestimmten Forschung keine Auskunft gibt, ebenfalls noch nicht erreicht. Die Beispiele, die Toulmin für die von ihm hervorgehobene Umkehrung der Erklärungsrichtung gibt, z. B. die Rückführung physiologischer Vorgänge auf chemische Vorgänge anstelle der älteren Aristotelischen Theorie organischer Entwicklungen zu Beginn der modernen Chemie, lassen erkennen, daß auch hier in erster Linie spezielle Theorien (im erwähnten Falle: Theorien der Materie) und nicht unterschiedliche Formen der Theoriegenese und Theoriebegründung voneinander abgehoben werden sollen. Lakatos' Begriff des Forschungsprogrammes wiederum verhält sich gegenüber dieser Unterscheidung im wesentlichen neutral. So werden unter einer positiven Heuristik im Gegensatz zur negativen Heuristik, die ein Forschungsprogramm in seinem Kern (›hard core‹) von methodisch unzulässigen Annahmen freihalten soll (ein Beispiel dafür wäre etwa die unzulässige Annahme des tertium-non-datur in der effektiven Logik), bestimmte Anweisungen zur Theoriebildung verstanden, wobei es aber ausschließlich auf die Prognoseeigenschaften einer Theorie (wenn diese gegeben sind, spricht Lakatos auch von einem ›progressive problem-ship‹ des zugehörigen Forschungsprogrammes[27]) und deren Erklärungsleistung gegenüber konkurrierenden Theorien ankommen soll.[28] Welche Rolle dabei im Rahmen dieser positiven Heuristik begründungsorientierte Überlegungen spielen könnten (und sollten), bleibt offen.

Der Beschränkung auf eine Theoriegeschichte unter Vernachlässigung begründungsorientierter Überlegungen entspricht in der herkömmlichen Wissenschaftsgeschichtsschreibung, wie bereits unter Hinweis auf die vermeintliche Selbständigkeit der Wissenschaftsgeschichte hervorgehoben, die Darstellung dieser Theoriegeschichte als eine Abfolge von Theorieteilen unter dem Gesichtspunkt genetischer Regelmäßigkeiten. Die neuere Theorie der Wissenschaftsgeschichte hat auf dem Hintergrund einer analytischen Wissenschaftstheorie durch eben diese Darstellungsweise ihr eigentümliches Profil gewonnen. So ist es bei Kuhn ein ständiger Wechsel von ›normalen‹ und ›revolutionären‹ wissenschaftlichen Phasen, der bedingt durch ein Anwachsen theoretischer Schwierigkeiten und deren Bewältigung im Rahmen einer neuen Theorie in einer fast zwangsläufig anmutenden Weise die Wissenschaftsgeschichte, und damit natürlich auch die eigene wissenschaftliche Praxis, bestimmt. Revolutionstheoretische Metaphern unterstreichen diese Konzeption in aller Deutlichkeit. Die Durchsetzung von Theorien gleicht nach Kuhn, der darin Poppers Wissenschaftsverständnis über alle ein wenig konstruiert erscheinenden Gegensätze hinweg[29] folgt, einer ›natürlichen Auslese‹ (natural selection): »it picks out the most viable among the actual alternatives in a particular historical situation«.[30] Nicht anders bei Toulmin. Auch dieser beschreibt den Ablauf der Wissenschaftsgeschichte in Analogie zu einem Darwinschen Modell der Variation und Selektion ›wissenschaftlicher Ideen‹ und empfiehlt Historikern und Philosophen, in diesem Punkte von der Biologie zu lernen.[31]

In beiden Fällen ist die Nähe der Wissenschaftsgeschichte zur *Naturgeschichte* evident – der Mensch tritt sich als distanzierter Beobachter selbst gegenüber und beschreibt die Genese seiner wissenschaftlichen Praxis wie eine Kette von Naturereignissen, dabei analog zur Formulierung von Naturgesetzen Gesetze dieser wissenschaftlichen Praxis formulierend. Kritik an dieser ›positivistischen‹ Auffassung der Wissenschaftsgeschichte schließt im übrigen nicht aus, daß die bisherige Wissenschaftsgeschichte als Teil der Gattungsgeschichte des Menschen, und d. h. wiederum als Teil einer allgemeinen historischen Praxis, tatsächlich ›naturwüchsig‹ und insofern auch mit evolutionistischen Kategorien faßbar verlaufen ist[32], nur handelt es sich dann um eine *historische* Behauptung, keine Behauptung, die sich, wenn sie zutreffen sollte, deswegen auch schon in systematischer Absicht über den methodischen Zusammenhang von Wissenschaftspraxis und allgemeiner gesellschaftlicher Praxis vertreten ließe.

Im Rahmen einer Theoriegeschichte, die hinsichtlich ihrer Verlaufsform als ein mit evolutionistischen Begriffen beschreibbarer Wirkungszusammenhang bestimmt wird, verliert die Wissenschaftsgeschichte in demselben Maße, in dem sie an Selbständigkeit in der anfangs erwähnten Weise gewinnt, ihren im engeren Sinne historischen, die Vermittlung mit einer allgemeinen historischen Praxis und den in ihr realisierten Zwecken einschließenden Charakter. Die Einschränkung von Wissenschaftsgeschichte auf Theoriegeschichte, die lediglich einen speziellen Ausschnitt aus einer wissenschaftlichen Praxis erfaßt, für dessen Analyse es wiederum keiner besonderen, über das übliche historiographische Instrumentarium hinausgehenden Mittel zu bedürfen scheint, bedeutet insofern auch nichts anderes, als daß im Grunde darauf verzichtet wird, Wissenschaftsgeschichte historisch zu begreifen.[33] Kausale Erklärungen für zurückliegende Entwicklungen sind in diesem Sinne keine Beispiele für *historisches Begreifen.*

Nur scheinbar im Gegensatz zu dieser Feststellung steht der Umstand, daß sich andererseits im Anschluß an P. Duhems wissenschaftstheoretische Thesen, nach denen bei Entscheidungen für oder gegen eine Theorie inner-theoretische Gründe nicht hinreichend sind, diese Entscheidungen vielmehr stets relativ zu historischen Entwicklungen fallen[34], von einer *Historisierung der Theorie* sprechen läßt, die gerade auch für das moderne analytische Wissenschaftsverständnis charakteristisch ist. Gemeint ist der bewußte und sich dabei auf wissenschaftstheoretische Behauptungen etwa der Art Duhems stützende Verzicht auf begründungsorientierte Erwägungen zugunsten eines Rekurses auf faktische Entwicklungen, für die ihrerseits erklärungsorientierte kausale Entwicklungsgesetze geliefert werden sollen. So paradox es daher auch auf den ersten Blick erscheinen mag: der Verzicht auf ein historisches Begreifen (von dem in Form eines *Gründe-Verstehens* noch die Rede sein wird) und die Historisierung der Theorie sind nicht nur miteinander verträgliche Erscheinungen, im Rahmen eines analytischen Wissenschaftsverständnisses bedingen sich beide sogar. Während dieses analytische Verständnis im Rahmen von Wissenschaftstheorie in der Bereitstellung von Theorien zum Ausdruck kommt, die als formale Beschreibung faktisch auftretender empirischer Theorien dienen, artikuliert es sich im Rahmen von Wissenschaftsgeschichte in theoretischen Entwürfen, die als quasiformale Beschreibung des faktischen historischen Ganges der Theorienbildung aufzutreten suchen. In beiden Fällen, im Rahmen eines wissenschaftstheoretischen und im Rahmen eines wissenschaftshistorischen Interesses, gelten dabei die Objekte, also Theorien und die Geschichte der Theorienbildung, als empirisch bzw. historisch gegeben; die begründungsorientierte Frage ihrer materialen Erzeugung anstelle einer bloß formalen Beschreibung und die begründungsorientierte Frage einer historischen Vermittlung von Theorie und Praxis anstelle einer behaupteten Selbständigkeit der Theorie treten nicht auf.

Aus dem Gesagten ergibt sich eine zweite These. Sie lautet: *Die Reduktion der Wissenschaftsgeschichte auf Theoriegeschichte, in deren Rahmen Theorien als Interpretationssysteme über einer gegebenen Datenbasis angesehen und ihre Geschichte als ein im wesentlichen wissenschaftsimmanenter, in kausalen oder genetischen Kategorien beschreibbarer Wechsel solcher Systeme aufgefaßt werden, rückt Wissenschaftsgeschichte in die Nähe der Naturgeschichte. Der Begriff einer paradigmenbestimmten wissenschaftlichen Praxis hat in diesem Zusammenhang objektiv die Funktion der Entlastung eines analytischen Wissenschaftsverständnisses von dem Erfordernis, die Geschichte der Wissenschaften in begründungsorientierter Weise als die Geschichte einer Vermittlung von Theorie und Praxis zu begreifen.*

IV

Es wäre nun ungerechtfertigt, der bisherigen Wissenschaftsgeschichtsschreibung generell vorzuwerfen, sie habe das Problem der Vermittlung von Theorie und Praxis in der Definition ihrer historischen Gegenstände und der Weise ihres Vorgehens nicht gesehen.[35] Doch suchte die Geschichtsschreibung diesem Problem in der Regel so gerecht zu werden, daß als Praxis nur die wissenschaftliche Praxis, darüber hinaus allenfalls zeitgeschichtliche Umstände in einem weiteren, oft auch nur wieder begriffsgeschichtlichen Sinne, auftraten. Durch eine solche Betrachtungsweise bleibt die Frage, in welcher Weise eine allgemeine historische Praxis durch Theorien

bestimmt und diese theoretischen Bestimmungen umgekehrt praxisorientiert in einer nicht nur auf mögliche nachträgliche Anwendungen bezogenen Weise sind, auf einen Spezialfall, die wissenschaftliche Praxis selbst, und allgemeinere zeitgeschichtliche sowie wissenschaftspolitische Umstände eingeschränkt. Das bedeutet aber, daß hier die Wissenschaftsgeschichte, aufgefaßt als Theoriegeschichte, in den Grenzen einer *Ideengeschichte* gesehen wird, wobei unter Ideengeschichte das historiographische Resultat einer ›idealistischen‹ Konstruktion der Geschichte, Geschichte damit als die materiale Folge theoretischer Entwürfe, verstanden werden soll. In einer solchen ideengeschichtlichen Konzeption ist die Vermittlung von Theorie und Praxis einseitig zugunsten der Theorie entschieden, insofern Praxis durch ihre Theoriebindung als in diesem Sinne abhängige Praxis charakterisiert wird, die Praxisbindung der Theorie aber unberücksichtigt bleibt; jedenfalls in dem Sinne, daß Theorie nicht von vornherein ihrerseits als eine unabhängige Praxis definiert werden kann. Mit anderen Worten: die Vermittlung von Theorie und Praxis bleibt im Rahmen einer analytisch und ideengeschichtlich orientierten Wissenschaftsgeschichtsschreibung im Gegensatz zu dem durch sie definierbaren Begriff der historischen Erfahrung ihrem Wesen nach *undialektisch*, worunter in einer aus Dialogzusammenhängen, nämlich ursprünglich die Gegenseitigkeit der Dialogbeziehungen betreffenden abgeleiteten Bedeutung von ›dialektisch‹ (und damit nicht zu verwechseln mit häufig spekulativen Wortgebräuchen von ›dialektisch‹) die mangelnde Berücksichtigung der gegenseitigen Abhängigkeit von Reflexions- und Handlungsweisen auch für *historische Erzeugungszusammenhänge* zu verstehen ist. Auftretende Interdependenzen werden einerseits in die Technikgeschichte (als ›praktische‹ Anwendungen der Theorie), andererseits in die politische Geschichte (als ›praktische‹ Bedingungen der Theorie) delegiert.[36]
Die gegenseitige Abhängigkeit von Theorie und Praxis, die in der Wissenschaftsgeschichtsschreibung nachträglich zugunsten der Theorie wieder aufgelöst erscheint, kommt im Anschluß an die Erläuterung von ›dialektisch‹, bezogen auf historische Erzeugungszusammenhänge, genauer darin zur Geltung, daß Wissenschaft selbst als *praxisstabilisierende*

Theorie verstanden werden kann. Und dies in der Weise, daß (1) alle *theoretischen* Zusammenhänge, darunter auch die Wissenschaften, bloße *Mittel* sind, die einer *praktischen* Orientierung dienen, und (2) in diesen Zusammenhängen ein praktischer, jeder Theoriebildung noch vorausliegender Zusammenhang von zielbestimmter Reflexion und faktischem, auf Sicherung seiner einzelnen Schritte bedachtem Handeln in erstmals begründeter Form konstruierbar ist. Theorie, deren Gegenstand eine Praxis ist, erweist sich darin einmal als konstruktiver Bestandteil dieser Praxis, zum anderen aber auch als abhängig von dieser Praxis, sofern sie dabei gleichzeitig als praxisrekonstruierende Theorie aufgefaßt werden muß.[37] Das bedeutet, daß auch jede konkrete historische Praxis und jede konkrete historische Theorie in dieser Weise Ergebnisse einer Vermittlung von Theorie und Praxis sind, die als solche darum auch in einer reinen Theoriegeschichte nicht begriffen und wiedergegeben werden kann.

Der Grund, warum diesem Umstand in einer analytisch und ideengeschichtlich orientierten Wissenschaftsgeschichtsschreibung so wenig Aufmerksamkeit gewidmet wird, ist darin zu suchen, daß man in der Regel ja schon vorher, gestützt auf ein Lehrbuchwissen, weiß, was in einer in Form von Theoriegeschichte behandelten Wissenschaftsgeschichte heute noch als relevant betrachtet werden kann, und was im Gegensatz dazu nur ein historisches, die faktische Genese des eigenen positiven Wissens betreffendes Interesse verdient. Tatsächlich lassen sich auf diese Weise in der Wissenschaftsgeschichte gewissermaßen *geschichtslose* Teile dadurch auszeichnen, daß man sie als Bestandteile des Lehrbuchwissens nachweist (Beispiele: die Euklidische Geometrie, Newtons Gravitationsgesetz, Lavoisiers Oxydationslehre), und tatsächlich lassen sich auf dem Hintergrund dieses Lehrbuchwissens alle anderen Teile im wesentlichen als die Geschichte von Mißverständnissen und ungeeigneten Theoriebildungen schreiben. Das eigentlich Historische in einer Wissenschaft wären demnach diejenigen Teile ihrer Vorgeschichte, zu deren Erklärung systematische Erörterungen allein nicht weiterhelfen, und die dabei gleichzeitig für die wissenschaftliche Praxis selbst das Uninteressante, etwas, das keinen Eingang in das Lehrbuchwissen gefunden hat, sind. Diese Teile bildeten zugleich den ›natürlichen‹

Gegenstand der Wissenschaftsgeschichtsschreibung, jetzt eines historischen Faches im klassischen Sinne, sofern diese denn ja auch immer wieder z. B. die physikalischen Werke des Aristoteles, die astronomischen Werke des Ptolemaios und die medizinischen Schriften Galens behandelt, die alle wohl noch zum guten Namen einer wissenschaftlichen Praxis, nicht aber mehr zu ihrem Lehrbestand gehören.[38]

Daß von der Möglichkeit, innerhalb der Wissenschaftsgeschichte eine solche Unterscheidung zu treffen und zum Ausgangspunkt der Geschichtsschreibung zu nehmen, wenig Gebrauch gemacht wird, liegt nicht daran, daß bereits ein reflektierterer Begriff der historischen Erfahrung die historiographische Forschung bestimmt, sondern daran, daß es im Rahmen eines analytischen und ideengeschichtlichen Wissenschaftsverständnisses in erster Linie gar nicht auf die Ausarbeitung begründeter Sätze, sondern auf die Formulierung möglichst zahlreicher, mit empirischen und wahrscheinlichkeitstheoretischen Methoden zu beurteilender *Hypothesen* ankommt, solcher Sätze also, die von vornherein ohne im engeren Sinne begründungsorientierte Absichten aufgestellt werden. Hinter diesem Wissenschaftsverständnis, in dessen Rahmen dann auch der Begriff einer begründeten (›wahren‹ oder ›gültigen‹) Theorie durch den Begriff einer (vorläufig noch) bewährten Theorie ersetzt wird, steht die These von der prinzipiellen Unmöglichkeit, Begründungen für Theorien so zu geben, daß diese unabhängig von mehr oder weniger willkürlich gemachten Ausgangsvoraussetzungen sind.[39] Auf dem Hintergrund einer solchen These, die wissenschaftstheoretisch durch die Möglichkeit bestritten werden kann, axiomatische Theorien durch konstruktive Theorien zu ersetzen (Theorien, die ihre Gegenstände nicht bloß formal beschreiben, sondern material erzeugen), besteht ersichtlich kein unmittelbarer Anlaß, überhaupt solche historische Genesen, die zu Teilen eines Lehrbuchwissens führen, und solche Genesen, die durch dieses Wissen ersetzt werden, voneinander zu unterscheiden. Die Historisierung der Theorie, von der zuvor bereits unter Hinweis auf ein analytisches Wissenschaftsverständnis die Rede war, ist keine ›Erfindung‹ des Historikers, sondern hat sich in dieser Weise ein wissenschaftstheoretisches Fundament zu geben versucht.

Zugleich erweist sich auch von daher noch einmal der Begriff des Paradigmawechsels in seinen zeitgenössischen Erläuterungen als dem analytischen Wissenschaftsverständnis zugehörig: Als die bessere Theorie hat nicht diejenige Theorie zu gelten, die besser begründet ist (die Möglichkeit, über fundamentale Begründungen Theorien zu rechtfertigen, wird ja bestritten), sondern diejenige, die sich nach einer Phase zunehmender interner Schwierigkeiten und theoretischer Konflikte faktisch gegenüber anderen durchgesetzt hat. Der Prozeß der Durchsetzung selbst wird einmal als ein Standhalten der Theorie gegenüber bisherigen Überprüfungen unter Konkurrenzbedingungen[40], zum anderen als Resultat eines Mehrheitsbeschlusses angesehen: »As in political revolutions, so in paradigm choice – there is no standard higher than the assent of the relevant community«.[41] An die Stelle von Begründungen tritt damit selbst ein *historisches Faktum*, nämlich der Konsens der Wissenschaftler, dessen Zustandekommen wiederum bloß historisch beschrieben, nicht nach unabhängigen Begründungskriterien methodisch beurteilt werden kann. Versteht sich die ›wissenschaftliche Gesellschaft‹ (scientific community) zur Begründung ihrer methodischen Schritte, insbesondere der Anfangsschritte, nicht verpflichtet (was faktisch unter Hinweis auf das Selbstverständnis empirisch-hypothetischer Wissenschaften gegenwärtig in der Regel der Fall ist), so erfolgt die ›Billigung des Paradigmas‹ im Rahmen einer nur noch technischen Rationalität, deren Extrapolation auf die Wissenschaftsgeschichte gleichzeitig die prinzipielle Gleichheit historischer Genesen vor einem historisch-analytischen Interesse bedingt.

Der historisch-analytische Ansatz unterscheidet sich damit von einer Geschichtsschreibung der Mißverständnisse und Umwege durch die Behauptung, daß auch ein im allgemeinen als begründet geltendes Lehrbuchwissen, eben weil der Begründungsanspruch auf methodische Weise vermeintlich nicht einlösbar ist, einem historisch bedingten Wandel unterliegt und folglich eine prinzipielle Unterscheidung zwischen unbegründetem Wissen und begründetem Wissen auch in historischer Absicht nicht möglich ist. Dadurch wird aber weniger die historische Erfahrung aufgewertet als vielmehr der Anspruch der Theorie auf jenes technische Maß reduziert, das allein noch erlaubt, von bisher nicht widerlegten Sätzen zu sprechen. Wenn dabei die Theorie nach wie vor als das Exempel einer unabhängigen Praxis in dem Sinne angesehen wird, daß in ihr alle Abhängigkeiten als beherrscht gelten, dann nur insoweit, als sich diese Abhängigkeiten mit den Begriffen der Theorie selbst formulieren lassen. Abhängigkeiten von einer Praxis, die selbst als historische Praxis das Resultat einer Vermittlung von Theorie und Praxis ist, treten in diesem Zusammenhang nicht auf, weshalb denn auch der (im neutralen Sinne) *ideologische* Charakter von Wissenschaft, der Umstand, daß Wissenschaft als praxisstabilisierende Theorie diese ihre Funktion immer in einer historischen Praxis erfüllt, in der Regel unbeachtet oder lediglich auf geltende paradigmatische Orientierungen bezogen bleibt. Die Mißverständnisse, mit denen es die Wissenschaftsgeschichtsschreibung auf den ersten Blick als ihrem ›natürlichen‹ Gegenstand zu tun hat, sind in diesem Sinne nicht nur theoretische Mißverständnisse, sie sind zugleich Ausdruck einer ›anderen Praxis‹.

These 3 lautet: *Wissenschaft, verstanden als praxisstabilisierende Theorie, sofern sie in Form von zweckrationalem Handeln praktischen Orientierungen dient und dabei praxisimmanenten Strukturen theoretische Geltung verschafft, bezieht sich auf eine konkrete Praxis, die ihrerseits historisch gesehen das Resultat einer dialektischen Vermittlung von Theorie und Praxis ist. Wissenschaftsgeschichte in den Grenzen eines analytischen und ideengeschichtlichen Wissenschaftsbegriffs wird aus diesem Zusammenhang gelöst; die Historisierung der Theorie erfolgt nicht über den Begriff der dialektischen Vermittlung von Theorie und Praxis, sondern über die Ersetzung des Begriffs einer begründeten (›wahren‹) Theorie durch den Begriff einer (vorläufig noch) bewährten Theorie, wobei die praktisch-ideologische Funktion der Wissenschaft im Rahmen einer konkreten Praxis als Eigenschaft ihrer paradigmatischen Bestimmtheit theoretisch umgedeutet wird.*

V

Um der These, daß Wissenschaftsgeschichte Geschichte einer dialektischen Vermittlung von Theorie und Praxis ist, gegenüber einem analytischen Geschichtsverständnis Geltung zu verschaffen, bedarf es einer weiteren Unterscheidung, die der vermeintlichen technischen Isolierbarkeit einer Theoriegeschichte entgegenwirkt. Es handelt sich dabei um den Nachweis, daß Theorien sowohl *methodologisch* als auch *teleologisch* bestimmt sind, anders ausgedrückt: daß es nicht allein Methodenerwägungen sowie Erfordernisse der Angleichung einer Theorie an eine sich ändernde Datenbasis sind, die den historischen Gang der Theorienbildung bestimmen, sondern ebenso zielbestimmte Reflexionen, in deren Rahmen der zweckrationale Charakter von Wissenschaft um methodentranszendierende, der Behauptung nach einer Wissenschaft bloß ›äußerliche‹ Ziele erweitert wird. Daß es sich dabei aber keineswegs um ›äußerliche‹ Ziele handelt, Ziele einer Praxis, von der sich Wissenschaft durch einen breiten methodologischen Graben und die Beschränkung auf den Begriff einer technischen Rationalität getrennt glaubt, wurde bereits durch den Hinweis auf die Praxisabhängigkeit von Wissenschaft im dargestellten Sinne erläutert, läßt sich aber auch noch auf die folgende Weise systematisch begründen. Während Methodologie eine *Bewährung im Formalen* betrifft, nämlich den Aufbau eines kontrollierbaren Begründungszusammenhanges von Sätzen, betrifft Teleologie eine *Bewährung über gerechtfertigte Anwendungen,* d. h. hier wird der Begründungsanspruch einer Theorie direkt an die Bedingungen eines praktischen Rechtfertigungszusammenhanges weiterverwiesen.[42] Es genügt nicht für eine Beschäftigung mit Theorie, nachzuweisen, daß sie Anwendungen hat, es muß auch nachgewiesen werden, daß diese Anwendungen gerechtfertigt werden können, weil im anderen Falle die Theorie blind gegenüber ihren Anwendungen wird und damit ihre praxisstabilisierende Rolle unkritisch, faktisch immer zugunsten einer herrschenden Praxis, spielt. Voraussetzung ist dabei, daß sich auch über praktische Orientierungen begründet reden läßt, d. h. der methodische Aufbau von Verfahren zur Beurteilung von Gründen und Gegengründen in praktischen Dialogen, eine Voraussetzung, die unter Rekurs auf den erwähnten eingeschränkten Begründungsbegriff positiver Wissenschaften häufig bestritten wird.

Was für die wissenschaftliche Praxis im allgemeinen gilt, gilt auch für die Praxis der Wissenschaftsgeschichtsschreibung, darin gleichzeitig deren Aufgaben neu bestimmend. Denn wenn es eine gerechtfertigte Anwendung der Wissenschaftsgeschichtsschreibung gibt und diese darin zu sehen ist, daß ihre Resultate der kritischen Analyse einer gegenwärtigen, selbst durch die historische Vermittlung von Theorie und Praxis bedingten Situation dienen, dann nur in der Weise, daß dabei die Wissenschaftsgeschichte selbst als ein zielbestimmter, durch den Begriff der Zweckrationalität nur ungenügend umschriebener Zusammenhang gesehen wird. Worauf es hier ankommt, ist die Einsicht, daß wissenschaftliche Ziele, sofern diese nicht durch bereits vorliegende Ergebnisse quasi von selbst definiert erscheinen, in der Regel die Ziele einer herrschenden Praxis widerspiegeln. So ging es in der Geometrie ursprünglich um sehr praxisrelevante Ziele wie etwa das Erfordernis der Feldereinteilung nach der jährlichen Nilüberschwemmung, in der (Aristotelischen) Physik um die Stabilisierung der alltäglichen, gegen mythische Verfälschungen ›weltlicher‹ Orientierungen gerichteten Erfahrung, und in der mittelalterlichen Kunst der Gottesbeweise um die theoretische Selbstdarstellung eines aus dem Bereich praktischer Frömmigkeit in den öffentlichen Bereich übergewechselten politischen Willens. In allen diesen Fällen erweisen sich auch die wissenschaftlichen Ziele als Ziele einer herrschenden oder einer gegen die herrschende Praxis auftretenden neuen Praxis, wobei im einzelnen dann jeweils zu klären wäre, inwieweit eine solche Praxis selbst schon theoretisch bestimmt ist. Wissenschaftsgeschichtsschreibung wird in diesem Zusammenhang zur kritischen Darstellung der durch ihre Ziele historisch bestimmten Theoriebildungen und damit selbst Teil der Auseinandersetzung mit einer herrschenden Praxis. Daß sie diese Rolle faktisch nur sehr ungenügend wahrnimmt, liegt daran, daß dem der geläufige Begriff von Wissenschaftsgeschichte als Theoriegeschichte entgegensteht, und weiterhin eine systematische These, wonach teleologische Reflexionen methodologisch irrelevant, d. h. ohne Konsequenzen für die Theoriebildung selbst, sind.

Diese in wissenschaftstheoretischen Diskussionen oft ins Feld geführte These ist jedoch nicht haltbar. So hat z. B. im Rahmen der Arithmetik ein konstruktiver Aufbau, der unter den

›praktischen‹ Bedingungen eines stets in endlichen Bereichen erfolgenden Fortschreitens steht, zur Folge, daß der Begriff einer aktualen Unendlichkeit nicht gebildet werden kann, was wiederum sofort gravierende Konsequenzen für die Cantorsche transfinite Mengenlehre (die Annahme transfiniter Mächtigkeiten) und das Problem imprädikativer Verfahren hat.[43] In der Physik führt der Nachweis einer konstruktiven Abhängigkeit des Raumbegriffes von den Bedingungen einer normativen, ihrerseits auf praktische lebensweltliche Orientierungen zurückgreifenden Meßpraxis zu einer methodisch begründbaren Auszeichnung des dreidimensionalen Raumes, und zwar im Gegensatz zu den sich über logische Widersprüche zum lebensweltlichen Anschauungsraum hinwegsetzenden relativistischen Physik.[44] In der Logik folgt aus der durch den Anschluß an praktisch normierte Dialogverfahren bedingten Einschränkung auf dialogdefinite Aussagen der Aufbau einer effektiven Quantorenlogik oder dialogischen Logik im Unterschied zur klassischen Quantorenlogik als Logik wertdefiniter Aussagen unter Einschluß des in der dialogischen Logik nicht gültigen tertium-non-datur.[45] Ein weiteres Beispiel wäre die teleologisch aufgefaßte Forderung, auch die Literaturwissenschaft solle handlungsorientierend sein, die mit einer geltenden methodologisch formulierten These, nämlich der These von der prinzipiellen Geschichtlichkeit des Verstehens, die dessen Selbständigkeit ausschließt, kollidiert. Nach jener Forderung verfahren, würde bedeuten, die methodologische Annahme so einzuschränken, daß sie einer praktischen Bestimmung der Literaturwissenschaft, die deren Rechtfertigung über gerechtfertigte Anwendungen betreffen würde, nicht mehr im Wege steht.

Die Beispiele ließen sich an dieser Stelle fortsetzen. Doch dürfte bereits aus den wenigen Hinweisen deutlich geworden sein, was unter einer teleologischen Abhängigkeit methodologisch bestimmter Forschung zu verstehen ist. Auf die Wissenschaftsgeschichte bezogen folgt aus diesem Zusammenhang das *methodische Postulat*, methodologische Veränderungen stets auch auf teleologische Bedingungen hin zu untersuchen.

Unter derartigen Voraussetzungen wird Wissenschaftsgeschichte selbst zur theorieorientierten Praxisgeschichte und

Wissenschaftsgeschichtsschreibung in wesentlichen Teilen zu einer historischen Sozialwissenschaft. Die für jedes konkrete Stück einer historischen Praxis geltende Vermittlung von Theorie und Praxis schließt auch die wissenschaftliche Praxis mit ein und zwingt von daher den Wissenschaftshistoriker, als seinen ›natürlichen‹ Gegenstand nicht mehr nur die Vorgeschichte eines bestimmten Lehrbuchwissens, sondern darüber hinaus die jeweiligen methodologischen und teleologischen Verbindungen zu einer ihrerseits immer schon theoriebestimmten Praxis anzusehen. Was als bloße Vorgeschichte eines Lehrbuchwissens, für dessen systematischen Aufbau irrelevant, erscheinen mag, ist im weiteren Sinne Bestandteil einer historischen Praxis, auf der sich die gegenwärtige Praxis, die Praxis des Wissenschaftshistorikers eingeschlossen, mittelbar aufbaut, ohne daß die Elemente dieser Praxis ihrer historischen Herkunft nach und losgelöst von ihren ursprünglichen Zielen einfach zerlegbar wären. Daß dies, zumindest für die wissenschaftliche Praxis, bisher möglich schien, ist die Folge eines bestimmten, hier als analytisch bezeichneten Wissenschaftsverständnisses und des durch dieses Verständnis definierten Geschichtsbegriffes. In ihrem Rahmen tritt Wissenschaft, systematisch und historisch betrachtet, wie ein sich selbst regulierendes System auf, in dem Revolutionen von vornherein vorgesehen sind und jede nicht-wissenschaftliche Praxis die Rolle eines mehr oder weniger zufälligen Elementes inner-theoretischer Veränderungen spielt. In der gegenwärtig die Diskussion bestimmenden analytischen Theorie der Wissenschaftsgeschichte, der eine solche These zugrunde liegt, nimmt der moderne Szientismus die Gestalt einer Geschichtsphilosophie an.

These 4: *In der wissenschaftstheoretischen Ergänzung der methodologischen Elemente einer Wissenschaft, von denen eine Bewährung im Formalen abhängt, um teleologische Elemente, von denen eine Bewährung über gerechtfertigte Anwendungen abhängt, wird Wissenschaftsgeschichte über den in ihr wirksamen Begriff der Zweckrationalität hinaus um die sie historisch bestimmenden Ziele einer herrschenden Praxis erweitert. Sie wird Teil einer theorieorientierten Praxisgeschichte. Unter dem aus dieser Erweiterung folgenden, systematisch auf den praktischen Begründungszusammenhang von*

Teleologie und Methodologie gegründeten Postulat, methodologische Veränderungen auf teleologische Bedingungen hin zu untersuchen, erhält die Wissenschaftsgeschichtsschreibung dabei gleichzeitig den Charakter einer historischen Sozialwissenschaft.

VI

Die in der Wissenschaftsgeschichtsschreibung normalerweise vorausgesetzte Selbständigkeit der Wissenschaftsgeschichte ist also nicht nur abhängig vom Geschichtsbegriff einer ihrerseits speziellen Wissenschaftsbegriffen folgenden wissenschaftlichen Praxis, sondern auch von den in ihr auf eine theoretische Weise formulierten Zielen einer historischen Praxis. Wer Wissenschaftsgeschichte nur als den Umweg ansieht, den die Wissenschaft eingeschlagen hat, um schließlich auf dem gegenwärtigen Stande anzulangen, der übersieht sowohl die historische Bedingtheit seiner eigenen Position als auch die teleologische Bestimmtheit historischer Entwicklungen, sofern diese nicht lediglich in methodologischer Hinsicht der eigenen Forschungspraxis fremd gegenüberstehen. Der Umstand, daß sich z. B. die antike Astronomie in wesentlichen Teilen als Theologie, die mittelalterliche Theologie in wesentlichen Teilen als Physik verstand, ist wissenschaftlichen Entwicklungen nichts Äußerliches, etwas, das der Wissenschaftshistoriker als eine zeitbedingte Kuriosität von den ›wissenschaftlichen Fakten‹ trennen könnte, sondern gehört zu ihren konstitutiven Eigenschaften, die zugleich Eigenschaften einer historischen Gesamtpraxis sind. Dabei geht es selbstverständlich nicht mehr um die These von der Individualität historischer Gegenstände, um Gerechtigkeit gegenüber einem ›Zeitgeist‹, der sich selbst innerhalb der Theoriebildung Geltung verschaffte. Der *Historismus* ist keine Alternative zur analytischen Geschichtsbetrachtung. Worum es vielmehr geht, ist der Nachweis, daß wissenschaftliche Ziele stets Ziele einer Gesamtpraxis sind, auch dann, wenn sie scheinbar unmittelbar aus einer Forschungspraxis selbst erwachsen, und daher auch die Wissenschaftsgeschichte in Wahrheit *Praxisgeschichte* in den Grenzen ihrer theoretischen Objektivationen ist.

Wenn es eine ›historiographische Wende‹ gibt, in der die Wissenschaftsgeschichte auch unter wissenschaftstheoretischen Gesichtspunkten wieder an Aktualität gewinnt, dann findet diese demnach nicht als eine geschichtsphilosophische Konstruktion der Forschungspraxis statt, sondern als der Übergang von einem *szientistischen* (theoretischen) zu einem *normativen* (praktischen) Begriff der *historischen Erfahrung*. Dieser Begriff spielt bisher nur in der Hermeneutik der Geisteswissenschaften eine Rolle und bezeichnet hier die Art und Weise, in der ein historisches Bewußtsein seinen Gegenstand, die Geschichte, über Akte von Sinnverstehen selber konstituiert. Ein solches Verfahren, das sich im Historismus den Anschein einer positivistischen Basis in der Erfahrung zu geben suchte, ist jedoch im Grunde gar nicht in der Lage, die eigene Praxis als das Resultat einer historischen Vermittlung von Theorie und Praxis so zu begreifen, daß diese nicht bloß das momentane Abbild einer *subjektiven Auslegung* ist. In Diltheys Satz »Die erste Bedingung für die Möglichkeit der Geschichtswissenschaft liegt darin, daß ich selbst ein geschichtliches Wesen bin, daß der, welcher die Geschichte erforscht, derselbe ist, der die Geschichte macht«[46], kommt dieser Subjektivismus in aller Deutlichkeit zum Ausdruck. Er bedeutet nichts anderes als die hermeneutische Fassung der idealistischen Behauptung, wonach die Geschichte objektiv eine materiale Folge theoretischer Entwürfe ist. Wenn hier gleichwohl der Begriff der historischen Erfahrung wieder herangezogen werden soll, dann folglich in einem anderen Sinne. Mit historischer Erfahrung ist an dieser Stelle nicht eine *Dialektik des Bewußtseins*, d. h. die gegenseitige Abhängigkeit von historischen Entwicklungen und rekonstruierender Darstellung dieser Entwicklungen, gemeint, sondern im Sinne der zuvor angegebenen, von Dialogzusammenhängen auf historische Erzeugungszusammenhänge übertragenen Bedeutung von ›dialektisch‹ eine *Dialektik der Geschichte*. Diese Dialektik, nämlich die Vermittlung von Theorie und Praxis im Rahmen historischer Erzeugungszusammenhänge, wird zwar erst im Bewußtsein, das diese Vermittlung denkt, auf den Begriff gebracht, geht ihm aber in Form seiner eigenen Geschichte als eine materiale Bedingung immer schon voraus. Insofern trifft denn auch die folgende Behauptung Hegels, dessen Dialektikbegriff vor allem die Darstellung historischer Entwicklungen (›Gang der Sache selbst‹) in Abhängigkeit einer dabei gleichzeitig erforderlich werdenden Revision der jeweiligen Rekonstruktionsmittel betrifft[47], auf beide Positionen, eine *hermeneutisch-idealistische* und eine *methodisch-materialistische*, Theorienkonstruktionen an gerechtfertigte Bedürfnisse knüpfende Position zu: »Die *dialektische* Bewegung, welche das Bewußtsein an ihm selbst, sowohl an seinem Wissen als an seinem Gegenstande ausübt, *insofern ihm der neue wahre Gegenstand daraus entspringt*, ist eigentlich dasjenige, was *Erfahrung* genannt wird«.[48] Eine hermeneutisch-idealistische Position zieht daraus für ihren Begriff der Erfahrung eine subjektivistische Konsequenz, indem sie an dem Ort verharrt, in dem diese Bewegung erfolgt, nämlich im historischen Bewußtsein selbst; eine methodisch-materialistische Position zieht daraus für ihren Begriff der Erfahrung eine transsubjektivistische Konsequenz, sie reproduziert die historische Erfahrung in den Begriffen von Theorie und Praxis und weist deren dialektische Vermittlung nicht nur im Bewußtsein, das diese Vermittlung denkt, sondern unmittelbar in jedem Stück seiner historischen Praxis nach. Wer Gefallen daran findet, der kann auch diesen Umstand in einer Hegelschen Ausdrucksweise formulieren: Als historische Praxis ist das Bewußtsein selbst Geschichte.

Der Übergang von einem szientistischen (theoretischen) zu einem normativen (praktischen) Begriff der historischen Erfahrung vollzieht sich also innerhalb der Wissenschaftsgeschichtsschreibung auf dem Hintergrund einer veränderten Auffassung von Geschichte. Nach dieser Auffassung hängt die Bedeutung, die einem historischen Datum gegeben wird, weder von dessen Stellung innerhalb einer wissenschaftsimmanenten Entwicklung allein noch von der Intensität eines besonderen hermeneutischen Interesses ab, sondern vor allem davon, welche Funktion ihm im Rahmen eines objektiven, das soll heißen: mit den Mitteln eines begründungsorientierten systematischen Wissens ausgearbeiteten, historischen Zusammenhanges von Theorie und Praxis zugeschrieben werden kann. Während der szientistische (theoretische) Begriff der historischen Erfahrung allein die Explikation einer Theoriegeschichte betrifft, zielt jener andere Begriff der historischen

Erfahrung auf die auch in einer Theoriegeschichte nur anders gefaßte Praxisgeschichte. Sein normativer (praktischer) Charakter liegt darin, daß sich in diesem Zusammenhang *praktische Vernunft* als *historische Vernunft* zu bewähren sucht, Geschichte in gleicher Weise als Basis und als Lehrstück eines normativen Interesses angesehen wird.

Mit anderen Worten: Wenn die hier vorgetragenen Überlegungen stichhaltig sind, dann muß eine Theorie der Wissenschaftsgeschichte als ein Teil einer Theorie der historischen Erfahrung begriffen werden. Im Unterschied zu anderen Teilen einer solchen Theorie beträfe sie ein Wissen, das in jeder historischen Phase praxisstabilisierende Funktionen hat, und zwar nicht nur unter methodologischen, sondern auch unter teleologischen Gesichtspunkten. Zugleich wäre dieses Wissen selbst als das Resultat einer Vermittlung von Theorie und Praxis darzustellen. Daß diese Zuordnung einer Theorie der Wissenschaftsgeschichte zu einer Theorie der historischen Erfahrung dabei keine Übernahme traditioneller Hermeneutikbegriffe in die Wissenschaftsgeschichte betrifft, ist nach dem Gesagten klar. Wäre dies beabsichtigt, so würde übersehen, daß sich die historische Erfahrung in diesem Falle an einem Wissen orientieren kann, das, *sofern es konstruktive Begründungen zur Basis hat*, einer hermeneutischen Vermittlung nicht bedarf: die hermeneutische Absicht der »Erhaltung und der Erweiterung der Intersubjektivität möglicher handlungsorientierender Verständigung«[49] ist hier konstruktiv bereits erfüllt. Andererseits könnte eine Theorie der Wissenschaftsgeschichte, die sich in ihren methodologischen Teilen auf derartige konstruktive Begründungen zu stützen vermag, einer Theorie der historischen Erfahrung, sofern diese anderen, klassischen Gegenständen der Geschichtsschreibung gilt, neue Orientierungen bieten, die deren Fixierung auf ein zirkelbedrohtes Verstehen, das Dilemma von Konstruktion und Rekonstruktion im Rahmen sprachlicher Traditionen[50], wenigstens partiell in Richtung auf einen normativ-konstruktiven Aufbau wieder löst.

These 5: *Der Übergang von einem szientistischen (theoretischen) zu einem normativen (praktischen) Begriff der historischen Erfahrung kennzeichnet eine ›historiographische Wende‹, in deren Rahmen die Dialektik der Geschichte, d. h. die*

Vermittlung von Theorie und Praxis im Rahmen historischer Erzeugungszusammenhänge, als materiale Basis eines historischen Bewußtseins bestimmbar wird. Die Normativität der historischen Erfahrung beruht dabei in der Bewährung von praktischer Vernunft als historischer Vernunft, wobei im Falle einer Theorie der Wissenschaftsgeschichte, aufgefaßt als Teil einer Theorie der historischen Erfahrung, diese Erfahrung wegen ihrer geforderten Orientierung an konstruktiven Begründungen von der Zirkelstruktur hermeneutischer Vermittlungen unabhängig wird.

VII

Auf dem Boden der vorgetragenen Überlegungen ist es möglich, die Wissenschaftsgeschichte durch Anschluß an eine Praxisgeschichte aus ihrer theoriegeschichtlichen Isolierung zu lösen und dabei gleichzeitig die Wissenschaftsgeschichtsschreibung als Paradigma einer theorieorientierten Geschichtsschreibung zu formulieren. Um diese Rolle eines historiographischen Paradigmas spielen zu können, ist es erforderlich, daß sich die Wissenschaftsgeschichtsschreibung dabei im Rahmen eines praktischen Begriffs der historischen Erfahrung, den These 5 formuliert, nicht länger als eine deskriptive Bemühung versteht, sondern sich in ihrem Vorgehen an konstruktiven Begründungen orientiert. In der neueren Diskussion herrscht die deskriptive Auffassung vor. Vor die Frage gestellt, ob seine Theorie der Wissenschaftsgeschichte (als Theorie der Forschungspraxis) eine bloße Beschreibung eines wissenschaftlich genannten Vorgehens oder methodologische Vorschriften für ein wissenschaftliches Vorgehen darstelle[51], antwortet Kuhn, dessen Position als repräsentativ für diese Diskussion gelten darf, ausweichend: »The structure of my argument is simple and, I think, unexceptionable: scientists behave in the following ways; those modes of behaviour have (here theory enters) the following essential functions; in the absence of an alternate mode *that would serve similar functions,* scientists should behave essentially as they do if their concern is to improve scientific knowledge.«[52] Mit anderen Worten: hier treten wissenschaftstheoretische und wissenschaftshistorische Bemühungen als Explikation einer wissenschaftlichen Praxis auf, von der gesagt wird, daß sie ihre Aufgaben erfüllt. Aufgaben, die einfach an den Erwartungen derer abgelesen werden, die in dieser Praxis leben, und die deshalb auch keiner kritischen Beurteilung unterzogen werden. Wenn Kuhn gleichwohl meint, daß seine Theorie auch Vorschriften enthalte, dann eben die, es könne alles so bleiben, wie es ist, weil das, was ist, auch wenn es ohne Begründungen wäre, doch mit (evolutionistisch gedeuteter) Notwendigkeit so ist, wie es ist. Kein Anlaß im übrigen zu pessimistisch bewegten Reflexionen: es ist eine der Eigenarten des modernen, geschichtsphilosophische Züge annehmenden Szientismus, in der vermeintlichen Unaufhaltsamkeit wissenschaftlicher Entwicklungen, die nach vermeintlich unbeeinflußbaren Gesetzmäßigkeiten erfolgen, eine wachsende Ausbildung der theoretischen und technischen Perfektibilität des Menschen zu sehen. Auch dieser Vorwurf gegenüber Kuhn ist daher berechtigt: »He has failed to discuss the *aim* of science.«[53]

Allerdings gibt es durchaus einen Zweck, dem die moderne Diskussion um eine analytische Theorie der Wissenschaftsgeschichte dient. Von ihm wurde bereits mehrfach gesprochen. Zweck dieser Diskussion ist es, eine bestimmte wissenschaftstheoretische Lehrmeinung, unter der im weiteren Sinne wiederum ein analytisches Wissenschaftsverständnis, im engeren Sinne eine Wissenschaftstheorie nach dem Vorbild der Popperschen Logik der Forschung zu verstehen ist, durch den Aufweis historischer Entwicklungen zu legitimieren und durch eine Theorie dieser Entwicklungen zu ergänzen. Daß dies nicht immer in völliger Übereinstimmung insbesondere mit den Vorstellungen Poppers zum Begriff einer ›permanenten Revolution‹ geschieht, ist dabei systematisch ohne Belang. Als entscheidend muß hier die ein analytisches Wissenschaftsverständnis insgesamt charakterisierende Meinung angesehen werden, daß es in der Wissenschaft – sei es aus Gründen einer (dogmatischen) Einschränkung des Begriffs der Begründung auf deduktive Zusammenhänge (Popper), sei es aus Gründen der ›historischen‹ Unvollständigkeit wissenschaftstheoretischer Problembewältigungen (Stegmüller) – keinen Weg über fundamentale Begründungen gibt, der Fachwissenschaftler wie

der Wissenschaftstheoretiker vor ihren Problemen in Begründungsfragen gezwungen sind, auf faktische Entwicklungen und Überzeugungen zu rekurrieren.
So attraktiv auf diese Weise die Beschäftigung mit wissenschaftshistorischen Fragen im Rahmen einer analytischen Wissenschaftstheorie auch wird, die Delegation von Begründungsfragen in eine Theorie historischer Verlaufsformen wissenschaftlichen Wissens führt strenggenommen zu einer Überforderung der Wissenschaftsgeschichte. Diese Überforderung ist nicht einmal so sehr darin zu sehen, daß die Wissenschaftsgeschichte als ein Wirkungszusammenhang unter historischen Verlaufsgesetzen beschrieben werden soll, sondern in dem Umstand, daß sie die ihr zugedachte Rolle eines *Lehrstücks* nur unter wissenschaftstheoretischen Orientierungen spielen kann und insofern abhängig ist von systematischen Entscheidungen, deren Legitimation sie dienen soll. Auf die gegenwärtige Diskussion bezogen bedeutet dies, daß eine analytische Theorie der Wissenschaftsgeschichte den wissenschaftsanalytischen Begriff der *Theoriebewährung* (Popper) bereits voraussetzt, Wissenschaftsgeschichte dabei zwangsläufig auf *Theoriegeschichte* beschränkt und in den Grenzen dieser Auffassung eine solche Geschichte lediglich als das historische Pendant eines wissenschaftstheoretischen *Theorienrealismus* erscheinen läßt.[54]
In der Historisierung der Theorie, d. h. dem Verzicht auf begründungsorientierte Erwägungen zugunsten eines Rekurses auf faktische Entwicklungen, treten die gemeinsamen Voraussetzungen von analytischem Wissenschaftsverständnis und analytischer Theorie der Wissenschaftsgeschichte offen zutage. Damit wird gleichzeitig auf diese Theorie der Wissenschaftsgeschichte der Verdacht gelenkt, sie vertrete insgeheim einen *historischen Relativismus*, nur unzureichend und nicht eben glücklich kaschiert durch den Schein einer Naturgeschichte der Forschungspraxis. Tatsächlich ist dies Kuhn bereits vorgehalten worden, wenn auch überraschenderweise nicht durch einen Vertreter einer konstruktiven Wissenschaftstheorie, sondern durch Popper.[55] Die Verwirrung noch vergrößernd bezeichnet sich Popper selbst in diesem Zusammenhang als jemanden, der an eine ›absolute‹ oder ›objektive‹ Wahrheit glaube[56], obgleich doch auf dem Boden von Poppers

eigener Logik der Forschung diejenigen, die im Besitz einer solchen Wahrheit wären, gar nicht wissen könnten, daß dies so ist – weil sie nach Voraussetzung über Begründungen, die allein den Anspruch auf ›absolute‹ Wahrheit methodisch rechtfertigen ließen, nicht verfügen. Hinter diesem seltsamen Gegensatz steht denn auch unausgesprochen die Frage, woran sich denn, wenn derartige Begründungen nicht zur Verfügung stehen, die wissenschaftliche Vernunft orientieren solle. Nach Kuhn ist eine solche Frage entweder sinnlos oder durch den Aufweis von historischen Verlaufsgesetzen bereits hinreichend beantwortet. Und Popper übersieht, daß Kuhn dabei fest auf Popperschem Boden steht.

Statt von einem historischen Relativismus ließe sich im übrigen auch, den Gesichtspunkt einer Historisierung der Theorie wieder ins Spiel bringend, von einem neuen *Historismus* sprechen. Und zwar in eben jenem Sinne, wonach letztendlich historische Entwicklungen über die Qualität von Theorien entscheiden sollen. Der Satz, daß der Historismus keine Alternative zur analytischen Geschichtsbetrachtung sei[57], ist hier so zu verstehen, daß eine derartige Geschichtsbetrachtung unter den genannten systematischen Voraussetzungen selbst in den Historismus führt. In der gegenwärtig vorherrschenden Theorie der Wissenschaftsgeschichte ist dieser eine Folge preisgegebener Begründungsansprüche und stellt insofern auch eine Radikalisierung ›von oben‹ dar.

Im Gegensatz zum faktischen Historismus analytischer Geschichtsverständnisse beschränkt sich eine an konstruktiven Begründungen orientierte Theorie der Wissenschaftsgeschichte nicht auf *Erklärungen*, die eine wissenschaftliche Entwicklung in ihrem Wirkungszusammenhang betreffen. Eine solche Beschränkung hat in der zuvor getroffenen Unterscheidung zwischen einem erklärungsorientierten und einem begründungsorientierten Vorgehen zur Folge, daß auch die Ziele und Handlungsregeln, die einer solchen Entwicklung als praktische Orientierungen zugrunde liegen, lediglich in Form von Feststellungen behandelt werden und damit nicht, wie dies für ein begründungsorientiertes Vorgehen charakteristisch ist, Gegenstand methodisch-kritischer Beurteilungen sind. So kann eine Entwicklung hinsichtlich der ihr zugrunde liegenden Ziele als erklärt gelten, wenn sie sich auf das

Schema ›Wer unter den Bedingungen $B_1, \ldots, B_n$ steht, handelt nach den Zielen $Z_1, \ldots, Z_m$‹ bringen läßt. Bedingungen werden in diesem Falle in Form von Situationsbeschreibungen angegeben, die bestehende Situationen betreffen, Ziele in Form von Situationsbeschreibungen, die zukünftige Situationen betreffen, wobei auch die so verstandenen Ziele als gegeben angesehen werden. Damit ist es möglich, in erklärender Absicht methodisch-kritische Beurteilungen zu vernachlässigen, ohne daß ein solches Vorgehen gleich den Vorwurf auf sich zöge, über die in faktischen Entwicklungen eingeschlossenen praktischen Orientierungen würde überhaupt nicht mehr geredet. Nur geschieht dies jetzt eben auf eine diesen Orientierungen unangemessene Weise: sie werden selbst als Teil von Entwicklungen gesehen, die als Wirkungszusammenhänge unter quasi naturgeschichtlichen Bedingungen stehen.

Es kommt folglich darauf an, die Wissenschaftsgeschichte (wie auch die Geschichte im allgemeinen) in Wiederaufnahme dessen, was über den praxisrekonstruierenden Charakter von Theorie und das Verhältnis von methodologischen und teleologischen Bestimmungen gesagt worden war, nicht lediglich als einen Wirkungszusammenhang, sondern darüber hinaus als einen *Gründezusammenhang* zu begreifen. Unter einem Gründezusammenhang ist die Abhängigkeit faktischer Entwicklungen von praktischen Orientierungen (Zielen und Handlungsregeln) zu verstehen, die als *Gründe,* nämlich als Begründungen von Zielen und Handlungsregeln, und nicht bloß als *Ursachen,* nämlich als empirische Korrelate von Wirkungen, aufgefaßt werden müssen. In diesem Sinne zielt ein erklärungsorientiertes Vorgehen lediglich auf die Analyse von Ursachen, weshalb kausal-genetische Gesichtspunkte und die Hervorhebung von Regelmäßigkeiten die Darstellung beherrschen, ein begründungsorientiertes Vorgehen hingegen in erster Linie auf das kritische Verstehen von Gründen, die eine wissenschaftliche Entwicklung bestimmen. Auf ein solches Gründe-Verstehen stützt sich denn auch das historische Begreifen im Gegensatz zu dem in der analytischen Theorie der Wissenschaftsgeschichte auf die Formulierung kausaler Verlaufsgesetze gerichteten historischen Erklären. Zugleich verbindet sich mit einer solchen Unterscheidung der Versuch,

Naturgeschichte in dem hier auf historische Erzeugungszusammenhänge bezogenen Sinne als *Wirkungsgeschichte* im Rahmen begründungsorientierter Rekonstruktionen zumindest partiell durch eine *Gründegeschichte* ersetzt zu denken.

Das damit formulierte Ziel einer methodisch-praktisch geleiteten, an konstruktiven Begründungen orientierten Rekonstruktion der Wissenschaftsgeschichte besteht in der Aufgabe, diese Geschichte in Teilen als einen schrittweise sich entfaltenden Begründungszusammenhang nachzuweisen. Natürlich handelt es sich dabei um ein heuristisches Vorgehen, das zudem noch in direktem Widerspruch zu den Resultaten einer erklärungsorientierten Geschichtsschreibung steht. Dennoch ist es nicht deswegen schon unvernünftig, wird hier doch unterstellt, daß ein wesentliches Stück menschlicher Praxis nicht völlig willkürlich und in diesem Sinne naturwüchsig entstanden sei. In jedem Falle kann das Motiv für wissenschaftshistorische Untersuchungen nicht darin gesehen werden, einer wegen ihrer behaupteten Naturwüchsigkeit für ein an methodischen Begründungen orientiertes Wissen irrelevanten Entwicklung historisch im Detail nachzugehen.

Voraussehbarerweise wird dabei gerade eine an Begründungszusammenhängen orientierte Rekonstruktion der Wissenschaftsgeschichte auf Entwicklungen stoßen, die entweder nur im Rahmen einer Wirkungsgeschichte oder direkt als Fehlentwicklungen verständlich sind. Das bedeutet nicht, daß diese deswegen eine geringere Beachtung verdienten. Vielmehr gehört gerade auch der kritische Aufweis solcher Entwicklungen zu den wichtigsten Rekonstruktionsaufgaben, insbesondere dann, wenn sich herausstellen sollte, daß sie noch immer in der einen oder anderen Weise die wissenschaftliche Praxis bestimmen. Von einer durch ihre Abhängigkeit von einem sogenannten Lehrbuchwissen charakterisierbaren Geschichtsschreibung der Umwege und Mißverständnisse unterscheidet sich eine solche Bemühung dadurch, daß in ihr das übliche Lehrbuchwissen nicht dogmatisch als Basis wissenschaftlicher Beurteilungen hingenommen wird, sondern in Form von konstruktiven Begründungszusammenhängen als der vorläufig letzte Schritt einer begründungsorientierten (nicht wieder nur bewährungsorientierten!) Praxis erscheint.[58]

Methodisch stellt sich damit für wissenschaftshistorische Untersuchungen die Aufgabe, eine *faktische Genese*, d. h. im wesentlichen wieder als Wirkungszusammenhänge aufgefaßte historische Entwicklungen, mit den Mitteln einer *normativen* oder *kritischen Genese*, d. h. einer unter heuristischen Gesichtspunkten ›konstruierten‹ Gründegeschichte, wiederzugeben.[59] Eine solche Konstruktion, mit der in einer Wirkungsgeschichte Stufen eines vernünftigen Aufbaus von Wissenschaft nachgewiesen werden sollen, wird zwar in der Regel zu dem Resultat führen, daß faktische und normative bzw. kritische Genesen historisch nicht zusammenfallen, Wirkungsgeschichte sich nicht annähernd vollständig auf Gründegeschichte, zumal in deren normativ-kritischem Verständnis, zurückführen läßt, doch blieben, eine Metapher Kants variierend, faktische Genesen ohne normative Konstruktionen blind – bzw. wären nur noch unter naturgeschichtlichen Gesichtspunkten vorstellbar –, und wären normative Genesen ohne Rekurs auf faktische Entwicklungen leer, d. h. sie könnten gerade nicht die von einer methodisch geleiteten Wissenschaftsgeschichtsschreibung verlangte kritische Analyse einer durch historische Vermittlungen von Theorie und Praxis bestimmten gegenwärtigen Situation leisten.[60]

In einer *konstruktiven* Theorie der Wissenschaftsgeschichte dienen historische Rekonstruktionen somit dem Ziel einer Reorganisation der bestehenden wissenschaftlichen Praxis unter dem Gesichtspunkt ihrer konstruktiven Begründung. Wie schon im Falle einer analytischen Theorie der Wissenschaftsgeschichte erweist sich auch hier die systematische Abhängigkeit von wissenschaftstheoretischen Orientierungen als konstitutiv. Während in einer analytischen Theorie der Wissenschaftsgeschichte Wissenschaft als ein Prozeß aufgefaßt wird, dessen Erzeugungszusammenhang unter kausalgenetischen Gesetzmäßigkeiten steht und insofern auch auf einen Wirkungszusammenhang bewährungsabhängiger Theoriebildungen reduziert erscheint, geht eine konstruktive Theorie der Wissenschaftsgeschichte von der Möglichkeit eines methodischen Aufbaus von Wissenschaft einschließlich ihrer Rechtfertigung über gerechtfertigte Anwendungen aus und sucht historische Entwicklungen in Form einer Gründegeschichte darzustellen. Sie muß deswegen auf eine Rekonstruktion wirkungsgeschichtlicher Zusammenhänge nicht verzichten, sieht diese aber unter dem Gesichtspunkt der Folgen, die eine einmal in Gang gesetzte und ihrerseits zielbestimmte wissenschaftliche Praxis für spätere Entwicklungen einschließlich dabei neu hinzutretender praktischer Orientierungen hat. Der Umstand, daß jede Praxis abhängig ist von historischen Genesen und insofern mit Rücksicht auf die ihr vorausliegenden Stufen als eine Folgepraxis begriffen werden muß, zwingt in diesem Sinne sogar zu wirkungsgeschichtlichen Rekonstruktionen, richtet diese aber stets nach begründeten Orientierungen aus, die damit in einer wirkungsgeschichtlichen Betrachtungsweise in weiterhin praktischer Absicht durch eine Rekonstruktion der ihnen selbst historisch zugrunde liegenden Praxis ergänzt werden. Nicht derjenige nimmt die Geschichte ernst, der sie auf Gesetze zu bringen sucht, sondern derjenige, der sich um methodisch begründete Orientierungen bemüht.

These 6: *Die in einer analytischen Theorie der Wissenschaftsgeschichte wirksame Absicht, ein analytisches Wissenschaftsverständnis durch die Darstellung historischer Entwicklungen zu legitimieren und durch eine erklärungsorientierte Theorie dieser Entwicklungen zu ergänzen, führt einerseits zu einer Überforderung historiographischer Mittel, andererseits in einen neuen Historismus, in dessen Rahmen historische Entwicklungen über die Qualität von Theorien entscheiden. Die damit erfolgende Beschränkung auf wirkungsgeschichtliche Zusammenhänge wird in einer konstruktiven Theorie der Wissenschaftsgeschichte zugunsten einer Gründegeschichte aufgehoben. Wissenschaftsgeschichte als Gründegeschichte betrifft die Abhängigkeit historischer Entwicklungen von praktischen Orientierungen (Handlungsregeln, Zielen) und die in ihnen eingeschlossenen Ansätze zu einem begründungsorientierten, d.h. vernünftigen, Aufbau von Wissenschaft. Historische Rekonstruktionen, die unter heuristischem Rekurs auf normative Genesen Beurteilungen faktischer Genesen enthalten, dienen insofern dem Ziel einer Reorganisation der bestehenden wissenschaftlichen Praxis unter dem Gesichtspunkt ihrer konstruktiven Begründung.*

6
Die Prädikation und die Wiederkehr des Gleichen

Sprachphilosophie hat es mit den sprachlichen Handlungen des Menschen zu tun, und zwar unabhängig davon, wie diese Handlungen individuell, d. h. beim einzelnen Sprecher oder aber auch im Rahmen einer ganzen Sprachgemeinschaft, realisiert sein mögen. Dabei zeichnen sich diese sprachlichen Handlungen gegenüber allen anderen Handlungen dadurch aus, daß sie ausdrücklich der Verständigung über die Welt dienen, eine Welt, die nun auch alle nicht-sprachlichen Handlungen des Menschen einschließen soll. Eine Verständigung über die Welt erfolgt ja in der Regel nicht allein schon dadurch, daß man von den Dingen, den natürlichen wie den hergestellten Dingen, spricht, sondern so, daß auch das Umgehen mit diesen Dingen, und das sind eben in erster Linie jene nicht-sprachlichen Handlungen, hier einbezogen wird. Die Frage, in welchem Sinne dabei auch die sprachlichen Handlungen selbst noch zur Welt gehören, kann an dieser Stelle außer Betracht bleiben. Denn auch ihre Bejahung, die umgehend zur Unterscheidung verschiedener Sprachebenen, und damit Reflexionsebenen, führen würde, trüge zur Beantwortung jener fundamentaleren Frage nach der Beziehung von Welt und deren sprachlicher Artikulierung wenig bei.
Diese Frage wiederum läßt sich auf mannigfache Weise stellen, und die Geschichte der Philosophie kennt denn auch sehr unterschiedliche Formulierungen. Sie alle zeichnen sich in der Regel durch eine überaus anspruchsvolle Terminologie aus, sei es nun, daß man etwa nach der Beziehung von ›Sein‹ und ›Bewußtsein‹, von ›Wirklichkeit‹ und ›erkennendem Subjekt‹ oder auch von ›Welt‹ und ›Ich‹ fragte. Hier treten, ganz gleich ob es sich dabei um der Bezeichnung nach um sprachphilosophische oder erkenntnistheoretische Bemühungen handelte, Wörter auf, die ohne einen größeren theoretischen Kontext gar nicht verständlich wären. Dies bedeutet aber, daß man rechtverstanden mit derartigen Formulierungen im Grunde

auch gar nicht anfangen kann. Man müßte vielmehr erst in eine Diskussion über jene theoretischen, meist durch die Tradition nahegelegten Kontexte eintreten, in eine Diskussion, die sich immerfort der Gefahr ausgesetzt sähe, den zweiten Schritt vor dem ersten zu tun. Dies soll wiederum nicht heißen, daß derartige Formulierungen überhaupt unvertretbar wären, wohl aber, daß sie in einer methodisch gesicherten Reihenfolge erst verhältnismäßig spät, niemals am Anfang stehen können. Um einen Anfang soll es in diesem Zusammenhang aber gerade gehen. Die Situation des sprachlich Handelnden allein soll bereits genügen, die Frage nach dem eigentümlichen Charakter dieser Handlungsform, ohne Vorgriff auf irgendwelche theoretischen Kenntnisse, zu motivieren.

Im angelsächsischen Sprachbereich hat man hier mit der Frage ›how to do things with words‹ (Austin) eine verblüffend schlichte, terminologiefreie Wendung gefunden. Sie besitzt in ihrer idiomatischen Form für uns nur den Nachteil, daß sie sich ohne Verlust ihrer pointierten Schlichtheit ins Deutsche so nicht übertragen läßt. Es sei deswegen eine andere Wendung vorgeschlagen, die ebenfalls hinreichend terminologiefrei ist, zugleich aber auch ein wenig genauer noch als das ›how to do things with words‹ das erkenntniskritische Interesse der Sprachphilosophie zum Ausdruck zu bringen vermag. Wir wollen fragen, woran es eigentlich liegt, daß unsere (sprachlichen) Unterscheidungen in der Regel verläßlich sind, nämlich eine gemeinsame, wiederholbare Verständigung über die Welt erlauben. In dieser Wendung tritt lediglich ›Welt‹ als ein Terminus auf, der der Erklärung bedürfte. Da er hier jedoch schon in seiner umgangssprachlichen Rolle, nämlich als reichlich blasse Bezeichnung desjenigen Gegenstandsbereiches, über den man gerade sprechen will, hinreichend verständlich ist, entfällt, zumindest zunächst, auch diese Verpflichtung. Der Sinn der so gestellten Frage ist damit aber ohne weiteres klar: Wir benutzen Wörter (einige Wörter), um Gegenstände voneinander zu unterscheiden, und wir tun dies in der Gewißheit (oder besser: in der selten enttäuschten Erwartung), daß wir uns untereinander über diesen unterscheidenden Gebrauch verständigen können, ja sogar davon ausgehen dürfen, daß einmal getroffene und akzeptierte

Unterscheidungen verläßlich sind, nicht nur in einer speziellen Situation gelten. Die Frage lautet, warum dies so ist, woher diese Verläßlichkeit rührt.
Eine hier sogleich naheliegende Antwort wäre etwa die, daß die Welt selbst durch die ›Wiederkehr des Gleichen‹ bestimmt sei, eine Beschaffenheit, der unsere sprachlichen Unterscheidungen dann nur zu folgen hätten. Verläßlich wäre in diesem Falle die Welt selbst, und dieser ihr Charakter des Verläßlichen übertrüge sich lediglich auf ihre sprachliche Artikulierung. Eine solche Antwort stünde nun zweifellos in einem systematisch gefaßten Realismus-Nominalismus-Gegensatz der realistischen Position nahe. Sie teilt zumindest deren Schwächen. Denn wie im Realismus die Behauptung, Satzstücken (also vor allem Wörtern) entsprächen ›in der Welt‹ eineindeutig Weltstücke, in ihrer Begründung unheilbar daran leidet, daß sie nicht erklären kann, wie die Welt ohne sprachliche Unterscheidungen aussähe, so vermag auch die Behauptung, eine Verläßlichkeit sprachlicher Unterscheidungen gründe in einer Verläßlichkeit der Welt, nicht anders über dieses Verläßliche zu sprechen als mit Hilfe eben jener Unterscheidungen. Sowohl die ›realistische‹ Behauptung über die Zuordnung von Welt und Sprache als auch die eingeschränkt ›realistische‹ Behauptung, daß Verläßlichkeit in erster Linie eine Beschaffenheit der Welt selbst und nicht unserer Unterscheidungen sei, sind damit aber tautologisch.
Ein weiterer Beantwortungsversuch könnte darin bestehen, der Sprache selbst als alleinige Leistung zuzuschreiben, was zuvor als eine Eigenschaft der Welt gesehen wurde. Und wie jener erste Versuch ›realistisch‹ genannt werden kann, so dieser nun ›nominalistisch‹, wobei auch hier nicht behauptet werden soll, daß damit etwa die Intentionen des historischen Nominalismus schon genau getroffen wären. Doch wiederholt sich auch hier nur das Schicksal des ersten Versuches, andere Schwächen müssen in Kauf genommen werden. Diesem zweiten Versuch entsprechend gewänne die Welt eine Gliederung überhaupt erst durch sprachliche Unterscheidungen, d. h. die Behauptung lautet nun, daß die Welt ›an sich‹, und das soll heißen: ohne sprachlichen Zugriff, ungegliedert sei, sie diese Gliederung sozusagen erst nachträglich im sprachlichen Zugriff erhalte. Dieser Vorschlag vermeidet zwar die ›realisti-

sche‹ Tautologie, krankt aber daran, daß er faktisch vorgenommene sprachliche Unterscheidungen gegenüber konkurrierenden Unterscheidungen nicht mehr rechtfertigen kann. Mit der Fiktion eines sprachfreien Zuganges zu einer zunächst nur in sprachlichen Unterscheidungen vertrauten Welt gibt er in einer extremen Wendung zugleich auch die Möglichkeit preis, von zutreffenden und nicht-zutreffenden oder angemessenen und nicht-angemessenen Unterscheidungen zu sprechen. Genau diese Möglichkeit aber wird man für eine akzeptable Beantwortung der Frage nach der Verläßlichkeit sprachlicher Unterscheidungen in Anspruch nehmen wollen. Diese Verläßlichkeit muß sich in irgendeiner Weise gerade darin ausdrücken, daß zwischen angemessenen und nicht-angemessenen Unterscheidungen unterschieden werden kann, weil im anderen (nominalistischen) Falle jede Unterscheidung gleich gut wäre. Wäre sie dies wirklich, könnte Verläßlichkeit im geforderten und ja faktisch auch weitgehend erfüllten Sinne nurmehr dem Zufall überlassen bleiben, der immer dann gegeben wäre, wenn mehrere Vorschläge, die womöglich bereits zum Aufbau ›privater‹ Welten geführt hätten, einmal übereinstimmten. Eine einsichtige Verständigung über vorgenommene oder vorgeschlagene Unterscheidungen sowie ihre begründbare Verläßlichkeit gäbe es dann nicht mehr.
Erste Beantwortungsversuche, die sich an einer historischen, hier systematisch stark vereinfachten Alternative orientierten, sind damit gescheitert. Es bleibt folglich nichts anderes übrig, als es nun ohne diese auch in der historischen Diskussion keineswegs überzeugende Beschränkung auf genau zwei Möglichkeiten erneut zu versuchen. Dabei empfiehlt es sich, einmal genauer darauf zu achten, was wir eigentlich tun, wenn wir Wörter benutzen, und die Frage nach irgendwelchen Bedingungen, die realisiert sein müssen, damit dieser Gebrauch von Wörtern auch ›gelingt‹, zunächst ganz beiseite zu lassen. Hier überhaupt nach Bedingungen zu fragen, könnte ja bereits gänzlich irreführend und das Scheitern der bisher referierten Beantwortungsversuche auf unsere Frage genau darauf zurückzuführen sein, daß hier – im Rahmen der ›realistischen‹ These – eine solche Bedingung, nämlich die vor allem Sprachlichen immer schon gegliederte Welt, formuliert und im Rahmen einer nominalistischen These lediglich als

nicht erfüllte Bedingung, nicht aber als überhaupt sinnloser Versuch, erste Behauptungen zu formulieren, aufgefaßt wurde.
Wir benutzen Wörter (einige Wörter), um Gegenstände voneinander zu unterscheiden. Das Wort ›sitzen‹ etwa dient dazu, in alltäglichen Situationen gewisse Gegenstände, in diesem Falle Handlungen, von anderen Gegenständen zu unterscheiden. Dies geschieht dadurch, daß das Wort ›sitzen‹ einigen Gegenständen zugesprochen, anderen Gegenständen abgesprochen wird. Eine Handlung, der hier das Wort ›sitzen‹ zugesprochen wird, tritt dabei zugleich als Beispiel für die Verwendung dieses Wortes auf, andere Handlungen, wie auch die übrigen Gegenstände, die in einer solchen Beispielsituation zur Verfügung stehen, spielen dagegen die Rolle von Gegenbeispielen. Ein situationsbedingter Ausschnitt der ›Welt‹ ist damit in Beispiele und Gegenbeispiele eingeteilt, wobei keineswegs unterstellt werden muß, daß eine solche Einteilung auch vollständig sei. Im Falle einer vollständigen Einteilung müßte man von *allen* Gegenständen, die sich in einer gegebenen Situation aufweisen lassen, sprechen können, und dies ist wiederum an diesem Punkte einer Reflexion auf sprachliches Handeln noch gar nicht möglich. Zugleich wird man darauf hinzuweisen haben, daß es sich in dieser Darstellung erster sprachlicher Handlungen um fingierte Situationen handelt, mit denen lediglich ein immer schon geübter Sprachgebrauch rekonstruiert werden soll. Immerhin ist diese Darstellung aber auch nicht ausschließlich auf das Verständnis eines solchen Sprachgebrauchs eingeschränkt, man könnte vielmehr in ihrem Sinne auch unabhängig von bestehendem Sprachgebrauch verfahren, etwa dann also, wenn neue Unterscheidungen gelehrt und gelernt werden sollten.
Wörter nun, mit denen wir in dieser Weise Gegenstände unterscheiden, mögen Prädikatoren heißen. Damit soll zugleich eine logische Normierung zum Ausdruck gebracht werden, die etwa von der grammatischen Verwendung des Prädikates als eines Satzteiles ganz absehen läßt. Prädikatoren sind in diesem Sinne alle Wörter, die sich in der zuvor geschilderten Weise Gegenständen zu- bzw. absprechen lassen. Geschieht dieses Zu- bzw. Absprechen in Sätzen und nicht mehr nur in der Weise, daß in einer individuellen Situa-

tion eine auf einen Gegenstand weisende Geste durch das Aussprechen eines Wortes, seinerseits verbunden mit einer Geste der Zustimmung oder Mißbilligung, begleitet wird, so brauchen wir weiterhin noch Eigennamen. Eigennamen sind Wörter, die in Sätzen denjenigen Gegenstand vertreten, über den jeweils prädiziert werden soll; d. h. sie vertreten strenggenommen einen Gegenstand mitsamt jener auf ihn hinweisenden Geste, mit der man sich vor der Einführung von Eigennamen behelfen kann. Während eine derartige Kombination von Geste und Wort aber die Anwesenheit des betreffenden Gegenstandes erfordert, also situationsabhängig bleibt, entfällt eine solche Abhängigkeit nach der Einführung von Eigennamen. Mit Hilfe von Eigennamen und Prädikatoren sowie einer geeigneten sprachlichen Form zur Darstellung des Zusprechens und Absprechens lassen sich jetzt einmal getroffene Unterscheidungen auch dann weitergeben, wenn jene Gegenstände, die hier als Beispiele bzw. Gegenbeispiele gedient haben mögen, nicht mehr zur Verfügung stehen sollten.

Die Weitergabe von Unterscheidungen und deren wiederholte Anwendung auch über die zunächst als Beispiele und Gegenbeispiele benutzten Gegenstände hinaus wird man dabei nur als eine freie Leistung des Menschen bezeichnen können. Jeder Versuch, an dieser Stelle hinter ein solches offenkundiges Können zurückzufragen und dabei womöglich ein Vermögen zu postulieren, das dieses Können trägt, müßte von theoretischen Hilfsmitteln Gebrauch machen (einer Theorie des Gedächtnisses, der Erinnerung usw.), die hier, wo es zunächst nur um die sprachlich fundamentale Handlung der Prädikation geht, noch gar nicht zur Verfügung stehen. Man wird sich deshalb auch mit dem Hinweis begnügen müssen, daß hier im Grunde nur wieder die Situation des Lehrens und Lernens in ihrem exemplarischen Charakter für menschliche Handlungen überhaupt weiterhilft: was man gelernt hat, das vermag man zu lehren. Dies gilt für sprachliche Handlungen, hier also das Unterscheidenkönnen, ebenso wie für alle nicht-sprachlichen Handlungen, wobei als Spezialfall des Lehrens zählen mag, wenn etwa Unterscheidungen, nachdem sie einmal eingeübt sind, auch außerhalb des Übungsbereiches (d. h. der hierbei verwendeten Beispiele und

Gegenbeispiele) nurmehr angewendet und fortgeführt, nicht ausdrücklich anderen beigebracht werden.
Unterscheidend also, mit Hilfe von Prädikatoren und Eigennamen, orientieren wir uns in der Welt. Dabei spielen Eigennamen häufig, vor allem im wissenschaftlichen Sprechen, nur eine untergeordnete Rolle, weil einerseits allen Gegenständen, die ›benannt‹ werden können, auch Prädikatoren zukommen und sich andererseits unsere Unterscheidungen gerade auch in einer sich wandelnden Welt, der Natur und der Geschichte, bewähren sollen. Das räumlich und zeitlich Fremde wird vertraut nicht so sehr dadurch, daß wir hingehen und Eigennamen verteilen, sondern indem wir versuchen, bereits bewährte Unterscheidungen, zu denen uns Prädikatoren dienen, auf dieses Fremde anzuwenden. So ist etwa die Mondoberfläche in erster Linie nicht deshalb ein Stück Welt, das uns, wenn nicht vertraut, so doch hinreichend bekannt ist, weil eine Mondkarte Eigennamen aufweist, sondern weil wir wissen, daß diese Eigennamen Krater und Ebenen benennen. ›Krater‹ und ›Ebene‹ aber sind Prädikatoren, deren Verwendung, im Rahmen der Geologie, exemplarisch seit langem gesichert ist. Ihre Hinzuziehung bei der Beschreibung der Mondoberfläche besagt, daß diese nun auch, wenigstens teilweise, unter die Beispiele für die genannten Prädikatoren fällt; sie ist damit aber nichts wahrhaft Fremdes mehr.
In einem solchen Falle würde man sagen, daß sich Unterscheidungen über den bisherigen Beispielbereich hinaus auch an anderer Stelle bewährt haben. Naheliegende Wendungen wie die, daß sich diese Unterscheidungen als *angemessen* erwiesen hätten, daß sie auch in einer gänzlich neuen Situation *zuträfen* oder *paßten*, wären hier zunächst nur synonyme Redeweisen. Faktisch geschieht nichts anderes, als daß früher einmal eingeübte, ›gelernte‹ Unterscheidungen anhand weiterer Beispiele erneut getroffen werden. Dies kann wiederum, wie im Falle der Prädikatoren ›Krater‹ und ›Ebene‹, in gleicher Weise, d. h. ohne jede Modifikation der diesen Prädikatoren zugrunde liegenden ursprünglichen Unterscheidungen erfolgen, schließt aber eine solche Modifikation auch nicht aus. Unterscheidungen können auch, eben durch Hinzuziehung neuer Beispiele, verlagert werden, wobei im extremen Falle selbst ursprünglich noch als Beispiele für einen Prädika-

tor auftretende Gegenstände schließlich unter seine Gegenbeispiele fallen können. So kommt etwa in der Tradition unter den Beispielen für den Prädikator ›Sophist‹ zunächst auch Sokrates vor, derselbe Sokrates, der bei Platon dann gerade unter die Gegenbeispiele für eben diesen Prädikator fällt. Und bei diesem Platonischen, eine ältere Unterscheidung modifizierenden Vorschlag ist es dann ja auch geblieben: Sokrates gilt in der Philosophiegeschichtsschreibung von nun an als Gegenbeispiel, nicht mehr als Beispiel eines Sophisten. Die Situation des unterscheidenden Gebrauches von Prädikatoren ändert sich dabei natürlich auch in einem solchen Falle nicht; was sich ändert, sind die Unterscheidungen selbst, und dies auch nur dann, wenn die Zustimmung derer vorliegt, die schon gelernt haben, mit diesen Unterscheidungen umzugehen. Da Sprache kein ›privates‹, sondern ein gemeinsames Können ist, und sprachliche Unterscheidungen nur dann wirklich sinnvoll sind, wenn sie sich anderen gegenüber vertreten lassen, ist diese Zustimmung unerläßlich. Der Versuch, ohne sie auszukommen, würde wieder nur bedeuten, sich mit Hilfe eigener sprachlicher Unterscheidungen um den Aufbau einer ›privaten‹ Welt zu bemühen, was in diesem Falle dem Versuch gleichkäme, die Robinsonsituation ins Absurde umzubilden. Faktisch wird denn auch ein solcher Versuch kaum ernsthaft unternommen werden. Im Gegenteil. In der Regel kann man sich als Sprecher auf gemeinsame Unterscheidungen berufen, und wo dies einmal nicht möglich sein sollte, richtet sich das Interesse der Beteiligten sofort auf eine Überprüfung der in Frage stehenden Unterscheidungen, mit dem Ziel, sie erneut aufeinander abzustimmen und nicht etwa als gemeinsame Basis ein für allemal preiszugeben.

Mit der Bemühung nun, Unterscheidungen aufeinander abzustimmen, und d. h. in erster Linie immer, bestehenden Sprachgebrauch auf seine Stimmigkeit hin zu überprüfen, ist zugleich auch jener Punkt erreicht, an dem es sinnvoll wird, solche Wörter wie ›angemessen‹ oder ›zutreffend‹ zu benutzen, also etwa zu fragen, wann Unterscheidungen als ›angemessen‹ bezeichnet werden dürfen. Ersichtlich handelt es sich hier bei ›angemessen‹ ebenfalls um einen Prädikator, einen Prädikator aber, mit dem man über bereits vollzogene Unterscheidungen spricht. Prädiziert wird hier nicht mehr über die

Gegenstände selbst, sondern über jene sprachlichen Handlungen, mit denen diese Gegenstände in Beispiele und Gegenbeispiele eingeteilt wurden. D. h. man befindet sich hier bereits auf einer höheren Stufe der Betrachtung, auf der die Frage, wann eine Unterscheidung als ›angemessen‹ gelten darf, im übrigen wohl auch nur hinsichtlich anderer, benachbarter Unterscheidungen entschieden werden kann. So jedenfalls ließe sich ein Vorschlag zur Verwendung derartiger Prädikatoren durchaus vertreten.

Hier sollen nun aber zunächst einmal einige Beispiele folgen, die deutlich machen, was mit einer gegenseitigen Abstimmung von Unterscheidungen überhaupt gemeint ist. Denken wir uns die Prädikatoren ›tapfer‹ und ›tollkühn‹ getrennt eingeführt, und zwar mit dem Ziel, daß niemals dann, wenn von ›tapfer‹ gesprochen werden kann, auch von ›tollkühn‹ gesprochen werden könnte und umgekehrt. D. h. es soll keine gemeinsamen Beispiele geben, und die Aufgabe einer korrigierenden Abstimmung bestehenden Sprachgebrauchs bestünde in diesem Falle also darin, den Beispielbereich beider Prädikatoren so gegeneinander abzugrenzen, daß derartige Doppelrollen von Beispielen nicht mehr vorkämen. Genau umgekehrt wiederum würde man im Falle der Prädikatoren ›barmherzig‹ und ›gerecht‹ dann verfahren, wenn sich für diese Prädikatoren, was im gegenwärtigen Sprachgebrauch der Fall sein dürfte, *keine* gemeinsamen Beispiele angeben lassen, man aber ältere Texte verstehen möchte, in denen solche Beispiele offenkundig vorgesehen sind. Wenn es im Alten Testament etwa heißt, Jahwe sei barmherzig und gerecht, so muß diese Behauptung dem modernen Leser so lange im Grunde unverständlich bleiben, als er nicht selbst in seinem eigenen Gebrauch der Prädikatoren ›barmherzig‹ und ›gerecht‹ über Beispiele verfügt, die eine solche Verbindung zulassen. Daß derartige Beispiele an dieser Stelle erwünscht sind, macht aber deutlich, daß es bei der gegenseitigen Abgrenzung von Prädikatoren keineswegs immer darauf ankommt, auch Beispielbereiche streng voneinander zu trennen; entscheidend ist vielmehr, daß in der Kontrolle bestehenden Sprachgebrauchs überhaupt eine Aufgabe gesehen wird, von deren Bewältigung nicht zuletzt, und zumal dann, wenn neue Unterscheidungen hinzutreten, das Maß der Orientierungsleistung sprachlicher Handlungen abhängt.

Doch nicht nur die Korrektur bestehenden Sprachgebrauchs und dessen Erweiterung durch neue Unterscheidungen bestimmen diese Leistung, indem sie zugleich jenen Spielraum umschreiben, der allem Lernen (dem Anschluß an gegebenen Sprachgebrauch) und allem Lehren (der Vermittlung eigenen Sprachgebrauchs) ständig bleibt. Diese Bemühungen sind in gewissem Sinne immer partiell, sie setzen, vor allem in einer präzisierenden Erweiterung von Unterscheidungen, fundamentalere Unterscheidungen immer schon voraus. Auch diese Unterscheidungen aber, die hier ›erste‹ Unterscheidungen heißen mögen, stehen einer kritischen Überprüfung jederzeit offen; und sie sind es auch in erster Linie, die einer Begründung bedürfen. Zu ihnen gehört etwa die Unterscheidung zwischen Ding und Eigenschaft, die im strengen Sinne keineswegs so selbstverständlich ist, wie sie auf dem Hintergrund einer alten philosophischen Tradition erscheint. So könnte man an dieser Stelle etwa auch zwischen Dingen und Handlungen unterscheiden und das, was früher als Eigenschaft bezeichnet wurde, dabei unter die Dinge subsumieren. Selbst eine Subsumtion von Dingen unter Handlungen wäre möglich, wie es in einigen Indianersprachen geschieht. In einem solchen Falle käme zum Beispiel ein Prädikator wie ›Baum‹ gar nicht mehr vor, an seiner Stelle fänden sich Prädikatoren wie ›zum Baum gehen‹, ›auf den Baum steigen‹ und andere, ausschließlich Handlungen darstellende Prädikatoren dieser Art.

Es ließe sich hier noch eine ganze Reihe solcher ›erster‹ Unterscheidungen, etwa auch die zwischen Tun und Leiden, anführen; doch kommt es in diesem Zusammenhang auf eine derartige Aufzählung nicht an. Entscheidend ist vielmehr, daß sich eine Rechtfertigung solcher Unterscheidungen nun nicht mehr, wie im Falle des korrigierenden und erweiternden Sprachgebrauchs, unmittelbar aus der Situation des Lernens und Lehrens ergibt, sondern ausdrücklich und weitgehend unabhängig von dieser anderen Tätigkeit durchgeführt werden muß. So kann die Unterscheidung zwischen Ding und Eigenschaft gerade nicht dadurch schon gerechtfertigt werden, daß auf ihren präzisierenden, andere Unterscheidungen weiterführenden Charakter aufmerksam gemacht würde. Derartige Unterscheidungen lassen sich vermutlich gar nicht

angeben. Worauf es hier vielmehr ankommt, sind die Absichten und Bedürfnisse, die hinter einer solchen ›ersten‹ Unterscheidung stehen. D. h. auch eine Unterscheidung wie die zwischen Ding und Eigenschaft wird man wahrscheinlich nicht anders rechtfertigen wollen als dadurch, daß man auf ein elementares Handeln in der Welt hinweist, Essen und Trinken etwa, und dabei deutlich macht, daß ein solches Handeln diese Unterscheidung zumindest nahelegt. In seiner elementaren Bedürftigkeit, so würde man argumentieren, braucht der Mensch in erster Linie Gegenstände wie etwa Früchte, die er essen kann, Geräte, mit denen er arbeiten kann, usw., nicht aber z. B. Farben. Entscheidend ist dabei wiederum der Nachweis, daß es hier um gemeinsame Bedürfnisse oder auch Absichten geht (sie sollen Unterscheidungen motivieren, die von allen Sprechern übernommen werden können!), und dieser Nachweis setzt seinerseits eine gemeinsame Verständigung schon voraus. Was also in Wahrheit im Falle solcher ›erster‹ Unterscheidungen gerechtfertigt werden muß, sind genau jene motivierenden Bedürfnisse und Absichten. Und dies kann wiederum im Falle der Bedürfnisse so erfolgen, daß deren Unaufhebbarkeit für alle Beteiligten erwiesen wird, im Falle der Absichten so, daß deren Ziele gegenüber allen Beteiligten gerechtfertigt werden. Da sich Absichten und auch ein großer Teil der Bedürfnisse (vor allem der nicht-elementaren Bedürfnisse) aber wandeln können, ist dieser Prozeß der Rechtfertigung ›erster‹ Unterscheidungen auch niemals abgeschlossen, d. h. die Situation des Lernens und Lehrens in der zuvor geschilderten Weise ist auch hier gegeben.
Der dialektische Gegensatz von ›immer schon‹ gegliederter Welt und ›immer wieder‹ vollzogener sprachlicher Gliederung der Welt aber läßt sich nun mit Hilfe dieser Situation präzise ausdrücken. Die ›immer schon‹ gegliederte Welt, das ist jetzt die Welt derer, die vor uns waren, deren Unterscheidungen wir lernen, und die ›immer wieder‹ vollzogene sprachliche Gliederung der Welt ist das, was wir dann in unseren eigenen Unterscheidungen, also selber nunmehr ›lehrend‹, tun. Damit wird aber zugleich erneut deutlich, daß der Versuch, von einer gegliederten Welt zu sprechen, die unseren sprachlichen Gliederungen noch vorausginge, über tautologische Aussagen nicht hinwegkäme. Was unseren Gliederungen, sprich Unter-

scheidungen, vorausgeht, sind eben andere Unterscheidungen, übernommene, verworfene oder präzisierte; und alles, was sich darüber hinaus noch sagen läßt, ist lediglich, daß diese Unterscheidungen ›in der Welt‹ getroffen werden. In ›welcher‹ Welt, das läßt sich dann wiederum nur über schon erfolgte Unterscheidungen erfahren. Deutlich wird weiterhin aber auch, daß der Prädikator ›angemessen‹, bezogen auf sprachliche Unterscheidungen, tatsächlich nur im Kontext schon vollzogener Unterscheidungen verwendet werden kann und nicht etwa im Rahmen einer womöglich behaupteten Konfrontation von Unterscheidungen mit der ›Realität‹ oder der ›Wirklichkeit‹ (wie immer man sich hier ausdrücken will). Die ›Wirklichkeit‹, das wäre eben an dieser Stelle wieder nichts anderes als ein Bestand von Unterscheidungen, über den man schon verfügt und den man seinerseits für bereits gerechtfertigt ansieht. Mit anderen Worten (und dies ist ein Vorschlag): die Verwendung des Prädikators ›angemessen‹ setzt immer schon die angeführten sprachlichen Maßnahmen zur Korrektur und Weiterführung bestehenden Sprachgebrauchs, einschließlich einer Überprüfung sogenannter ›erster‹ Unterscheidungen, voraus. Erst wenn diese Maßnahmen unter Zustimmung aller beteiligten Sprecher im Hinblick auf bestimmte Unterscheidungen fürs erste hinreichend abgeschlossen sind, sollen diese Unterscheidungen als ›angemessen‹ bezeichnet werden dürfen.

Damit ist nun aber auch der Punkt erreicht, wo eine Antwort auf die zuvor gestellte Frage versucht werden kann. Gefragt war, woran es eigentlich liegt, daß unsere (sprachlichen) Unterscheidungen in der Regel verläßlich sind, nämlich eine gemeinsame, wiederholbare Verständigung über die Welt erlauben.

Die bisherige Erörterung hat gezeigt, daß es sinnlos ist, in diesem Zusammenhang von der Verläßlichkeit der Welt selbst zu sprechen. D. h. die Behauptung, daß die Welt auch unabhängig von unseren sprachlichen Unterscheidungen, also ›an sich‹, durch die ›Wiederkehr des Gleichen‹ bestimmt sei, läßt sich nicht begründen. Der Versuch ihrer Begründung würde sofort wieder von sprachlichen Unterscheidungen Gebrauch machen und sich insofern in einem Zirkel bewegen: was bewiesen werden soll, wird bereits vorausgesetzt, nämlich die

Verläßlichkeit der zum Beweis verwendeten sprachlichen Unterscheidungen. Der triviale, fast ein wenig paradox klingende Satz, daß sich ohne (sprachliche) Unterscheidungen über die Welt nicht sprechen läßt, bewahrheitet sich so aufs neue. Terminologischer ausgedrückt bedeutet dies aber wiederum nichts anderes, als daß jede Reflexion über die Prädikation von dieser selbst schon Gebrauch machen muß und darum auch nicht imstande ist, sie in einem wie auch immer gearteten Sinne zu begründen. Als eine fundamentale sprachliche Handlung ist die Prädikation unhintergehbar.
Wenn dies so ist, bleibt aber nichts anderes mehr übrig, als auf der Seite der Sprechenden selbst, d. h. der Unterscheidenden, nach einem ›Grund‹ jener Verläßlichkeit zu suchen. Und hier wird man nun sagen dürfen, daß faktische Verläßlichkeit getroffener Unterscheidungen unlösbar mit jenen Maßnahmen zusammenhängt, die zuvor als Korrektur und präzisierende Weiterführung gegebenen Sprachgebrauchs sowie Überprüfung gewisser ›erster‹ Unterscheidungen bezeichnet wurden. Verläßlichkeit ist so verstanden eine Folge dieser Maßnahmen, und was dabei ›wiederkehrt‹, ist nicht eine ›voraussagbare‹ Beschaffenheit der Welt, sondern die stets gleiche Aufgabe, gemeinsame Unterscheidungen mit Hilfe dieser Maßnahmen zu kontrollieren. Eine solche Verläßlichkeit findet damit aber zugleich auch ihren ›Grund‹ in unserer vernünftigen Absicht, uns dieser Aufgabe stets aufs neue zu unterziehen. Und diese Absicht soll vernünftig heißen, weil sie die Bedingung der Möglichkeit jeglicher sprachlicher Orientierung in der Welt enthält und also immer gerechtfertigt werden kann. Unterscheidungen sind deswegen am Ende verläßlich, weil wir uns, pointiert formuliert, in unseren sprachlichen Handlungen in der Verfolgung jener Aufgabe auf uns selbst verlassen wollen. Die Wendung, daß die Welt gleich bleibe, könnte dabei bedeuten, daß jene Aufgabe immer schon als erfüllt gedacht wird. Damit würden aber wiederum Leistungen unterstellt, die – auch wenn sie den Menschen in seinem eigentlichen sprachlichen Können betreffen – keineswegs selbstverständlich sind. Und Prognosen über künftiges Handeln sollten an dieser Stelle der Redlichkeit halber unterbleiben.

7
Das normative Fundament der Sprache

I

Es gibt Einsichten, die weitgehend folgenlos bleiben (z. B. die Einsicht, daß in argumentativen Zusammenhängen nur derjenige ernst genommen werden kann, der seinerseits begriffliche Arbeit in begründungsorientierter Weise ernst nimmt), und es gibt Einsichten, die auf halbem Wege steckenbleiben, weil sie entweder (a) nicht unvoreingenommen in ihren Voraussetzungen sind (z. B. die Identifikation von ›Begründung‹ mit einer nicht mehr begründungsorientierten ›kritischen Prüfung‹) oder (b) in einer bestimmten historischen Situation keine Anwendungen haben (›das mag in der Theorie richtig sein, taugt aber nicht für die Praxis‹). Ganz sicher kann man hinsichtlich der Wirkung von Einsichten in der Regel nur bei solchen sein, die ›nichts kosten‹ (z. B. ›eine Schwalbe macht noch keinen Sommer‹), oder die in Form von gutgemeinten Empfehlungen (z. B. ›den zweiten Schritt nicht vor dem ersten tun‹) und erwartungsreduzierenden Weisheiten (z. B. ›ein Unglück kommt selten allein‹) von jedermann im Munde geführt werden.
Zu den auf halbem Wege steckengebliebenen Einsichten gehört auch die Beurteilung und die Praxis der Sprachanalyse oder der Sprachkritik in der Philosophie. Die hier leitende Einsicht lautet, daß eine Grundlegung der Philosophie und der Wissenschaften (im Rahmen wissenschaftstheoretisch orientierter Bemühungen) von den Leistungen einer sprachkritischen Reflexion abhängig gemacht werden muß. Anstatt sich jedoch auf dem Boden dieser Einsicht um die Bereitstellung von (sprachlichen) Mitteln zu bemühen, die einen methodischen Aufbau von Philosophie und Wissenschaft erlauben, begnügt man sich häufig damit, *in analytischer Absicht* am Gegenstand Sprache zu philosophieren. Wie die moderne Linguistik, die sich noch immer im wesentlichen als eine deskriptive Theorie natürlicher Sprachen versteht und in der sich zudem Tendenzen in Richtung einer wiederum deskriptiv orientierten Textwissenschaft abzeichnen, hat auch

die Philosophie in ihrer bisherigen analytischen Haltung eine sprachkritische Reflexion *in konstruktiver Absicht,* jedenfalls in der hier erforderlichen Konsequenz (auch gegenüber dem eigenen ›philosophischen‹ Reden), vernachlässigt. Es sieht so aus, als ob man selbst in grundlagenrelevanten Fragen noch ›analysierend‹, d. h. ohne eigene Konstruktionsvorschläge, vorgehen kann, indem man einfach ›zeigt, wie es ist‹. Doch dazu später.

Zunächst läßt sich die für die moderne Diskussion geltend gemachte Einsicht in den sprachlich verfaßten Charakter von Philosophie und Wissenschaft auch in der Weise formulieren, daß die Philosophie (für die Wissenschaften in Form von Wissenschaftstheorie) entdeckt hat, daß sie selber redet, und daß dieses Reden ihr nicht *äußerlich* ist, kein bloßes Mittel, dessen sich ›das Denken‹ in dialogischer oder auch nur mitteilungstechnischer Absicht bedient. Damit ist zugleich zum Ausdruck gebracht, daß ›Sprachphilosophie‹ nicht etwa eine spezielle philosophische Disziplin ist, deren Gegenstand die Sprache in einer analogen Weise wäre, wie etwa Natur, Recht, Kunst und Gesellschaft Gegenstände anderer, partiell ebenfalls philosophischer Disziplinen sind. Sofern von diesen Gegenständen, in der Philosophie oder anderen Wissenschaften, die Rede ist, erfolgt dies gewissermaßen stets unter der Voraussetzung, daß eine sprachphilosophische, elementare Teile der Logik einschließende Reflexion als Reflexion auf die *Bedingungen des vernünftigen (begründenden) Redens* schon stattgefunden hat, d. h. daß man z. B. schon weiß, wann Versicherungen Begründungen und wann Gründe Rechtfertigungen heißen dürfen, auf welche Weise Unterscheidungen verläßlich gewonnen werden und wie sie sich lehrend und lernend weitergeben lassen. Das Pathos moderner sprachphilosophischer Erörterungen beruht (beinahe kurioserweise) eben darin, daß sie das scheinbar Triviale ernst nehmen, nämlich jenes Faktum, daß die Philosophie und die Wissenschaften selber reden.

Ein wenig anspruchsvoller ausgedrückt, haben sprachphilosophische Reflexionen in Form von Sprachkritik damit die Rolle der Kantischen Vernunftkritik übernommen. Schon bei Nietzsche findet sich die diese Vernunftkritik in Richtung auf ihre eigenen sprachlichen Bedingungen bereits wieder relativierende Bemerkung, daß die »Entwicklung der Sprache und die Entwicklung des Bewußtseins ... Hand in Hand« gehen[1], woraus unter anderem folgt, daß eine Kritik des Bewußtseins bzw. der Vernunft (noch immer im Sinne, wenn auch nicht länger in der Weise Kants) bei sprachlichen Konstituierungszusammenhängen anzusetzen hat. Das bedeutet zugleich eine Radikalisierung der Kritik der reinen Vernunft, sofern jetzt die Kritik einer ›reinen‹ philosophischen Begrifflichkeit an die diese Begrifflichkeit konstituierenden Unterscheidungen in faktischer Rede zurückgegeben wird. Mit ›faktischer Rede‹ ist dabei keine ›empirische‹ Rede in einer ›natürlichen‹ Sprache gemeint, die als solche Gegenstand einer linguistischen Analyse ist, sondern eine Prädikationspraxis, d. h. ein durch die Handlung des Unterscheidens konstituierter sprachlicher Zusammenhang, einschließlich der den einzelnen Prädikationen (Unterscheidungen) zugeordneten Elementaraussagen und deren logischen Verknüpfungen mit Hilfe der sogenannten logischen Partikeln (›und‹, ›oder‹, ›wenn – dann‹, ›alle‹ etc.). Diese Prädikationspraxis ist insofern Gegenstand einer logischen Analyse. Erst in einem zweiten Schritt baut sich dann auf dieser (elementaren) Prädikationspraxis die häufig, so z. B. bei Kant, noch direkt anzugehen versuchte Begrifflichkeit theoretischer Diskurse auf.

Die hier hervorgehobene Einsicht ist daher auch als die Erkenntnis formulierbar, daß die Sprache *Basis aller Unterscheidungssysteme* ist. Unter Unterscheidungssystemen sollen dabei nicht Orientierungszusammenhänge beliebiger Art verstanden werden, sondern nur solche, die (a) Bestandteil einer gemeinsamen, kommunikativ verfaßten Praxis sind und (b) auf explizite Regelungen zurückgeführt werden können. Eben dies besagt auch die Rede von der Transzendentalität oder der Unhintergehbarkeit der Sprache: gemeinsame Orientierungen, und diese keineswegs eingeschränkt auf wissenschaftliche Orientierungen, sind, wenn sie den genannten Bedingungen entsprechen, abhängig von der sprachlichen Handlung des Unterscheidens, und diese Handlung ist durch kein anderes Unterscheidungssystem ersetzbar.

Was in diesen Worten wie eine subtile ›transzendentale‹ Ergänzung eines älteren philosophischen Begründungsanspruches, etwa des mit einer Kritik der reinen Vernunft im

Kantischen Sinne verstandenen Anspruches, anmuten mag, ist keine bloße Spitzfindigkeit, die der Philosophie noch einmal zu einem besseren Selbstbewußtsein und der philosophischen Tradition zu neuer Geltung, insbesondere gegenüber den Wissenschaften, verhelfen soll. Die Konzentration der philosophischen Bemühung auf eine Reflexion ihres eigenen sprachlichen Vorgehens, mit der Absicht, diese Reflexion auch in die anderen Wissenschaften zu tragen, ist Folge einer heilsamen Enttäuschung, nämlich des bewußt gewordenen Versagens eben jenes Begründungsanspruches, der noch im Vertrauen auf die Verläßlichkeit seiner sprachlichen Mittel gestellt worden war. Wo dieser Anspruch einmal auf die Philosophie selbst angewendet wurde, stellt sich heraus, daß auch sie in methodischen Dingen einer besseren Begründung bedarf. Damit hängt zusammen, daß die Philosophie ihre ehemals bevorzugte Rolle unter den Wissenschaften und in der Gesellschaft nicht zuletzt deshalb verloren hat, weil sie das Problem ihrer eigenen Vermittlung, das ungeachtet vieler tiefsinniger Überlegungen, die sich an diesen Topos knüpfen, nur in methodischer Weise lösbar ist, nicht in den Griff bekam. Ihre traditionelle Esoterik folgt aus keiner höheren Einsicht, sondern aus einem unglücklichen Selbstverständnis, das die eigenen Bemühungen neben (nach gehobener Terminologie ›über‹) den Wissenschaften angesiedelt sieht, statt sie in methodischer Strenge genau dort zur Geltung zu bringen, wo begründungstheoretische Unklarheiten im Aufbau der Wissenschaften, der sogenannten exakten wie der Geistes- und Sozialwissenschaften, liegen.[2] Vermittlung bedeutet hier also in erster Linie ein Wirksamwerden methodischer Strenge (welche ›die Philosophie‹ im allgemeinen für sich gewiß nicht in Anspruch nehmen kann) in den Wissenschaften, d. h. in der Praxis der wissenschaftlichen Theorienbildung, die ihrerseits die gesellschaftliche Praxis insgesamt wesentlich bestimmt. Philosophie kann insofern ihr altes Ziel, selbst ›praktisch‹ zu werden, nur über die Wissenschaften verfolgen, was ihr andererseits nur dann gelingt, wenn sie sich zuvor selbst jener methodischen Strenge unterwirft, die allein ihr Wirksamwerden in den Wissenschaften rechtfertigt, und dann auch befördern könnte. Zu dieser Strenge gehört auch eine kritische Reflexion ihres eigenen sprachlichen Aufbaues, die sich insofern über eine Diskussion der Ziele sprachkritischer Bemühungen im Sinne der alten Unterscheidung zwischen praktischer und theoretischer Vernunft nicht nur theoretisch, sondern auch praktisch begreifen läßt. Zwar ist ›Sprachphilosophie‹ zunächst ein Stück theoretischer Philosophie, Konstruktion von Mitteln in einem Prozeß, der durch die Begriffe von Reflexion und Veränderung beschreibbar ist, aber dies eben durchaus in praktischer Absicht.

Das liegt zum Teil schon daran, daß *Kommunikation* im Rahmen gegenwärtiger gesellschaftlicher Praxis nichts Naturhaftes mehr ist, nichts, das sich quasi ›von selbst‹ bei gleichzeitigem Abbau repressiver Schranken einstellen würde. Kommunikation kann vielmehr nur noch als das Resultat erheblicher *theoretischer* Bemühungen begriffen werden.[3] Mit anderen Worten: auch die Destruktion der gesellschaftlichen Verformungen, von der unter den Stichwörtern der ‹herrschaftsfreien Kommunikation‹ oder der ›Emanzipation‹ die Rede ist, setzt, wenn sie erfolgreich sein will, selbst ein Stück Konstruktion voraus, und diese beginnt nicht erst in Form von sozialwissenschaftlicher Theorienbildung, sondern bereits als Konstruktion der dazu erforderlichen sprachlichen (begrifflichen) Mittel. Als solche aber kann sie wiederum, was selbst praktisch-politische Konsequenzen hat, *vorweggenommen* werden. Das heißt, man braucht nicht zu warten, bis sich die Wissenschaften in methodologischer und teleologischer Hinsicht, d. h. in begründungsorientierter Weise, selbst verändern, bis die Gesellschaft verändert ist, ihre Verformungen rückgängig gemacht hat. Man kann vielmehr mit den *konstruktiven Bedingungen* von Kommunikation, ebenso wie mit den konstruktiven Bedingungen der Wissenschaften, sofort beginnen. Und das ist eine theoretische Aufgabe, die sich im Rahmen dieses weitgesteckten Programmes nicht etwa als eine bloß technische Empfehlung, ambivalent gegenüber Anwendungen, verdächtigen läßt (oft in der erklärten Absicht, die eigenen Bemühungen methodischer Strenge nicht zu unterwerfen). Eine solche Verdächtigung wäre nur dann angebracht, wenn ein ›Methodenideal‹ ohne Rekurs auf die einleitend erwähnte Einsicht vertreten würde. Diese Einsicht ist jetzt in der Weise formulierbar, daß (1) die Sprache Basis aller einer kommunikativen Praxis angehörender Unterscheidungssysteme ist, und daß (2) zu den Bedingungen einer gelingenden Kommunikation auch die Bereitstellung ihrer sprachlichen Mittel bzw. eine Theorie darüber gehört, wie sich solche Mittel ohne erneuten Anschluß an undurchschaute Abhängigkeiten konstruktiv gewinnen lassen.

II

Die Vorgeschichte der modernen Diskussion über die methodische Leistungsfähigkeit einer Reflexion über Sprache weist hinsichtlich jener ›doppelten‹ Einsicht in die sprachliche Verfaßtheit von Orientierungszusammenhängen (darunter auch der wissenschaftlichen Zusammenhänge) und die partielle Theorieabhängigkeit von Kommunikation ein bemerkenswertes methodisches Defizit auf. So gab es bereits, bevor die geschilderte Radikalisierung des philosophischen Grundlegungsgedankens erfolgte, ›Sprachphilosophie‹, d. h. eine nicht-philologische Bemühung um die sprachliche Seite dessen, was man das Denken nannte; und dies bisweilen durchaus schon in methodischer Auszeichnung. Eine solche Auszeichnung erfolgte im Bereich der sogenannten Erkenntnistheorie. Diese aber schloß in ihrer für die Neuzeit klassischen Form seit Locke stets ein Stück ›Kosmologie‹ mit ein, sofern im Rahmen einer sprachphilosophisch orientierten erkenntnistheoretischen Bemühung die eigentlich relevante Fragestellung die zum Verhältnis von Sprache und Welt war. Das heißt, Sprachphilosophie wurde nicht als eine besondere Disziplin geführt, die sich mit einem besonderen Gegenstand, der Sprache, zu befassen hätte (diesen Umstand teilt sie mit ihrer modernen Form), aber sie wurde auch nicht als Reflexion über die sprachlichen Bedingungen des Denkens überhaupt begriffen (was wiederum der Angelpunkt ihrer modernen methodischen Orientierung ist). Die Verunsicherung, die für diese moderne Orientierung als eine in gleicher Weise methodologische und praktische Verunsicherung dargestellt wurde, fand gewissermaßen nur partiell auf der methodologischen Seite statt: nämlich als Verunsicherung gegenüber ›kosmologischen‹ Aussagen, zu denen, historisch gesehen, auch Aussagen über Wahrnehmungszusammenhänge gehörten.

Die traditionellen Sprachtheorien haben insofern, mit Rück-

sicht auf ihre Stellung innerhalb erkenntnistheoretischer Erörterungen, alle ein verkapptes ›sensualistisches‹ Fundament. Selbst dort, wo wie bei Kant aus dem Verhältnis von Sinnlichkeit und Verstand ein kooperatives, in gegenseitigen Abhängigkeitsbeziehungen beschriebenes Verhältnis wird, scheint es zumindest der dabei verwendeten Terminologie nach möglich zu sein, auch die Sinnlichkeit, d. h. ein nach sensualistischer Auffassung stets zur Verfügung stehendes elementares Datenwissen, zum Ausgangspunkt von Basisbehauptungen zu nehmen. Charakteristisch für diese ältere Position ist das Argument der Sinnestäuschung, in dessen Rahmen die erkenntnistheoretisch motivierte Frage nach der Sicherung der Wahrheit von Aussagen mit Aussagen über die Qualität sinnlicher Wahrnehmungen verbunden wird. Das heißt, es wird schon über die Sinne, ihre Einteilung und ihre Arbeitsweise gesprochen, bevor überhaupt vom Unterscheiden, der besonderen Leistung des *Unterscheidenkönnens* die Rede ist. Das methodische Defizit traditioneller Reflexionen über die Sprache kommt demnach im wesentlichen darin zum Ausdruck, daß eine Reflexion über die fundamentale Rolle der Sprache im Aufbau des Wissens, eines elementaren Orientierungswissens wie des wissenschaftlichen Wissens, auf eine spezielle Disziplin, nämlich Erkenntnistheorie, beschränkt blieb, in deren Rahmen wiederum einige Unterscheidungen wie die Unterscheidung zwischen Erkennen und Welt, zwischen sinnlicher Vernehmensweise und sinnlichem Datum von vornherein als unproblematisch galten.
Aus dieser erkenntnistheoretischen Vorgeschichte der Diskussion über die methodische Leistungsfähigkeit einer Reflexion über Sprache stammen zwei konträre Basisbehauptungen, die in gewisser Weise noch heute kontrovers sind. Durch die eine Unterscheidung zwischen Erkennen und Welt nur sekundär modifizierende Unterscheidung zwischen Sprache und Welt scheint, zumal dann, wenn hier unter Welt primär die physikalische Welt verstanden wird, von vornherein (gewissermaßen ohne menschliches Zutun) der Spielraum bestimmt zu sein, in dem Erkenntnisleistungen als sprachliche Leistungen diskutierbar sind. Da ist, so sieht es jetzt aus, einerseits die Welt, und da ist andererseits die Sprache, mit der wir über die Welt sprechen – was traditionellerweise immer so aufgefaßt

wurde, daß es hierbei in erster Linie um die *Genese sprachlicher Unterscheidungen* auf dem Hintergrund einer ›an sich‹ schon unterschiedenen oder gegliederten Welt (Wirklichkeit) geht. Wer so redet, hat bereits die eine von zwei konträren Basisbehauptungen übernommen, nämlich die sogenannte *realistische* Behauptung. Dieser Behauptung nach besteht das Verhältnis zwischen Sprache und Welt darin, daß jene, die Sprache, gewissermaßen nur *wiederholt* oder *abbildet*, was diese, die Welt, an Unterscheidungen aufweist. Das Zustandekommen einer solchen Wiederholung bzw. Abbildung wird dabei ursprünglich sinnesphysiologisch gedeutet, d. h. in der Terminologie einer Theorie, die genaugenommen selbst alles voraussetzt, was hier begriffen werden soll, nämlich ein methodisch ausgewiesenes Reden in seinen elementaren und komplexen Bausteinen. In den klassischen Abbildtheorien der Erkenntnis wird dieser Umstand entweder in Form von *Widerspiegelungstheorien* oder in Form von *Isomorphietheorien* festgehalten. In Widerspiegelungstheorien (z. B. bei Demokrit, Locke und in der Erkenntnistheorie des Materialismus) treten der realistischen Behauptung nach alle Eigenschaften einer nicht-sprachlichen Welt oder Wirklichkeit im Bewußtsein des Erkennenden bzw. der Sprache, mit der diese Erkenntnis beschrieben wird, wieder auf; in Isomorphietheorien (z. B. bei Platon, Wittgenstein und Carnap) gilt dies nur für strukturelle Eigenschaften (bei Carnap dabei in der Weise, daß zusätzlich noch behauptet wird, die Welt oder die Wirklichkeit sei vollständig als Struktur gegeben)[4].

Im Gegensatz zu einer in diesem Sinne realistischen Position gründet sich die dann traditionell als *nominalistisch* bezeichnete Position auf den Nachweis, daß sich sprachlich immer mehr machen läßt, als ›kosmologisch‹ nachprüfbar ist, und darum auch die realistische Behauptung einer eineindeutigen Zuordnung zwischen realistisch ›festen‹ Weltstücken bzw. Strukturen und sprachlichen Artikulationen nicht funktioniert. Jedenfalls nicht im Sinne eines naiven Abbildverhältnisses, wie nun unter Hinweis auf die sprachliche Verwendung genereller Terme, die Tradition spricht von Universalia, argumentiert wird. Anders ausgedrückt: im Rahmen einer nominalistischen Position wird das realistisch unterstellte Abbildverhältnis umgedreht – Sprache bildet nicht mehr ›die

Welt‹ oder ›die Wirklichkeit‹ ab, sondern als Welt bzw. Wirklichkeit wiederholt sich, was ›in der Sprache‹ an Unterscheidungen getroffen wurde.
Damit sieht es so aus, als sei mit der nominalistischen Position eine Konsequenz jener doppelten Einsicht, nämlich der methodologische Primat einer realismusfreien Theorie der Unterscheidung, bereits realisiert. Aber diese Annahme täuscht. Zwar vermeidet der nominalistische Widerspruch die realistische Basisbehauptung einer auch den sprachlichen Unterscheidungen noch zugrunde liegenden vollständig gegliederten Welt, aber dies nur in der Weise, daß die Behauptung einer solcher Art gegliederten Totalität negiert und durch die Behauptung einer ungegliederten Totalität ersetzt wird. In beiden Fällen ist es eine Behauptung über die Welt (in differenzierteren Theorien über Gegenstände und Sachverhalte), die dem Aufbau sprachtheoretischer Positionen vorausgeht, wobei eine solche Behauptung dann die Bedingung darstellt, unter der nunmehr sprachliche *Konstruktionen* (im nominalistischen Kontext) und sprachliche *Deskriptionen* (im realistischen Kontext) stehen. Bezogen auf die genannte Einsicht ist diese, für die nominalistische Position in gleicher Weise wie für die realistische Position charakteristische *Totalitätsthese* natürlich naiv. Sie setzt, selbst in ihrer nominalistischen Variante, voraus, daß sich über die ›Beschaffenheit‹ der Welt bereits Aussagen machen lassen, *bevor* die im eigentlichen Sinne sprachtheoretische Basisüberlegung einsetzt. Daß diese These damit auch ungeeignet ist, das erkenntnistheoretische Problem einer Sicherung der Wahrheit von Aussagen, oder anders formuliert: das Problem der Verläßlichkeit der den Aussagen zugrunde liegenden Unterscheidungen, zu lösen, läßt sich wie folgt verdeutlichen.
Die realistische Basisbehauptung, nach der Satzstücken (also insbesondere den autosemantischen Ausdrücken) ›in der Welt‹ eineindeutig Weltstücke entsprechen, macht es unmöglich, zu erklären, wie die Welt ohne sprachliche Unterscheidungen aussieht – wobei es eben diese realistische Behauptung selbst ist, durch welche die vermeintliche Vernunft einer solchen Frage unterstellt wird. Es zeigt sich vielmehr, daß der Versuch, die Verläßlichkeit sprachlicher Unterscheidungen auf eine Verläßlichkeit der Welt zu gründen, in Tautologien

führt, weil Aussagen über die Verläßlichkeit der Welt bereits von der Verläßlichkeit der sie artikulierenden sprachlichen Unterscheidungen Gebrauch machen müssen. Anders ausgedrückt: jede Aussage über die Verläßlichkeit der Welt ist bereits, sofern sie begründet sein soll, eine *Anwendung* sprachlicher Verläßlichkeit und kann diese daher auch in keiner wie auch immer gearteten Weise ihrerseits begründen. Im Rahmen der nominalistischen Basisbehauptung, wonach der Sprache selbst als Leistung zugeschrieben wird, was der Realist als eine Eigenschaft der Welt (tautologisch) unterstellt, ist die mit dieser Unterstellung gleichzeitig vertretene Fiktion, es lasse sich ein sprachfreier Zugang zu einer zunächst immer in sprachlich getroffenen Unterscheidungen bekannten, grundsätzlich jedoch als sprachfrei aufgefaßten Welt der Gegenstände und Sachverhalte angeben, zweifellos vermieden. Dafür ist der Nominalist jetzt außerstande, seine Unterscheidungen gegenüber konkurrierenden Unterscheidungen zu rechtfertigen, weil die von ihm selbst vertretene These einer ungegliederten Totalität jede Unterscheidung als gleich gut erscheinen läßt. Da Unterscheidungen prinzipiell *beliebig* getroffen werden können, steht selbst einem konkurrierenden Aufbau privater Welten nichts mehr im Wege. Von Verläßlichkeit kann über die eigenen, ›zufälligen‹ Unterscheidungen hinaus und damit als einer Eigenschaft eines *gemeinsamen* Sprachvermögens gerade nicht mehr gesprochen werden; ein Umstand, der wiederum zu einer gewaltigen Fiktion zwingt, nämlich der wundersamen Bereitwilligkeit aller Sprecher, private sprachliche Willkür zugunsten einer gemeinsamen sprachlichen Willkür preiszugeben. Realistisch ist die gesuchte Verläßlichkeit damit erschlichen, nominalistisch bleibt sie zufällig.

Aus dieser Überlegung, die sich zugestandenerweise hinsichtlich der Charakterisierung beider Positionen starker Vereinfachungen bedient, sollte man den Schluß ziehen, daß nicht nur realistische und nominalistische Vorschläge herkömmlicher Art ungeeignet sind, das Problem der Stabilität und der Verläßlichkeit von Unterscheidungen zu lösen, sondern daß darüber hinaus die Frage nach irgendwelchen Bedingungen, die erfüllt sein müssen, damit ein verläßlicher Gebrauch von Unterscheidungen ›gelingt‹, bereits eine falsch gestellte Frage ist. Diese Frage verhindert die erforderliche Radikalisierung sprachphilosophischer Reflexionen und führt historisch gesehen im Rahmen einer Verbindung von nominalistischer Sprachtheorie und empiristischer Erkenntnistheorie auf der einen Seite und realistischer Sprachtheorie und rationalistischer Erkenntnistheorie auf der anderen Seite zu einem gemeinsamen Grundsatz, den man als Grundsatz einer *vorkritischen* Sprachtheorie wie folgt formulieren könnte: *Wörter (d.h. alle autosemantischen Ausdrücke) sind Namen für Ideen oder Vorstellungen, die ihrerseits Bilder von Weltausschnitten sind.* Dieser Satz läßt sowohl eine realistische als auch eine nominalistische Interpretation zu, je nachdem wie hier über Ideen bzw. Vorstellungen gesprochen wird: als vorab durch irgendwelche Aussagen über die (physikalische) Welt gegebene Entsprechung von sinnlichem Datum und ideeller Repräsentanz (realistischer Fall) oder als Produkt eines mit sensualistischen Mitteln beschriebenen genetischen Zusammenhanges (nominalistischer Fall). In beiden Fällen ist eine sprachtheoretische These auf eine erkenntnistheoretische Behauptung nachträglich aufgesetzt und deswegen auch ungeeignet, diese Behauptung ihrerseits noch zu begründen.

Was dabei das Problem einer Sicherung der Wahrheit von Aussagen betrifft, so entspricht dem sowohl im Sinne der realistischen Position als auch im Sinne der nominalistischen Position interpretierbaren Grundsatz die sogenannte Korrespondenztheorie oder Adäquationstheorie der Wahrheit, bekannt vor allem unter der Bezeichnung ›adaequatio intellectus et rei‹, mit der die Aristotelische Definition der Wahrheit[5] zunächst nahezu wörtlich in scholastische Theorien übernommen wird.[6] Als Wahrheitsbedingung tritt hier analog zu den Abbildtheorien der Erkenntnis die Beziehung zwischen einer sprachfreien Welt der Gegenstände und Sachverhalte und sprachlichen Ausdrücken auf, weshalb auch die angeführten Abbildtheorien ohne Ausnahme eine Korrespondenztheorie der Wahrheit vertreten. Das gilt selbst für neuere Überlegungen im Rahmen eines semantischen Wahrheitsbegriffes und bildet den Anlaß für Bemühungen, die realistischen Prämissen im Sinne dieser Korrespondenztheorie entweder in Richtung auf eine Redundanztheorie der Wahrheit unter Einschluß einer kontextbezogenen Bedeutung von

›wahr‹ – die Wahrheit einer Aussage A behaupten und A behaupten, ist dasselbe oder Ausdruck anderer, kontextabhängiger Intentionen (F. P. Ramsey, A. J. Ayer, P. F. Strawson) – oder in Richtung auf eine den semantischen Wahrheitsbegriff durch einen pragmatischen Wahrheitsbegriff ersetzende pragmatische Theorie (Ch. S. Peirce, W. James) wieder loszuwerden.[7]

III

Das methodische Defizit älterer Reflexionen über die Sprache innerhalb eines erkenntnistheoretischen Kontextes und die Schwierigkeiten, die moderne Fassungen einer Korrespondenztheorie der Wahrheit mit sich führen, lassen sich zum Teil mit einem Mißverständnis in Verbindung bringen, das häufig auch der sogenannte gesunde Menschenverstand mit erkenntnistheoretischen Positionen teilt, der Rolle nämlich, die dem Denken gegenüber der Sprache eingeräumt wird. Denken gilt gemeinhin als eine selbständige Handlung, die schweigend ausgeübt wird und die man mit Wendungen wie ›Sich-Gedanken-machen‹, ›An-etwas-denken‹, ›Sich-etwas-durch-den-Kopf-gehen-lassen‹ usw. zu beschreiben sucht. Sofern sich dabei Teile dieser vermeintlich selbständigen Handlung sowie Resultate dieser Handlung auch sprachlich artikulieren lassen, indem man nunmehr über das ›In-Gedanken-Durchgegangene‹ spricht, einen Gedanken ›äußert‹, tritt das Reden nicht nur als etwas vom Denken Unterschiedenes auf, sondern scheint diesem Denken gegenüber auch sekundär zu sein: die gutgemeinte Empfehlung, erst zu denken und dann zu reden, besagt in der Regel nichts anderes, als mit der Handlung des Redens solange zu warten, bis eine andere Handlung, nämlich das Denken, zu einem seinerseits befriedigenden Ende gekommen ist und nunmehr zu kommunikativen Zwecken eine phonetische und syntaktische Übersetzung erfolgen kann. Was sich dabei noch immer als eine, wenn auch methodisch unklare, Auszeichnung des monologischen, lautlosen Redens vor dem dialogischen, artikulierten Reden auffassen läßt, sofern das ›Sich-Gedanken-machen‹ recht verstanden nichts anderes ist als ein ›Mit-sich-selber-zu-Rate-gehen‹, das

›Sich-etwas-durch-den-Kopf-gehen-lassen‹ nichts anderes als ein ›Mit-sich-selber-reden‹, führt mit dem Begriff des Denkens zunächst zu einer kategorialen Aufspaltung zweier ursprünglich verwandter Handlungsformen und anschließend zur Umkehrung eines in theoretischer Absicht auch noch begründbaren Fundierungsverhältnisses: der Behauptung nach bedingt ein ›innerer Vorgang‹ einen ›äußeren Vorgang‹, bedingt das Denken die im Reden aktualisierte Sprache. Erkenntnistheoretisch entspricht dem die Zuordnung von Gedanken (traditionell: von Ideen oder Vorstellungen) und Weltstücken, deren Rekonstruktion dann nicht zufällig im Rahmen einer psychologischen oder sinnesphysiologischen Begrifflichkeit erfolgt. Denken und Welt treten damit als eine duale Bedingung jeglicher Orientierung auf, die auch durch eine Reflexion über sprachliche Leistungen (in der Absicht, diese ›Bedingung‹ als selbst durch sprachliche Handlungszusammenhänge konstituiert nachzuweisen) vermeintlich nicht mehr hintergangen werden kann.

In der modernen sprachphilosophischen Diskussion ist die methodische Schwäche einer solchen Argumentation erkannt und unter Hinweis auf einen Kategorien-Fehler kritisiert worden. Nach G. Ryle liegt dieser auf die Cartesische Erkenntnistheorie zurückgeführte Kategorien-Fehler darin, daß *noologische* Termini, z. B. ›Geist‹, ›Seele‹, ›Wille‹, ›Denken‹, wie *physiologische* Termini behandelt werden, was unter anderem dazu führt, die gesamte Grundlagenproblematik, d. h. eine Kritik der reinen Vernunft, an entsprechende Fachdisziplinen weiterzugeben. Neben den angeführten Beispielen treten in diesem Rahmen dann auch ›Sprache‹, ›Verständigung‹, ›Kommunikation‹ und andere *Handlungszusammenhänge* als ein Stück Natur auf, das sich der Behauptung nach mit Hilfe eines fachwissenschaftlichen Instrumentariums, speziell naturwissenschaftlichen Theorien, erklären läßt. Im Gegensatz dazu lautet der Vorschlag Ryles, noologische Termini über menschliche Handlungsweisen in komplexen Situationen einzuführen und damit die im klassischen Sinne durch physiologische Unterscheidungen vermeintlich hinreichend bestimmte ›Innenwelt‹ durch Organisationsformen ›äußeren‹ Handelns darzustellen.[8] Unter den dabei ausgezeichneten Handlungen kommt wiederum den sprachlichen Handlungen eine entscheidende Bedeutung zu, sofern sie es als unterscheidende Handlungen allererst sind, die eine kommunikativ verfaßte und damit auch wissenschaftliche Orientierung ermöglichen. Hier ist Sprache als elementare Basis wissenschaftlicher Unterscheidungssysteme erkannt.

Es ist das Verdienst der von B. Russell und G. E. Moore begründeten Analytischen Philosophie, diese Einsicht gegenüber älteren erkenntnistheoretischen Bemühungen konsequent formuliert und gleichzeitig zum Anlaß einer detaillierten Wiederaufnahme des Programmes einer Kritik der reinen Vernunft nunmehr in Form des Programmes einer Kritik der sprachlichen Vernunft genommen zu haben. So differenziert die unter dem Titel der Analytischen Philosophie zusammengeschlossenen angelsächsischen Bemühungen und die diesen Bemühungen parallel laufenden kontinentalen Entwicklungen von inhaltbezogener Sprachwissenschaft und Sprachhermeneutik im einzelnen auch sind, sie alle teilen die in der These von der Unhintergehbarkeit der Sprache formulierte Einsicht, daß ohne eine methodisch geleitete Reflexion auf die sprachlichen Voraussetzungen des Denkens begründungsorientierte Bemühungen ihr Ziel nicht erreichen, und damit auch das für jede Wissenschaft konstitutive Problem eines gesicherten methodischen Anfangs ungelöst bleibt. Bevor die hier wichtigen inhaltlichen Ausführungen der These von der Unhintergehbarkeit der Sprache herangezogen werden, zunächst einige Unterscheidungen, die eine wiederum kritische Beurteilung bereits erbrachter Leistungen sowie Elemente konstruktiver Weiterführungen ermöglichen sollen.

Bisher war von Sprache in einem noch sehr allgemeinen Sinne die Rede. Alle artikulierten, einer gemeinsamen Verständigung dienenden Äußerungen wurden als Aktualisierungen ›der Sprache‹ bezeichnet. Sofern dabei von vornherein ein wissenschaftliches Interesse, genauer: ein erkenntnistheoretisches Interesse, unterstellt wurde, trat Sprache zugleich im wesentlichen in der Funktion auf, Medium und konstruktiver Teil eines solchen Interesses zu sein. Damit ist aber im Grunde nur derjenige Teil sprachlicher Aktualisierungen getroffen, der sich vor anderen Aktualisierungen bereits durch die Existenz expliziter, zum Teil selbst schon fachwissenschaftlich interpretierter Gebrauchsregeln auszeichnen läßt (Beispiele waren zuletzt einige noologische Termini). Das bedeutet aber auch, daß derjenige, der eine solche Sprache sprechen möchte, diese Gebrauchsregeln ausdrücklich erst einmal lernen muß, indem er sich zusätzlich zu den mit jedermann, d. h. jedem Sprecher, geteilten Unterscheidungen weitere Unterscheidungen aneignet. Dies geschieht in der Regel in Schule und Beruf, d. h. im Rahmen einer speziellen Ausbildung, die über ein gemeinsames Orientierungswissen hinausgehende Kenntnisse vermittelt. Die ›Sprachen‹, die dabei gelernt werden, sind die einem speziellen, differenzierten Wissen zugeordneten *Fachsprachen*. Im Gegensatz zu diesen Fachsprachen, deren Verständlichkeit für den einzelnen Sprecher davon abhängt, ob er seinerseits über ein solches differenziertes Wissen verfügt oder nicht, steht damit diejenige Sprache, die unabhängig davon, ob auf ein solches Wissen zurückgegriffen werden kann oder nicht, jeder Sprecher versteht, weil sie ein gemeinsames Orientierungswissen artikuliert. Diese Sprache soll als *Umgangssprache* bezeichnet werden. Beide ›Sprachen‹ wiederum, die Fachsprache und die Umgangssprache, lassen sich, weil sie ihrerseits noch Sprachen des Alltags, differenziert lediglich nach einem gemeinsamen und einem beruflich spezialisierten Alltag, sind, terminologisch zur *Gebrauchssprache* zusammenschließen.

Die Gebrauchssprache, die insofern differenzierte Berufssprachen (nämlich die Fachsprachen, einschließlich größerer Teile der wissenschaftlichen Sprachen) und wenig differenzierte Sprachen (die in der Umgangssprache miteinander verbundenen ›Sprachen‹ gemeinsamer Orientierungen) umfaßt, wird häufig auch als *natürliche Sprache* bezeichnet, doch läßt eine solche Bezeichnung leicht übersehen, daß zumindest die wissenschaftlichen Teile der Fachsprachen an keine natürlichen Sprachgemeinschaften gebunden sind, in diesem Sinne *interlingual* gelten. Andererseits wird durch diese Bezeichnung an eine Unterscheidung erinnert, die man mit Rücksicht auf sogenannte Kalkülsprachen der Logik und Mathematik sowie auf Teile der modernen Programmiersprachen durch den (älteren) Begriff der *Kunstsprache* oder den (jüngeren) Begriff der *formalen Sprache* gegenüber der hier als Gebrauchssprache bezeichneten umgangs- und fachwissenschaftlichen Praxis zu treffen pflegt. Kunstsprachen oder formale Sprachen wie die genannten gehören im engeren Sinne weder zur Gebrauchssprache, niemand ›unterhält sich‹ in ihnen, noch werden sie in der Regel, wie dies innerhalb der Gebrauchssprache durch die Übernahme fachsprachlicher Ausdrücke in die Umgangssprache häufig der Fall ist, mit der Gebrauchssprache ›nachträglich‹ verbunden. Allerdings ist diese Unterscheidung zugleich irreführend, sofern (a) ›formale Sprachen‹ im Grunde gar nicht als Sprachen bezeichnet werden sollten, weil den kalkülmäßig erzeugten formalen Ausdrücken eine Bedeutung stets erst nachträglich zugeordnet wird (womit die häufig zu ›formale Sprache‹ synonym verwendete Bezeichnung ›formales System‹ sehr viel zutreffender ist), und (b) Kunstsprachen durchaus Eingang in die Gebrauchssprache finden können, z. B. in Form einer *orthosprachlichen* Reorganisation einer zunächst nicht normierten Umgangssprache oder in Form eines *orthosprachlichen* Aufbaues einer Fachsprache.[9] Beispiel für den orthosprachlichen Aufbau einer Fachsprache wäre etwa die formale Logik im Sinne eines Modells einer normativen Grammatik für Fachsprachen. Doch dazu später. Hier geht es zunächst nur um den Hinweis, daß die Identifikation von Kunstsprachen und ›formalen Sprachen‹ mißverständlich ist und auch die Trennung zwischen Gebrauchssprache und Kunstsprache, wie sie die traditionelle Unterscheidung zwischen natürlichen Sprachen und Kunstsprachen suggeriert, in der geschilderten Weise nicht aufrechterhalten werden kann.

Üblicherweise wird die Verbindung zwischen Gebrauchssprache und Kunstsprache dadurch hergestellt, daß man *Wissenschaftssprachen* als Zusammensetzung spezieller Fachsprachen mit Kunstsprachen und ›formalen Sprachen‹ definiert. Das hat insofern einen verständlichen Sinn, als Wissenschaftssprachen als Beispiele für Fachsprachen auftreten, als die einem differenzierten Wissen und einer differenzierten Tätigkeit in einer gemeinsamen Praxis zugeordneten Sprachen, dabei jedoch im Unterschied zu anderen Fachsprachen (z. B. Handwerkersprachen) kunstsprachliche und ›formalsprachliche‹ Elemente einschließen. Nur darf dies nicht so aufgefaßt werden, als handele es sich bei der Einteilung von Sprache in Gebrauchssprache auf der einen Seite und Kunstsprache und ›formale Sprache‹ auf der anderen Seite um vollständig voneinander unabhängige ›Sprachformen‹, um ›Einzelsprachen‹, die mehr oder weniger zufällig, nämlich in Verfolgung eines ›wissenschaftlichen Interesses‹, das primär andere als sprachliche Gründe hat, in der Form von Wissenschaftssprachen nachträglich zusammengeschlossen werden. Die Unterscheidung von Umgangssprache und Fachsprache unter der gemeinsamen Bezeichnung einer Gebrauchssprache, die Unterscheidung von Gebrauchssprache und Kunstsprache sowie die von Kunstsprache und ›formaler Sprache‹ und der aus Teilen von Gebrauchssprache und Kunstsprache (einschließlich wiederum sogenannter ›formaler Sprachen‹) zusammengesetzten Wissenschaftssprache soll lediglich deutlich machen, daß ein sprachliches Orientierungswissen unter konkreten Zwecksetzungen in bestimmter Weise gegliedert werden kann, wobei die gegenüber einem elementaren Orientierungswissen in der Umgangssprache vorgenommenen Erweiterungen und Präzisierungen als schrittweiser Aufbau eines speziellen und komplexen Orientierungswissens aufgefaßt werden müssen. Wo dieser ›innere‹ Zusammenhang einer allgemeinen Orientierungspraxis, zu der auch die Wissenschaften gehören, im sprachlichen Aufbau dieser Praxis nicht mehr gesehen wird (und dies ist z. B. in einer rein kalkültheoretischen, ›formalistischen‹ Auffassung der Logik der Fall), werden ›Einzelsprachen‹ nicht nur scheinbar voneinander unabhängig, es löst sich auch das in diesen Sprachen artikulierte Wissen von seinen ursprünglichen Zwecken, d. h. es wird selbst orientierungslos.

So ist eine Gliederung nach verschiedenen Sprachen in vieler Hinsicht problematisch. Sie läßt jedoch in der hier vorgeführten Form angesichts der sprachkritischen Richtung zeitgenössischer Philosophieverständnisse manches plausibel erscheinen, was auf den ersten Blick eher die Folge einer zufälligen historischen Entwicklung des philosophischen, grundlagenorientierten Interesses ist. So drängen sich demjenigen, der jene doppelte Einsicht in die sprachliche Bedingtheit von Unterscheidungssystemen und die partielle Theorieabhängigkeit gelingender Kommunikation vollzogen hat, auf dem Hintergrund dieser Gliederung zwei Gesichtspunkte möglicher sprachkritischer Arbeit auf: Zum einen die Stabilisierung der Gebrauchssprache über weiter ausgearbeitete Wissenschaftssprachen (motiviert durch die mangelnde Exaktheit der nichtwissenschaftssprachlichen Teile der Gebrauchssprache), zum anderen die Fundierung der Fachsprache, einschließlich ihrer wissenschaftssprachlichen Teile, in der Umgangssprache (motiviert durch die mangelnde Exaktheit der Bildungssprache, d. h. tradierter Fachsprachen). Im ersten Falle würden die Wissenschaftssprachen, im zweiten Falle die Umgangssprache als verläßliche Orientierungsbasis gelten, das heißt, es würde von der offenkundigen Sicherheit in der Verwendung (a) wissenschaftssprachlicher Mittel, (b) umgangssprachlicher Mittel mit der Absicht Gebrauch gemacht, diese Sicherheit auf den jeweils anderen Sprachbereich zu übertragen. Dies bedeutet dann in sprachanalytischer Absicht einen Primat der Wissenschaftssprache auf der einen Seite und einen Primat der Umgangssprache auf der anderen Seite.

Tatsächlich hat die Radikalisierung der Erkenntniskritik zur Sprachkritik im Rahmen des sogenannten ›Linguistic Turn‹[10], der sich ursprünglich an die Namen Russell, Moore und Wittgenstein knüpft, in diesem Sinne zwei alternative Entwicklungen ausgebildet, die unter den Bezeichnungen *Logischer Empirismus* und Ordinary-Language-Philosophy, letztere auch nach einem an die Wendung ›linguistic phenomenology‹ bei J. L. Austin[11] anschließenden Vorschlag als *Linguistischer Phänomenalismus* bezeichnet[12], den Charakter von Schulbildungen angenommen haben. Während im Logischen Empirismus von Anfang an das Interesse an der Wissenschaftssprache das sprachkritische Programm bestimmt, wobei sich – ausgehend von der ursprünglichen Bemühung um eine über die Konstruktion rein theoretischer Wissenschaftssprachen verfolgte bessere Begründung von Wissenschaft – dieses Interesse mehr und mehr auf die partielle Analyse einzelner Wissenschaften, d. h. die analytische Darstellung der in ihnen verwendeten ›formalen‹ Sprachen, beschränkt, ist es im Linguistischen Phänomenalismus der Versuch einer Reduktion der Bildungssprache auf die Umgangssprache, der bis hin zur bloßen Analyse eines faktischen Sprachgebrauchs diesem sprachkritischen Programm eine für die Analytische Philosophie insgesamt charakteristische Interpretation gibt.

In dem Maße, in dem sich dabei innerhalb des Programms des Logischen Empirismus der Versuch, die Schwächen der

Gebrauchssprache über möglicherweise mehrfach iterierte ›formale Sprachen‹ zu beseitigen, als illusionär herausstellt, weil sich für eben diese ›formalen Sprachen‹, d. h. einen rein formalen Aufbau der Wissenschaftssprache, eine gebrauchssprachliche Deutung als unvermeidlich erweist, konvergieren schließlich sowohl diese Variante der Sprachkritik als auch der Linguistische Phänomenalismus in der Beurteilung einer gebrauchs- bzw. umgangssprachlichen Redepraxis. Ganz gleich, ob diese Redepraxis nun als oberste Metasprache (im logisch-empiristischen Sinne) oder als unproblematische Basis aller sprachlichen Unterscheidungssysteme (im linguistisch-phänomenologischen Sinne) bezeichnet wird, in beiden Fällen scheint die Unhintergehbarkeit dieser Praxis das eigentlich relevante Ergebnis zu sein. Hinzu kommt, daß nach der üblichen Wittgenstein-Interpretation beide Ausgangspunkte, das synthetische Interesse an der Wissenschaftssprache und das analytische Interesse an der Umgangssprache, eine parallele Ausarbeitung im Rahmen einer ohnehin für die hier erfolgende Radikalisierung der sprachphilosophischen Reflexion zentralen und einflußreichen Bemühung erfahren haben. Demnach hätte Wittgenstein diese Radikalisierung im *Tractatus logico-philosophicus* (1921) logisch-empiristisch, in den *Philosophischen Untersuchungen* (posthum 1953) linguistisch-phänomenologisch artikuliert. Nun lassen sich gegen eine solche Interpretation, die den *Tractatus* in eine Reihe mit den schließlich scheiternden Bemühungen um eine Eliminierung der gebrauchssprachlichen Abhängigkeit formaler Wissenschaftssprachen stellt, erhebliche Bedenken geltend machen[13]; doch geht es an dieser Stelle nicht um eine Beschreibung der faktischen Genese moderner sprachphilosophischer Entwicklungen, die dann eine genaue historische Interpretation erforderte, sondern um die sich in diesen Entwicklungen durchhaltenden Einsichten, und zwar auch dort, wo diese wie im Falle der Beurteilung des faktischen Sprachgebrauchs im Logischen Empirismus nur zugestanden, nicht zum Programm erhoben sein sollten. Dazu gehört wiederum nicht zuletzt die Einsicht in die Leistungsfähigkeit einer *logischen Analyse* gegenüber den bildungssprachlichen Teilen von Fachsprachen, also etwa der Philosophie selbst. Diese Leistungsfähigkeit kann sowohl dadurch nachgewiesen werden,

daß sich bestimmte, in einer Wissenschaftssprache formulierte und vermeintlich nur kontrovers, also nicht abschließend beantwortbare Fragen durch Analyse der in ihnen verwendeten Termini als sinnlos erweisen, als auch dadurch, daß man die Verwendung derartiger Termini auf ihren ursprünglichen umgangssprachlichen Gebrauch beschränkt (bzw. Erweiterungen der Verwendung nur zuläßt, wenn diese ihrerseits nicht mehr bildungssprachlich, sondern methodisch eingeführt werden). Der erste Weg ist der Weg B. Russells (in Weiterführung von Intentionen G. Freges), der zweite Weg der von L. Wittgenstein in den *Philosophischen Untersuchungen,* zuvor bereits von G. E. Moore, eingeschlagene, von G. Ryle, J. L. Austin und anderen weiterverfolgte Weg.
So besteht nach Russell die Aufgabe einer logischen, also nicht nur grammatischen Analyse bildungssprachlicher Argumentationszusammenhänge »in criticizing and clarifying notions which are apt to be regarded as fundamental and accepted uncritically. As instances I might mention: mind, matter, consciousness, knowledge, experience, causality, will, time. I believe all these notions to be inexact and approximate, essentially infected with vagueness, incapable of forming part of any exact science«[14]. Entsprechend formuliert Wittgenstein im *Tractatus:* »Der Zweck der Philosophie ist die logische Klärung der Gedanken ... Das Resultat der Philosophie sind nicht ›philosophische Sätze‹, sondern das Klarwerden von Sätzen«[15]; und in den *Philosophischen Untersuchungen:* »Wir führen die Wörter von ihrer metaphysischen wieder auf ihre alltägliche Verwendung zurück«[16]. Das damit verfolgte Ziel, daß »die philosophischen Probleme *vollkommen* verschwinden sollen«[17], bedeutet dabei nicht (weder im Sinne Russells noch im Sinne Wittgensteins), daß es am Ende einer konsequent durchgeführten logischen Sprachanalyse keine Probleme mehr gäbe, sondern daß diese dann entweder Probleme einer alltäglichen umgangssprachlichen Redepraxis oder Probleme im Rahmen bereits erstellter formaler Wissenschaftssprachen sind, nicht mehr Probleme zwischen diesen Bereichen, d. h. der insbesondere philosophischen Bildungssprache, einem Zustand, in dem nach Wittgensteins pointierter Formulierung »die Sprache *feiert*«[18]. Als solche aber sind diese Probleme prinzipiell lösbar, nämlich durch den Nach-

weis, daß (a) die Gebrauchssprache hinsichtlich ihrer umgangs- und bildungssprachlichen Teile die Sicherheit einer Wissenschaftssprache nicht gewährleisten kann, und (b) die bildungssprachliche Übernahme wissenschaftssprachlicher Teile in die Umgangssprache diese in ihrer ursprünglichen praktischen Sicherheit, nämlich der Verläßlichkeit einer elementaren, umgangssprachlichen Redepraxis, nur stört, indem sie nun umgekehrt jene reflektierte Sicherheit vortäuscht, die Angriffspunkt der wissenschaftssprachlich orientierten Analyse ist.

Die Plausibilität dieser arbeitsteiligen Aufgabenstellung, die im Logischen Empirismus zur Beschäftigung mit Wissenschaftssprachen, im Linguistischen Phänomenalismus zur Beschäftigung mit der Umgangssprache führt und dabei in gleicher Weise die Einsicht in die fundamentale Orientierungsfunktion der Sprache zur Grundlage hat, sollte allerdings nicht darüber hinwegtäuschen, daß damit auch die Erwartungen, die man in diese Bemühungen setzt, und die Strategien, die man zu ihrer Erfüllung wählt, in bestimmter und, wie sich zeigen wird, zu enger Weise festgelegt sind. Sie betreffen im Rahmen des Logischen Empirismus die Beschränkung auf konstruktive Möglichkeiten partieller Wissenschaftssprachen, im Rahmen des Linguistischen Phänomenalismus die Beschränkung auf eine Deskription faktischer umgangssprachlicher Redepraxis. Der Logische Empirismus etabliert sich damit selbst als eine spezielle Wissenschaft, deren Gegenstände Wissenschaftssprachen sind (wobei ein ursprünglich beabsichtigter konstruktiver Aufbau im Zuge der aufgetretenen Fundierungsprobleme formaler Systeme zunehmend einer nur noch analytischen Darstellung weicht), der Linguistische Phänomenalismus als eine nicht-grammatische Sprachwissenschaft, deren Gegenstand ein umgangssprachliches, zumeist auf natürliche Sprachen wie das Englische eingeschränktes Sprechen ist (wobei ausdrücklich, z. B. von J. L. Austin und P. F. Strawson, die Kooperation mit einer semantisch orientierten empirischen Linguistik angestrebt wird). Es sieht so aus, als gäbe es, abgesehen von gewissen formalsprachlichen Verfahren, keine konstruktiven Möglichkeiten im Bereich der Sprachbeherrschung, als wäre die Abhängigkeit einer gemeinsamen Orientierung von den Leistungen der Sprache eine nur noch deskriptiv verfolgbare Abhängigkeit, keine Abhängigkeit, die man über normierende Eingriffe sowohl in einseitig im Sinne formaler Systeme aufgefaßte Wissenschaftssprachen als auch in faktisch nicht normierte Umgangssprachen in den Griff bekommen könnte.

Bei Wittgenstein sieht es mit Rücksicht auf die methodischen Möglichkeiten sogenannter Sprachspiele, die als direkte Einführungsbasis von Bedeutungen dienen, durchaus noch so aus, als ob dies nicht die letzte Antwort der Analytischen Philosophie, speziell des Linguistischen Phänomenalismus ist. »Wir wollen«, so heißt es in den *Philosophischen Untersuchungen,* »in unserm Wissen vom Gebrauch der Sprache eine Ordnung herstellen: eine Ordnung zu einem bestimmten Zweck; eine von vielen möglichen Ordnungen; nicht *die* Ordnung. Wir werden zu diesem Zweck immer wieder Unterscheidungen *hervorheben,* die unsre gewöhnlichen Sprachformen leicht übersehen lassen. Dadurch kann es den Anschein gewinnen, als sähen wir es als unsre Aufgabe an, die Sprache zu reformieren. So eine Reform für bestimmte praktische Zwecke, die Verbesserung unserer Terminologie zur Vermeidung von Mißverständnissen im praktischen Gebrauch, ist wohl möglich. Aber das sind nicht die Fälle, mit denen wir es zu tun haben. Die Verwirrungen, die uns beschäftigen, entstehen gleichsam, wenn die Sprache leerläuft, nicht wenn sie arbeitet. Wir wollen nicht das Regelsystem für die Verwendung unserer Worte in unerhörter Weise verfeinern oder vervollständigen. ... Die eigentliche Entdeckung ist die, die mich fähig macht, das Philosophieren abzubrechen, wann ich will«.[19] Hier wird also ausdrücklich eine ›Reform der Sprache‹ für möglich gehalten, die man im Rahmen eines Sprachspiels als den methodischen Aufbau neuer Unterscheidungssysteme und deren Anwendung zur Reorganisation faktischer Umgangs- und Wissenschaftssprachen verstehen könnte, nur wird eine solche Möglichkeit gleich dadurch wieder eingeschränkt, daß von einer ›Reform der Sprache‹ nur eine ›Verbesserung unserer Terminologie‹, eine ›Verfeinerung‹ und ›Vervollständigung‹ sprachlicher Regelsysteme zu ›bestimmten praktischen Zwecken‹ erwartet wird. Auch wenn man dabei die Überlegungen aus dem *Tractatus* hinzunimmt und diese in ihrem Kern als den Entwurf einer Theorie der Prädikation auffaßt[20], bleibt der Gesichtspunkt einer hinreichend funktionierenden umgangssprachlichen Redepraxis primär, vermag nach Wittgenstein das Philosophieren begründet abzubrechen, wenn diese Basis wieder erreicht ist. Eine kritische Reflexion auf diese Basis findet nur, wie dann die weitere Entwicklung des Linguistischen Phänomenalismus, insbesondere in Form einer ›therapeutischen Sprachanalyse‹ (J. Wisdom), zunehmend deutlicher macht, hinsichtlich der die umgangssprachliche Redepraxis ›störenden‹ theoretischen Elemente statt. Die umgangssprachliche Redepraxis selbst gilt als prinzipiell eindeutig, die Abhängigkeit von dieser Basis als unproblematisch.

IV

Über die deskriptive Wende im Linguistischen Phänomenalismus der Analytischen Philosophie ist die Sprache, sofern sie als Basis aller Unterscheidungssysteme in einer kommunikativ verfaßten Praxis verstanden wird, mit der Umgangssprache, dem der These nach unproblematischen Teil der Gebrauchssprache, identifiziert worden. Das geschah zwar in immer noch kritischer Absicht, bedeutet aber weitgehend die Preisgabe jenes anderen Bestandteils der dieser Entwicklung zugrunde liegenden methodischen Einsicht, wonach nämlich das Ziel einer gelingenden Kommunikation ohne undurchschaute theoretische Überlagerungen selbst theoretischer Mittel bedarf, die durch den schlichten Hinweis auf eine alltägliche Redepraxis nicht ersetzt werden können. Wenn Sprachkritik, d. h. eine kritische Reflexion auf die Leistungen der Sprache und wie sie zustande kommen, der Sicherung einer Praxis dienen soll, in diesem Falle nämlich der *Praxis des begründenden Redens* mit dem Ziel *begründeter Orientierungen*, und sie diese Sicherung nur dadurch leisten kann, daß sie die konstruktiven Bedingungen dieser Praxis allererst formuliert und ein Stück weit ausarbeitet, dann ist hier offenbar mehr verlangt als eine bloße Beschreibung eines für unproblematisch gehaltenen Teiles der Sprache. Eine solche Sicherung kann in dieser Weise gar nicht deskriptiv, im Blick auf die in einer alltäglichen Praxis ja tatsächlich verläßliche Umgangssprache und das in dieser Sprache artikulierte elementare Orientierungswissen erfolgen, sondern muß sich ihrerseits konstruktiv zur Verfügung gestellter Mittel bedienen, die natürlich nicht mit den formalsprachlichen Resultaten einer nur noch an der analytischen Darstellung ›formaler‹ Sprachen in den Wissenschaften orientierten Bemühung verwechselt werden darf. Was hier mit den konstruktiven Bedingungen von Kommunikation, aber auch den konstruktiven Bedingungen von Wissenschaft gemeint ist, sind keine ›idealsprachlichen Elemente‹ im Sinne formaler Systeme, sondern der schrittweise Aufbau einer verständigungsdienlichen Sprache bzw. die normierende Rekonstruktion eines vorliegenden Sprachgebrauchs zum Zwecke einer *begründeten* sprachlichen Orientierung in Alltag und Wissenschaft. Das Stehenbleiben bei einer Analyse faktischer Wissenschaftssprachen und einer Analyse faktischer Umgangssprachen macht deutlich, wieso hier die Sprachkritik, wie eingangs hervorgehoben, in der Verfolgung ihrer kritischen Intentionen, in deren Rahmen schließlich auch das Begründen von Sätzen und das Rechtfertigen von Zielen mit schrittweise vorgenommenen, die Rationalität von Handlungszusammenhängen sichernden Sprachkonstruktionen verbunden werden muß, auf halbem Wege steckenbleibt.

Wo von der Sicherung einer Praxis gesprochen wird, geht eine Verunsicherung voraus. Diese Verunsicherung kann *praktisch* erfolgt sein, nämlich dadurch, daß Kommunikation und gemeinsames Handeln nicht mehr zustande kommen, oder *theoretisch*, nämlich dadurch, daß das Bestehen auf Begründungen und Rechtfertigungen selbst zu einer in der Regel bereits als wissenschaftlich ausgezeichneten Praxis gehört und irgendwann die Einholung des damit verbundenen Anspruches der Kritik nicht mehr standhält. In beiden Fällen setzen Bemühungen ein, die verlorene Sicherheit wieder zurückzugewinnen, wobei dies im theoretischen Falle gemeinhin als leichter zu bewerkstelligen gilt als im praktischen Falle. Das liegt aber wiederum oft allein daran, daß lediglich Teile des theoretischen Wissens in Frage gestellt werden, und auch das Begründen und Rechtfertigen als sprachliche Handlungen nur hinsichtlich besonderer Teile ihres Instrumentariums problematisch erscheinen, weshalb dann offenbar schon eine partielle Revision des bisherigen Wissens genügt, um den alten Zustand wieder herzustellen. So auch im Falle der deskriptiven Wende in der Analytischen Philosophie, sofern diese sich im Rahmen des Linguistischen Phänomenalismus vollzieht: Die pointiert formulierte Frage ›how to do things with words?‹, der eine theoretische Verunsicherung hinsichtlich der Leistungsfähigkeit traditioneller erkenntnistheoretischer Verfahren vorangegangen war, wird durch den Hinweis auf ein faktisches Gelingen, nämlich die ›normalerweise‹ gelingende umgangssprachliche Verständigung beantwortet. Mag dabei auch hinter dieser Antwort noch die von Wittgenstein aufgewiesene Möglichkeit stehen, Sprache über Sprachspielsituationen *einzuführen*, von dieser Möglichkeit wird, wie schon bei Wittgenstein selbst, zugunsten einer bloßen Beschreibung solcher Sprachspiele kein Gebrauch gemacht. Damit kennzeichnet diese Richtung sprachkritischer Bemühungen ein *konstruktives Defizit*, das insofern von erheblicher Bedeutung ist, als nun die eigentliche sprachkritische Aufgabe der Veränderung einer hinsichtlich der Verläßlichkeit ihrer einzelnen Teile ›gemischten‹ Redepraxis in Richtung auf ein über Sprachkonstruktionen methodisch begründetes Orientierungswissen unerledigt bleibt, und auch der transzendentale Charakter der Sprache in diesem Zusammenhang nur konstatiert, kein konstruktiver Gebrauch von ihm gemacht wird. Wittgensteins skeptischer Vorbehalt hat sich durchgesetzt: »Die Philosophie darf den tatsächlichen Gebrauch der Sprache in keiner Weise antasten, sie kann ihn am Ende also nur beschreiben. Denn sie kann ihn auch nicht begründen. Sie läßt alles wie es ist.«[21]

Nun kommt es natürlich darauf an, was man an dieser Stelle unter ›begründen‹ verstehen will. ›Begründen‹ wird in den angeführten Sätzen auf den ›Gebrauch der Sprache‹ bezogen. Sollte damit gemeint sein, daß sich der *unterscheidende* Gebrauch der Sprache nicht begründen läßt, so hat Wittgenstein recht: Begründungen erfolgen ihrerseits unterscheidend, machen von Unterscheidungen Gebrauch, und können insofern auch das Unterscheiden selbst als eine fundamentale sprachliche Handlung nicht ›erklären‹. Das bedeutet aber andererseits nicht, daß hier nicht mehr möglich ist als eine

bloß beschreibende Wiedergabe unterscheidender Rede. Diese Rede läßt sich vielmehr *rekonstruieren* in der Weise, daß sie als eine selbständige, als solche auch korrigierbare und präzisierbare Sprachhandlung begriffen wird, die nicht einfach ›naturwüchsig‹ vonstatten geht, indem man redet, wie einem unter Bedingungen einer partiell verwirrten Umgangs- und Bildungssprache der Schnabel gewachsen ist, sondern die unter der hervorgehobenen doppelten Einsicht Ausdruck eines reflektierten, die Welt zu seinen Zwecken gliedernden Willens ist. Nicht Analyse also, die bei einem faktischen Sprachgebrauch stehenbleibt, sondern Rekonstruktion des unterscheidenden Redens, durchführbar in Form einer *Prädikationstheorie*, löst jene Einsicht ein, die erst von daher überhaupt ihren vollen konstruktiven Sinn erhält. Wollten wir nur verstehen, was wir ohnehin nicht zu ändern beabsichtigen, weil wir im voraus schon zu wissen glauben, daß sich hier in wesentlichem Umfange nichts ändern läßt, wäre Sprachkritik ein nebenbei mit erheblichen Kosten verbundenes akademisches Spiel, von dem die Fachwissenschaften dann nicht ohne Grund sagen könnten, daß es diejenigen spielen, die aus dem ›Spiel Wissenschaft‹ (K. R. Popper) ausgeschieden sind.
Was tun wir, wenn wir reden? Wir unterscheiden. Sicher tun wir dabei auch immer mehr: wir behaupten, bestreiten, fragen, bitten, bilden komplexe Argumentationszusammenhänge usw., indem wir von allen sprachlichen Handlungsschemata Gebrauch machen, die eine faktische Redepraxis, in der wir uns ›auskennen‹, zur Verfügung stellt. Bei all dem beziehen wir uns auf Unterscheidungen, machen von Unterscheidungen Gebrauch, die als ein gemeinsames, in zurückliegenden Lehr- und Lernsituationen erworbenes Orientierungswissen unterstellt werden. Wo Rede ›unverständlich‹ wird, wo in einer Redepraxis Schwierigkeiten auftreten, die sich durch einen bloßen Appell an die Gutwilligkeit aller betroffenen Sprecher nicht beheben lassen, führen diese in der Regel auf die Ebene einer Unterscheidungspraxis zurück, deren Rechtfertigung im einzelnen nur so gelingt, daß man zur Verteidigung von Unterscheidungs*verwendungen* Unterscheidungs*einführungen* heranzieht, deren *Rekonstruktion* dann die gesuchte Rechtfertigung ist. Was hier in der Regel fiktiv der Stabilisierung einer Unterscheidungshandlung in einer fakti-

schen Redepraxis dient, führt unter konstruktiven Gesichtspunkten an den ›Anfang‹ des Sprechens als einer *Orientierungshandlung* – wobei der Hinweis auf erste unter Anleitung ausgeführte Sprachhandlungen des Kindes durchaus erlaubt ist. Zwar treten Unterscheidungseinführungen in der Regel als Rekonstruktionen von Unterscheidungsverwendungen auf, sofern sich eine sprachkritische Orientierung immer auf eine ausgebildete Redepraxis bezieht, doch unterscheidet sich wiederum die zu rekonstruktiven Zwecken dienende Einführung von elementaren prädikativen Sprachhandlungen von einer entsprechenden Einführung zum Zwecke eines ersten Spracherwerbs lediglich dadurch, daß hier der ›Lernende‹ sofort die Rolle des ›Lehrenden‹ übernehmen kann und umgekehrt; geht es doch in der rekonstruktiven Zwecken dienenden Einführung um eine gemeinsame Orientierung, die durch das Scheitern einer vorausgegangenen Verständigungsbemühung erforderlich wurde.
Prädikativ aufgefaßte Unterscheidungen erfolgen in der Weise, daß in elementaren Einführungssituationen Gegenständen gewisse Wörter zugesprochen oder abgesprochen werden.[22] Gegenstände werden dadurch für den Gebrauch der Wörter in Beispiele und Gegenbeispiele eingeteilt, wobei diese nach Möglichkeit so gewählt sein sollten, daß sie jederzeit, d. h. immer dann, wenn eine Unterscheidungsverwendung den rekonstruktiven Rückgang auf eine Unterscheidungseinführung erforderlich macht, wieder zur Verfügung stehen. Die Redeweise von Gegenständen stellt in diesem Zusammenhang im übrigen keine insgeheim gemachte ›ontologische‹ Voraussetzung dar, sondern dient lediglich der sprachlichen Erleichterung in der Beschreibung einer (wie hier) fiktiven Einführungssituation. Das heißt, als Beispiele für ›Gegenstand‹ können selbst wiederum auch ›Stimmungen‹ oder ›Zustände‹ wie Zuneigung und Enttäuschung, Handlungen wie Schenken und Reiten oder selbst sprachliche Einheiten wie Wort und Satz auftreten. Im Rahmen einer logischen Normierung gilt für jeden Prädikator P die begriffliche Bestimmung, daß überall dort, wo P zugesprochen wird, auch der Prädikator Gegenstand zugesprochen werden kann ($x \varepsilon P \Rightarrow x \varepsilon$ Gegenstand). Eine Besonderheit in der Verwendung von ›Gegenstand‹ liegt dann insofern vor, als es keine Gegenbeispiele für ihn gibt und

›Gegenstand‹ deshalb auch im strengen Sinne nicht zu den Prädikatoren gezählt werden sollte, deren Einführung ja über die Angabe von Beispielen und Gegenbeispielen erfolgt.
In elementaren Unterscheidungshandlungen ist ein situationsbedingter Ausschnitt der ›Welt‹, und das heißt an dieser Stelle zunächst nichts anderes als ein wiederum in Unterscheidungen gegebener Handlungszusammenhang, in Beispiele und Gegenbeispiele für den Gebrauch von Prädikatoren eingeteilt. Eine solche Einteilung ist natürlich nicht *vollständig* (damit auch ›die Welt‹ nicht vollständig gegeben), weil dann von *allen* Gegenständen in einer bestimmten Situation gesprochen werden müßte. Dies aber ist, wenn man an dieser Stelle nicht unbegründbare realistische Voraussetzungen macht, nicht möglich. Vielmehr reicht eine Unterscheidung über Beispiele und Gegenbeispiele für die Verwendung des zugehörigen Prädikators erst einmal genau so weit, wie faktisch unterschieden wurde. Die Möglichkeit, weiter zu unterscheiden, besteht immer, wie auch schon die Beispiele für die Verwendung eines Prädikators stets so gewählt sein sollten, daß ihre *Fortsetzung* über den die Verwendung des Prädikators definierenden ursprünglichen Beispielbereich hinaus keine Schwierigkeiten bereitet (für die Gegenbeispiele gilt das gleiche).
Ersichtlich ist dabei durch diese *exemplarische Bestimmung* von Prädikatoren eine *deiktische Abhängigkeit* prädikativer Unterscheidungen gegeben; auf die die Verwendung von Prädikatoren definierenden Beispiele und Gegenbeispiele wird unmittelbar situationsabhängig verwiesen, es wird auf sie ›gezeigt‹. Ein Verfahren, diese situationsbedingte Abhängigkeit von Zeigehandlungen zugunsten einer in diesem Sinne situationsunabhängigen Verwendung von Prädikatoren wieder loszuwerden, führt über erste noch immer situationsabhängige ›Benennungen‹ mit Hilfe von *Indikatoren* (z. B. ›dies‹, ›hier‹, ›dort‹, ›du‹, ›ich‹, ›wir‹) zur Einführung von ›Stellvertretern‹ für diejenigen Gegenstände, von denen die Rede ist. Das kann mit Hilfe von Kennzeichnungen geschehen (z. B. ›die im südlichsten Teil Deutschlands gelegene ehemalige Reformuniversität‹, ›derjenige Gegenstand x, der in einer Situation S Beispiel einer unterscheidenden Rede R war‹) oder mit Hilfe von Eigennamen (z. B. ›Julia‹, ›Konstanz‹, ›acht‹), die man im logischen Sinne unter der Bezeichnung ›Nominatoren‹ zusam-

menfaßt.[23] Genaugenommen vertritt dabei ein Eigenname nicht nur einen Gegenstand, sondern diesen Gegenstand mitsamt jener für eine Einführungssituation charakteristischen Zeigehandlung. Alle Gegenstände, die in diesem Sinne benannt werden, wobei umgekehrt nun auch als Gegenstand auftritt, wofür sich eine Benennung angeben läßt (›to be is to be the value of a variable‹, W. v. O. Quine), sind ihrerseits ›zuvor‹ auf prädikative Weise unterschieden worden; wodurch sich im übrigen auch die untergeordnete Rolle erklärt, die Eigennamen vor allem in wissenschaftlichen Kontexten spielen. Wenn von Julia in bestimmter Weise Unterscheidendes ›ausgesagt‹ wird (um eine Aristotelische Wendung zu benutzen), dann gilt bereits als vorweg unterschieden, daß hier z. B. von einem Menschen und nicht von einer Rosenart die Rede ist. Das heißt, die Gegenstände sind in der Regel über Prädikationen schon voneinander unterschieden, bevor sie der deiktischen Unabhängigkeit halber benannt werden.

Elementaren Prädikationen der angeführten Art werden *Elementarbehauptungen* oder *Elementaraussagen* zugeordnet, die im Falle eines elementaren Nominators x und eines elementaren Prädikators P die Form ›$x \varepsilon P$‹ (›x ist P‹ oder ›P kommt x zu‹) bzw. unter Heranziehung von Gegenbeispielen die Form ›$x \varepsilon' P$‹ (›x ist nicht P‹ oder ›P kommt x nicht zu‹) haben; im Falle eines mehrstelligen Prädikators P (z. B. ›schenken‹, ›kleiner‹) die Form ›$x_1, \ldots, x_n \varepsilon P$‹ bzw. ›$x_1, \ldots, x_n \varepsilon' P$‹ mit mehreren geordnet aufgeführten Gegenständen x_1, x_2, ... Eine Elementaraussage der Form ›$x \varepsilon P$‹ kann dann (1) die Behauptung darstellen, daß ein durch einen Nominator x vertretener Gegenstand zu den P definierenden Beispielen gehört (im Falle von ›$x \varepsilon' P$‹ nicht gehört), was auch im Sinne einer Erweiterung des ursprünglichen Beispielbereiches verstanden werden kann, und (2) den in definitorischer Absicht vorgetragenen Vorschlag, P über x näher zu bestimmen. Um dabei hinsichtlich der *Begründung* von Elementarbehauptungen nicht in jedem Falle darauf angewiesen zu sein, exemplarische Bestimmungen aufzusuchen, lassen sich ferner exemplarisch bestimmte Prädikatoren durch terminologische Regeln z. B. der Form ›$x \varepsilon P \Rightarrow x \varepsilon Q$‹ so untereinander in Beziehung setzen, daß die Verteidigung einer Elementarbehauptung auch über diese Regeln erfolgen kann. Wird z. B.

›x ε P‹ (›x ist [ein] Baum) behauptet, so kann diese Behauptung außer durch Rückgang auf die den Prädikator P definierenden Beispiele und Gegenbeispiele auch dadurch verteidigt (und damit begründet) werden, daß auf eine andere, ihrerseits schon als begründet geltende Behauptung ›x ε Q‹ (›x ist [eine] Eiche‹) hingewiesen wird und zwischen ›x ε Q‹ und ›x ε P‹ die terminologische Regel ›x ε Q ⇒ x ε P‹ (›Eichen sind Bäume‹) in Kraft gesetzt wurde. In solchen Fällen muß allerdings immer gesichert sein, daß das Regelsystem, zu dem die herangezogenen terminologischen Regeln gehören, zu keinen Widersprüchen, nämlich der Ableitbarkeit von ›x ε P‹ und ›x ε' P‹, führt und exemplarische Bestimmungen, d. h. eine exemplarisch gesicherte Unterscheidungsbasis, über endlich viele Schritte im Bedarfsfall jederzeit erreicht werden können. Nur solche Systeme sollen im Rahmen einer methodisch aufgebauten Prädikationspraxis *zulässige Systeme* heißen[24], regelbestimmte Prädikatoren *Termini*.

Elementaraussagen lassen sich weiterhin mit Hilfe von Junktoren (z. B. ›und‹, ›oder‹, ›wenn – dann‹) und Quantoren (z. B. ›alle‹, ›einige‹), die entsprechend einem von K. Lorenz und P. Lorenzen ausgearbeiteten Vorschlag durch ein präzise geregeltes Dialogverfahren eingeführt werden[25], zu komplexen Aussagen logisch zusammensetzen, womit ausgehend von einer elementaren Unterscheidungspraxis über schrittweise erfolgende konstruktive Erweiterungen eine allgemeine Rede- und Argumentationspraxis erreicht ist, ohne daß dabei z. B. die Unterscheidung zwischen Umgangssprache und Wissenschaftssprache irgendeine Rolle gespielt hätte. Diese Unterscheidung, die, wie hervorgehoben, ganze Schulbildungen innerhalb der neueren sprachkritischen Diskussion bestimmt, erweist sich auch von daher noch einmal als völlig sekundär. Die sprachkritische Bemühung muß bei der Rekonstruktion einer elementaren Unterscheidungspraxis ansetzen, nicht bei einer Gliederung von ›Teilsprachen‹ mit der Absicht, Fundierungsverhältnisse unter diesen Sprachen zu analysieren. Eine Unterscheidung wie die zwischen Umgangssprache und Wissenschaftssprache lenkt, wenn sie zum Ausgangspunkt genommen wird, von den konstruktiven Aufgaben einer sprachkritischen Bemühung ab und setzt diese der Gefahr aus, den logischen Kern von Sprachhandlungen zu verfehlen.

Die hier in aller Kürze skizzierte Prädikationstheorie erlaubt eine Orientierung ›in der Welt‹, ohne daß abgesehen von der Annahme rekonstruktiv verwendeter Lehr- und Lernsituationen irgendwelche Bedingungen formuliert worden wären, an die diese Orientierungsleistung gebunden sein könnte. Auch die in realistischer Richtung leicht irreführende Rede von Gegenständen, die prädikativ unterschieden werden, ergab sich lediglich aufgrund des Erfordernisses einer Einführungssituationen fingierenden Rede; in konkreten Einführungssituationen käme man ohne diesen eigentümlichen ›Allprädikator‹ aus. Dargestellt wurde, wie Unterscheidungen, die nach linguistisch-phänomenologischer Interpretation in einem faktischen Sprachgebrauch immer schon vorliegen und deren Verwendung analytisch geklärt wird, in einer normierenden Weise eingeführt werden können. Damit ist nicht nur ein Weg gewiesen, wie sich als Orthosprachen verstandene Kunstsprachen (nicht zu verwechseln mit der üblichen Rede von ›formalen Sprachen‹) methodisch aufbauen lassen, sondern auch deutlich gemacht, in welchem Sinne Orthosprachen als Modellsprachen zur Reorganisation von Teilen selbst der Umgangssprache verwendet werden können. Die Bemühung um teilnormierte Umgangssprachen beschwört dann im übrigen kein positivistisches Gespenst, sondern ist der Versuch, mit dem Aufbau einer verständigungsdienlichen Rede wirklich ernst zu machen.
Der methodisch gesehen am wenigsten problematische Fall einer entweder bereits gebrauchssprachlich verwendeten, zur Rekonstruktion anstehenden Unterscheidung oder einer im Rahmen bewährter Unterscheidungssysteme neu zu treffenden Unterscheidung ist gegenüber Dingen (natürlichen Körpern wie Artefakten) und Handlungen gegeben, d. h. solchen Gegenständen, die im Rahmen gemeinsamer Handlungszusammenhänge eine gewisse ›phänomenale Selbständigkeit‹ besitzen. So lassen sich ohne besondere Schwierigkeiten nach dem Beispiel der Sprachspiele Wittgensteins Situationen fingieren, in denen Prädikatoren wie etwa ›Stein‹, ›Buch‹ und ›Skilaufen‹ über einfache Beispiele und Gegenbeispiele eingeführt bzw. deren gebrauchssprachliche Verwendungen rekonstruiert werden. Im Falle wissenschaftlicher Terminologiebildungen und der bereits angeführten noologischen Termini,

z. B. ›Denken‹, ›Wille‹, ›Zuneigung‹, ist das dagegen anders. Greift man an dieser Stelle noch nicht auf komplexere logische Mittel wie die durch Definitionsgleichungen der Form ›$x \varepsilon P \leftrightharpoons \alpha(x)$‹ (mit ›$\alpha(x)$‹ als prädikativem Ausdruck) gegebenen expliziten Definitionen zurück, die im übrigen in ihrem Aufbau exemplarische Bestimmungen nicht entbehrlich machen, so kann deren Einführung nur über zusätzliche methodische Vorkehrungen, also z. B. im Falle der noologischen Termini entsprechend dem wiedergegebenen Vorschlag G. Ryles, erfolgen oder auch allgemein so, daß ein komplexer Handlungszusammenhang mit Hilfe bereits beherrschter Unterscheidungen beschrieben und dieser Zusammenhang abschließend als exemplarische Einführung einer neuen Unterscheidung definiert wird. Das kann z. B. dadurch geschehen, daß fingierte Handlungssituationen in Form von ›Geschichten‹ erzählt oder in Form von ›exemplarischen Dialogen‹ vergegenwärtigt werden. Auch von dem *konkretisierenden* Charakter, den literarische Texte wie der Roman und das Drama gegenüber allgemeinen Handlungszusammenhängen haben, kann dann ebenso Gebrauch gemacht werden, wie von der besonderen Form des ›Gleichnisses‹, das in der theologischen Hermeneutik schon immer eine zentrale Stellung eingenommen hat: hier wird der Leser unmittelbar aufgerufen, die erzählte Geschichte nicht als eine Deskription ›historischer‹ Zusammenhänge aufzufassen, sondern als Aufforderung, die dieser Geschichte zugrunde liegenden handlungsrelevanten Unterscheidungen selber handelnd zu realisieren (z. B. ›barmherzig‹ zu sein). Dazu ein Beispiel, eine ›Geschichte‹ zur semantischen Normierung des Prädikators ›Humor‹ (Wilhelm Busch):

Es sitzt ein Vogel auf dem Leim,
er flattert sehr und kann nicht heim.
Ein schwarzer Kater schleicht herzu,
die Krallen scharf, die Augen gluh.
Am Baum hinauf und immer höher
kommt er dem armen Vogel näher.
Der Vogel denkt: Weil das so ist
und weil mich doch der Kater frißt,
so will ich keine Zeit verlieren,

will noch ein wenig quinquillieren
und lustig pfeifen wie zuvor.
Der Vogel, scheint mir, hat Humor.

Was hier über einen kunstvollen Abstecher in einen besonders menschlichen Teil der Zoologie erläutert wird, entspricht einer sonst üblichen ›Definition‹, nämlich den definitorischen Absichten des Sprichwortes ›Humor ist, wenn man trotzdem lacht‹. Nur macht auch eine solche Definition die Geschichte nicht überflüssig; diese erklärt vielmehr auf eine exemplarische Weise das ›trotzdem‹ in dieser Definition.
Nicht weniger kompliziert liegt der Fall bei solchen Ausdrükken, die einerseits umgangssprachlich verwendet werden, und dabei keinerlei Probleme bieten, andererseits aber auch exakter Bestandteil von Wissenschaftssprachen sind, ohne daß sich im Sinne eines der für die Analytische Sprachphilosophie charakteristischen Reduktionsprogramme sagen ließe, ob hier die Sicherheit des umgangssprachlichen Gebrauchs an der Sicherheit des wissenschaftssprachlichen Gebrauchs partizipiert, oder umgekehrt der wissenschaftssprachliche Gebrauch nur eine besonders hochstilisierte Form des umgangssprachlichen und als solchen bereits verläßlichen Gebrauchs ist. Zu solchen Ausdrücken gehören z. B. ›Begriff‹, ›Klasse‹, ›Kraft‹, ›Funktion‹, ›Summe‹. Alle genannten Ausdrücke kommen in der ›gehobenen‹ Umgangssprache oder Bildungssprache sowie in Fachwissenschaften, der Mathematik und der Physik, vor; von ›Begriff‹ ist in allen Wissenschaftssprachen die Rede. Das heißt nicht schon, daß sie deswegen unproblematisch oder einfach einzuführen wären, zumindest nicht in der bisher erläuterten Weise von ›direkter‹ exemplarischer Bestimmung und ›indirekter‹, über Geschichten vermittelter und im weiteren Sinne ebenfalls noch als exemplarisch zu verstehender Bestimmung. Wo anders als hier muß sich also die Kraft des konstruktiven Arguments erweisen. Ich wähle als Beispiele ›Summe‹ und ›Begriff‹.
›Summe‹ wird umgangssprachlich in der Regel wie der umgangssprachliche Ausdruck ›Anzahl‹ verwendet, der seinerseits als mathematischer Terminus synonym mit ›Kardinalzahl‹, eingeschränkt auf endliche Kardinalzahlen, ist. Man spricht von einer Anzahl von Äpfeln in einem Korb oder, in

äquivalenter Weise, von deren Summe, desgleichen z. B. von einer Anzahl von Fehlern ebenso wie von einer Fehlersumme. Wissenschaftssprachlich wiederum erfolgt die Verwendung des Ausdrucks ›Summe‹ in der Arithmetik in einer Weise, die nicht schon verständlich ist, d. h. beherrscht wird, wenn man seine umgangssprachliche Verwendung kennt. Im Gegenteil. Die wissenschaftssprachliche Verwendung von ›Summe‹ scheint gänzlich unabhängig von anderen Verwendungen zu erfolgen. So wird im Peanoschen Axiomensystem die Addition definiert durch die beiden Rekursionsgleichungen

$$a + 1 = a' \qquad (1)$$
$$a + n' = (a + n)' \qquad (2)$$

Diese beiden Gleichungen definieren in eindeutiger Weise die *Summe* zweier Zahlen a und n, die man dadurch berechnet, daß man zuerst a + 1, dann aufgrund der Gleichung (2) a + 2 berechnet und so fort bis a + n. Methodisch wird dabei nun aber in dieser Definition der Addition über die beiden angeführten Gleichungen insofern ein zweiter Schritt ohne den ersten Schritt getan, als in den Gleichungen bereits von der *induktiven* Struktur der Zahlen Gebrauch gemacht wird, das heißt, es wird bereits inmitten einer wissenschaftlichen Begrifflichkeit begonnen, ohne daß deren ihrerseits wieder konstruktive Abhängigkeit von gewissen elementaren Schritten, nämlich der Konstruktion der natürlichen Zahlen, reflektiert würde. Auch die Konstruktion der natürlichen Zahlen erfolgt dabei nicht in der Umgangssprache, weil diese Sprache selbst nicht ›konstruiert‹, sie erfolgt aber auch nicht bloß wissenschaftssprachlich, weil diese Sprache hinsichtlich der Verwendung von Zahlen und Summenbildung ihrerseits, wie sich zeigte, ergänzungsbedürftig ist. Die hier erforderlichen Schritte bestehen demnach in der Angabe von Regeln zur Konstruktion von Ziffernfolgen und in der Angabe von Regeln zum Zusammenschluß bereits konstruierter Ziffern.[26] Diese sehen wie folgt aus:

$$\Rightarrow | \qquad (3)$$
$$n \Rightarrow n| \qquad (4)$$

Beide Regeln machen von der praktischen Fähigkeit Gebrauch, elementare Handlungen nicht bloß willkürlich, sondern ›regelgemäß‹ nacheinander auszuführen. Der benutzte Regelpfeil besagt in diesem Sinne ein praktisches ›wenn – dann‹, das heißt, es soll immer dann, wenn eine Handlung bereits ausgeführt und ihr Resultat eine Ziffer n ist, eine weitere Handlung regelgerecht sein, bei der nach (4) n| hergestellt wird.

Aufgrund dieser Konstruktionsregeln für natürliche Zahlen wird die Peanosche Definition der Addition um den ihr vorausliegenden Schritt, nämlich ein Verständnis dessen, was mit a + 1 und a' gemeint ist, ergänzt. Die Addition besteht dann im Zusammenfügen zweier bereits hergestellter Ziffern (bzw. Zahlen, wenn es auf die graphische Realisierung der Ziffern nicht ankommt), deren Ergebnis man entsprechend zu (3) und (4) wie folgt notiert:

$$m + | = m| \tag{5}$$
$$m + n| = (m + n)| \tag{6}$$

Die so definierte *Summe* zweier Zahlen m und n läßt sich also dadurch herstellen, der Terminus ›Summe‹ so einführen, daß man an eine bereits konstruierte Ziffer m die Ziffer n über einzelne wohldefinierte Schrittfolgen nach (3) und (4) anfügt:

$$m \Rightarrow m| \tag{7}$$
$$m + n \Rightarrow (m + n)| \tag{8}$$

Die Summenbildung ist damit aufgrund einer konstruktiven Einführung der natürlichen Zahlen erklärt. Das bedeutet im Zusammenhang der Frage einer möglichen alternativen Erklärungspraxis, daß der Terminus ›Summe‹ weder durch Hinweis auf seine umgangssprachliche Verwendung noch durch Hinweis auf eine schon unabhängig von dieser Verwendung funktionierende wissenschaftssprachliche Praxis eingeführt und verstanden wird, sondern allein über *normierte Handlungen.* Für diese Handlungen ist die Alternative von umgangssprachlicher und wissenschaftssprachlicher Fundierung erneut irrelevant, auch wenn das Resultat dieser an normierte Handlungen gebundenen Konstruktion dann selbst Teil einer Wissenschaftssprache ist, und dieses Verfahren umgekehrt besser verstehen läßt, was wir in einer umgangssprachlichen Praxis eigentlich meinen, wenn wir von Summenbildung und verwandten Begriffen sprechen. Die Philoso-

phie, in diesem Falle eine grundlagentheoretische Überlegung zur Arithmetik, läßt demnach auch hier keineswegs alles, wie es ist, wenn sie sich mit den Bedingungen begründender Rede befaßt; sie verfügt vielmehr über diese Bedingungen in konstruktiver Weise, sofern diese in unterscheidenden oder (wie hier) herstellenden Handlungen bestehen.
Nicht anders verhält es sich bei ›Begriff‹. Auch hier täuscht die vermeintliche Sicherheit, mit der umgangssprachlich von diesem Ausdruck Gebrauch gemacht wird, über die methodischen Probleme einer gesicherten ›Begriffsbildung‹ hinweg, ohne daß diese Probleme nun wenigstens wissenschaftssprachlich einheitlich gelöst wären. Die Erklärung, daß unter Begriffen die intensionale Bedeutung von Prädikatoren zu verstehen sei, bedarf in diesem Zusammenhang selbst einer Rekonstruktion, solange nicht befriedigend geklärt ist, wie überhaupt von Bedeutungen geredet werden soll. Da keines der bisher behandelten Verfahren sprachlicher Vereinbarungen, und dazu gehören sowohl exemplarische Bestimmungen als auch explizite Definitionen, ausreicht, um festzulegen, wann anstelle von Prädikatoren oder Termini von Begriffen gesprochen werden kann, bedarf es erneut eines besonderen Verfahrens, das die Bildung von Begriffen konstruktiv sichert.
Geht man davon aus, daß die Verfahren der exemplarischen Bestimmung, der expliziten Definition und der Bildung terminologischer Regeln über exemplarisch eingeführten Prädikatoren bereits zur Verfügung stehen, so ist es möglich, unter Verwendung eines aus terminologischen Regeln oder expliziten Definitionen gebildeten Regelsystems für zwei Prädikatoren P und Q eine *Äquivalenz* zu definieren. Eine Äquivalenz $\sim$ ist eine zweistellige Relation, welche die Bedingungen der Reflexivität ($n \sim n$; d. h. n ist sich selbst äquivalent) und der Komparativität ($l \sim n \wedge l \sim m \rightarrow n \sim m$; d. h. n ist äquivalent m, wenn sowohl n als auch m äquivalent mit l ist). Dementsprechend sind zwei Prädikatoren P und Q hinsichtlich eines Regelsystems *R* äquivalent (*R-äquivalent* oder *synonym*), wenn aufgrund der geltenden Regeln der Übergang von Aussagen der Form ›x ε P‹ zu Aussagen der Form ›x ε Q‹ und umgekehrt erlaubt ist, das heißt, wenn sowohl P aus Q als auch Q aus P in *R* ableitbar ist (in symbolischer Schreibweise: $P \dashv\vdash_R Q$).[27] Der Ausdruck ›Begriff‹ soll dann so eingeführt

werden, daß anstelle von ›P und Q sind äquivalent‹ (gemeint ist immer R-äquivalent) auch die Redeweise ›P und Q stellen denselben Begriff dar‹ zugelassen ist.
Die Zulässigkeit dieser ›Übersetzung‹ der einen Redeweise in die andere ergibt sich aus der Betrachtung von Aussagen über Prädikatoren hinsichtlich der Wahrheit und Falschheit dieser Aussagen bei Ersetzung der Prädikatoren durch andere R-äquivalente Prädikatoren. Z. B. bleibt die Aussage ›»rot«, »farbig« ε ableitbar in R‹ (›Rotes ist farbig‹) auch dann wahr, wenn man unter Benutzung eines Wörterbuches, hinsichtlich dessen hier von einem Regelsystem R gesprochen wird, ›rot‹ durch einen R-äquivalenten Prädikator ›rouge‹ ersetzt. Hingegen wird die Aussage ›»rot« ε dreibuchstabig‹ bei derselben Ersetzung falsch. Aussagen, die bei Ersetzung von Prädikatoren durch R-äquivalente Prädikatoren ihren ursprünglichen Wahrheitswert (›wahr‹ bzw. ›falsch‹) behalten, heißen *R-invariante* Aussagen. Sie werden aus R-invarianten Aussageformen α (X) nach Ersetzung aller Variablen X durch P gewonnen, wenn sowohl P aus Q als auch Q aus P in R ableitbar ist. Eine solche Aussageform (mit dem unbestimmten Allquantor $\bigwedge$ geschrieben, um deutlich zu machen, daß diese Aussageform auch für jede über die bisher zur Verfügung stehenden Ausdrucksmittel hinausgehende Erweiterung des Aussagenbereichs gelten soll) ist dann definiert durch:

$$\bigwedge_{P,Q} . P \dashv\vdash_R Q \rightarrow A(P) \longleftrightarrow A(Q).$$

R-invariante Aussagen über Prädikatoren können jetzt in einem genau bestimmten Sinne als *Aussagen über Begriffe* aufgefaßt werden, R-äquivalente Prädikatoren als *Darstellungen desselben Begriffes.* Auf konstruktive Weise führt damit der Weg zu *Begriffen* über die Bestimmung von Prädikatoren und die Bildung R-invarianter Aussagen über Prädikatoren. Begriffe sind insofern konstruktiv gewonnene ›neue‹ Gegenstände, die in Abgrenzung zu den insbesondere einer exemplarischen Bestimmung von Prädikatoren zugrunde liegenden ›konkreten‹ Gegenständen auch als ›abstrakte‹ Gegenstände bezeichnet werden. Gibt man einen solchen ›abstrakten‹ Gegenstand symbolisch durch ›$|P|_R$ ‹ wieder, so handelt es sich dabei um den Eigennamen eines zugehörigen R-Begriffs, ein Verfahren, das in der gewöhnlichen, umgangssprachlichen und wissenschaftssprachlichen Redepraxis einfacher durch die Verwendung des Ausdrucks ›Begriff‹ vor einem Prädikator erfolgt (z. B. ›der Begriff Pferd‹, ›der Begriff Wahrheit‹). Hinsichtlich der Redeweise von abstrakten Gegenständen läßt sich die Äquivalenzrelation auch als logische Gleichheit verstehen, die dem Leibnizschen Ununterscheidbarkeitssatz genügt, durch den die Ununterscheidbarkeit zweier Gegenstände durch invariante Aussagen über sie als *logische Gleichheit* eingeführt wird. Die entsprechende logische Gleichheit ist dabei zu definieren durch

$$|P|_R = |Q|_R \leftrightharpoons \bigwedge_{A_R(X)} . A_R(P) \longleftrightarrow A_R(Q).$$

Diese Gleichheit ist logisch äquivalent mit der R-Äquivalenz $P ⫲_R Q$. Der Satz $|P|_R = |Q|_R \longleftrightarrow P ⫲_R Q$ gilt wiederum, weil $⫲_R$ ein reflexiver und komparativer Prädikatorenprädikator ist und insofern eine Äquivalenzrelation darstellt.
Jede R-invariante Aussage $A_R(P)$ kann also als eine Aussage $A(|P|_R)$ über den zugehörigen R-Begriff $|P|_R$ aufgefaßt werden. Begriffe ›existieren‹ nicht unabhängig von Prädikatoren, sie werden vielmehr durch Prädikatoren dargestellt. Sie gehen durch die beschriebene Konstruktion aus Prädikatoren hervor, und zwar im Anschluß an den üblichen Sprachgebrauch durchaus als deren Intension oder intensionale Bedeutung (im Gegensatz zur Extension oder extensionalen Bedeutung, die zur Klassenbildung gehört).
Wie schon im Falle der Einführung von ›Summe‹ liegt damit auch einer methodisch gesicherten Einführung von ›Begriff‹ ein logisches Verfahren zugrunde, das gegenüber den bisher zur Verfügung stehenden Verfahren eine sinnvolle und präzise Erweiterung darstellt. Die gerade auch in wissenschaftlichen Kontexten verbreitete Bezeichnung von Begriffen als ›Allgemeinvorstellungen‹ oder ›gedanklichen Einheiten‹ erweist sich von daher nicht nur als eine bloß bildungssprachliche Redeweise, ihr läßt sich auch, wenn nicht in der hier rekonstruierten Weise, kein klarer methodischer Sinn geben.

Der auf den ersten Blick vielleicht erhebliche formale Aufwand, mit dem eine methodisch gesicherte Einführung des Ausdrucks ›Begriff‹ an dieser Stelle erfolgte, sollte deutlich gemacht haben, daß mit einer ›Analyse‹ gebrauchssprachlicher Redepraxis allein nichts zu erreichen ist. Zugleich ist damit aber auch ein Exempel dafür gegeben, in welcher Weise orthosprachliche und in diesem Sinne kunstsprachliche Bemühungen einer aus Verständigungsgründen erforderlichen Normierung einer gebrauchssprachlichen Redepraxis dienen. Der häufig gegenüber derartigen Normierungen erhobene Vorwurf, eine Argumentationspraxis durch sinnlose ›formale‹ Anforderungen von ihren ›eigentlichen‹ Problemen abzulenken, ist, wenn er ernstgenommen wird, nicht nur unbegründet – weil es hier gar nicht um den methodisch gesehen ja auch unsinnigen Versuch geht, Sprache, und damit auch Argumentationssprache, durch ›formale Sprachen‹ zu ersetzen –, er gibt sich auch angesichts bereits zur Verfügung stehender konstruktiver Mittel als der oberflächliche Versuch zu erkennen, sich in bildungssprachlicher Bequemlichkeit der ›begrifflichen Arbeit‹, d. h. einer auf methodische Weise kontrollierbaren *Behauptungs- und Begründungspraxis*, zu entziehen.
Das logische Verfahren, das, wie dargestellt, über mehrere Konstruktionsschritte von Prädikatoren zu Begriffen führt, wird hinsichtlich des dabei erfolgenden Überganges von ›konkreten‹ zu ›abstrakten‹ Gegenständen als *Abstraktion* bezeichnet; Ausdrücke, die nur über Abstraktionsverfahren eingeführt werden können, heißen dementsprechend *Abstraktoren.* Auch ›Begriff‹ ist daher ein Abstraktor. So wie sich etwa die Klassenbildung (die Einführung des Ausdrucks ›Klasse‹) als Abstraktion aus Aussageformen bezüglich einer zweistelligen Relation ›extensional äquivalent‹ verstehen läßt, in symbolischer Schreibweise:

$$\alpha(x) \sim \beta(x) \Leftrightarrow \bigwedge_x . \alpha(x) \longleftrightarrow \beta(x).$$

wobei jede Aussage über die Aussageform $\alpha(x)$, die bezüglich dieser extensionalen Äquivalenz invariant ist, als Aussage über die durch die Aussageform $\alpha(x)$ dargestellte Klasse $\varepsilon_x \alpha(x)$ gelten kann, erlaubt jede zweistellige Relation über einen gegebenen Bereich ›konkreter‹ Gegenstände die Einführung

›abstrakter‹ Gegenstände. Vorausgesetzt ist lediglich, daß es sich dabei um eine Äquivalenzrelation handelt. Ist $\sim$ eine zweistellige Relation, so können $\sim$ -invariante Aussagen α ausgezeichnet werden durch:

$$x \sim y \rightarrow \alpha(x) \longleftrightarrow \alpha(y)$$

Besteht ferner zwischen Gegenständen Ununterscheidbarkeit durch $\sim$ -invariante Aussagen oder logische Gleichheit bezüglich $\sim$, gilt also für zwei Gegenstände x und y:

$$\bigwedge_{\text{invar.}\,\alpha} . \alpha(x) \longleftrightarrow \alpha(y).$$

so ist die logische Gleichheit bezüglich $\sim$ mit der Relation $\sim$ genau dann logisch äquivalent, wenn $\sim$ eine Äquivalenzrelation ist.[28] Damit läßt sich jeder Gegenstand x als Darstellung eines abstrakten Gegenstandes $|x|_\sim$ auffassen, weil gilt:

$$|x|_\sim = |y|_\sim \longleftrightarrow x \sim y$$

Im Rahmen der als eine *logische* Operation dargestellten Abstraktion (darin im Gegensatz zu ihrer in der Geschichte der Erkenntnistheorie häufig anzutreffenden Auffassung als *mentaler* Operation) sind $\sim$ -invariante Aussagen über konkrete Gegenstände Aussagen über abstrakte Gegenstände. Die Einführung des Abstraktors ›Begriff‹ war ein Beispiel dafür.

Mit der Abstraktion steht damit gegenüber den bisher erwähnten Methoden normierender Sprachkonstruktionen ein Verfahren zur Verfügung, das der Redeweise von abstrakten Gegenständen einen methodischen Sinn gibt. Ferner lassen sich mit Hilfe dieses Verfahrens zahlreiche Ausdrücke, darunter auch sogenannte noologische Termini, deren Einführung allein aufgrund exemplarischer oder definitorischer Mittel Schwierigkeiten bereitet, als Abstraktoren rekonstruieren. Zu derartigen Ausdrücken gehört z. B. auch der bereits erwähnte und partiell für ein realistisches Mißverständnis verantwortlich gemachte Ausdruck ›Denken‹. *Denken* läßt sich nämlich in der Weise als ein Abstraktum zu *Reden* begreifen, daß immer dann, wenn über das Reden unter Hervorkehrung seiner argumentativen (logischen) Form invariant bezüglich besonderer Ausdrucksformen gesprochen wird, der Ausdruck ›Denken‹ an die Stelle des Ausdrucks ›Reden‹ treten soll. Insofern wäre dann auch für das Verständnis von Denken nicht länger maßgeblich, daß Denken als ein ›inneres‹ Reden verstanden wird. Im Hinblick auf den hier gemachten Vorschlag kommt es auf die Unterscheidung zwischen einem ›inneren‹ Reden und einem ›äußeren‹ Reden nicht mehr an. Insbesondere kann daher auch der Begriff des *vernünftigen Denkens* durch den Begriff des *vernünftigen Redens* ersetzt werden, womit noch einmal auf die zentrale Bedeutung einer methodischen Einführung von Sprachhandlungen für ›unser Denken‹, und nicht nur das wissenschaftliche Denken, hingewiesen wäre.

Als ein letztes Beispiel sei in diesem Zusammenhang nur noch der Ausdruck ›Eigenschaft‹ erwähnt, dessen Verwendung in erkenntnistheoretischen Kontexten ebenfalls häufig auf fundamentale Unklarheiten schließen läßt. In wiederum realistisch eingefärbter Rede sind Eigenschaften etwas, das gewissermaßen ›von Natur aus‹ Teil der Gegenstände ist, wobei selbst in prädikationstheoretischen Zusammenhängen gelegentlich die Meinung vertreten wird, prädikativ aufgefaßte elementare Unterscheidungen setzten die Existenz von Eigenschaften oder Merkmalen schon voraus. Demgegenüber läßt sich die Redeweise von Eigenschaften mit der elementaren Prädikation und dem für diese nachgewiesenen erkenntnistheoretischen Apriori so verbinden, daß immer dann, wenn in einer Elementaraussage der Form ›$x \varepsilon P$‹ der Prädikator P einem Gegenstand x auch zukommt, d. h. wenn exemplarisch gesichert ist, daß das Zusprechen von P begründet erfolgte, dieses Zukommen auch ausgedrückt werden kann als ›x hat die Eigenschaft P‹ oder ›x fällt unter den Begriff P‹. ›Eigenschaft‹ ist in diesem logischen Sinne derselbe, nur anders ausgedrückte Abstraktor wie Begriff, wobei es eine derartige Sprachnormierung durchaus gestattet, auch ältere Unterscheidungen in diesem Zusammenhang zu rekonstruieren. Dazu gehört z. B. die Unterscheidung zwischen wesentlichen (substantiellen) Eigenschaften (›Menschen sind vernünftige Wesen‹) und zufälligen (akzidentellen) Eigenschaften (›Menschen sind sterblich‹), die im übrigen selbst nur mit Bezug auf Eigenschaften, in den angeführten Beispielen die Eigenschaft

Mensch, und nicht mit Bezug auf einzelne Gegenstände gilt.
Angesichts der hier vorgeführten Exempel konstruktiver Sprachnormierung dürfte es schwerfallen, womöglich mit Rücksicht auf ›übergeordnete‹ Einsichten, noch immer zu behaupten, daß eine sprachkritische Analyse alles läßt, wie es ist, indem sie allenfalls einen faktischen Sprachgebrauch von seiner sprachhistorisch bedingten Verwirrtheit befreit. Die Exempel haben vielmehr gezeigt, daß hier in Richtung auf eine verständigungsorientierte Einführung von Sprachhandlungen weit mehr geleistet werden *kann,* und mithin – weil sich gegen Verständigung nicht argumentieren läßt – auch geleistet werden *soll.* Dem Grundsatz ›Sollen impliziert Können‹ ist jedenfalls genüge getan.

V

Die Möglichkeit konstruktiver Sprachnormierungen mit dem Ziel, einen faktischen Sprachgebrauch rekonstruktiv zu verstehen oder kritisch zu verändern, führt zusammen mit dem Umstand, daß dabei in speziellen Fällen auch von normierten nicht-sprachlichen Handlungen Gebrauch gemacht werden kann (Beispiel: die Einführung des Terminus ›Summe‹), zu einer wichtigen Präzisierung dessen, was man den transzendentalen Charakter oder die Unhintergehbarkeit der Sprache nennt. Im Rahmen des Linguistischen Phänomenalismus bezieht sich eine derartige Charakterisierung direkt auf die Umgangssprache, womit behauptet ist, daß spätestens hier, im Erreichen einer umgangssprachlichen Redepraxis, konstruktive Möglichkeiten erschöpft sind, die umgangssprachliche Basis dieser Praxis selbst die Bedingung der Möglichkeit jeder sprachlichen Orientierung in der Welt darstellt.[29] Eben dies aber ist so nicht der Fall. Auch wenn faktisch für den einzelnen Sprecher die Umgangssprache als Basissprache fungiert, als eine Sprache, in der man sich über die Intentionen anderer ›Sprachen‹, z. B. fachsprachlicher Erweiterungen, verständigt[30], bedeutet dies nicht, daß ein umgangssprachliches Reden in normierender Intention nicht hintergangen werden könnte. Vielmehr läßt sich jedes faktische Reden, auch das umgangssprachliche Reden, über rekonstruierende Schritte daraufhin prüfen, welche Unterscheidungsabsichten in ihm realisiert sind bzw. welche möglichen Unterscheidungsabsichten seinen Sprachgebrauch bestimmen. Daß dies keineswegs in lediglich deskriptiver Weise zu erfolgen hat, die hier erforderlichen sprachlichen Rekonstruktionen ihrerseits methodisch nicht abhängig sind von der sprachlichen Form ihres Gegenstandes, haben die Skizze einer elementaren Prädikationstheorie und die daran anschließenden Beispiele konstruktiver Sprachnormierungen gezeigt. Unhintergehbar ist Sprache nur als *Sprachvermögen,* nicht hingegen als empirisch gegebene Gebrauchssprache, sei es nun in Form von Umgangssprache oder in Form von Wissenschaftssprachen. Hinter dieses Vermögen läßt sich unterscheidend nicht kommen, weil jeder Versuch, dies in Form einzelwissenschaftlicher, z. B. physiologischer, Theorienbildungen zu tun, bereits von ihm Gebrauch macht. Mit anderen Worten: Erst die Unterscheidung zwischen Sprachvermögen und faktischem Sprachgebrauch gibt der These von der Unhintergehbarkeit der Sprache einen begründeten Sinn.

Der Hinweis darauf, daß diese Unhintergehbarkeit darin beruht, daß sich hinter das Sprachvermögen unterscheidend nicht kommen läßt, zuvor in der Weise formuliert, daß die Sprache Basis aller einer kommunikativ verfaßten Praxis angehörender Unterscheidungssysteme sei, erlaubt es, diese These weiter zu präzisieren. Unterscheidungen waren bestimmt worden als das Ziel einer sprachlichen Handlung, nämlich der Prädikation. Wo prädiziert wird, wird unterschieden. Also ist es im wesentlichen das Unterscheiden selbst, d. h. die Handlung der Prädikation, die das sogenannte Sprachvermögen ausmacht. Von diesem Vermögen anders zu sprechen als unter Hinweis auf unterscheidende Leistungen hat wenig Sinn, selbst dann, wenn man sich in Erinnerung ruft, daß das behauptende und insofern Unterscheidungen ›machende‹ bzw. bereits vorliegende Unterscheidungen erneut artikulierende Reden nicht die einzige Form sprachlicher Handlungen ist. Was heute z. B. im Anschluß an N. Chomskys Begriff der grammatischen Kompetenz als *kommunikative Kompetenz* bezeichnet wird[31], ist im Grunde nichts anderes als die *argumentative Selbständigkeit des Sprechers gegenüber dialogisch definierten Unterscheidungen.* Das bedeutet aber in unserem Zusammenhang, daß man hinsichtlich der Transzendentalitäts- oder Unhintergehbarkeitsthese gar nicht gezwungen ist, von einem allgemeinen Vermögen auf eine sehr allgemeine Weise zu sprechen, sondern dies präzise gegenüber der transzendentalen Rolle der Prädikation tun kann.[32] Es ist die Prädikation als sprachlich fundamentale Handlung, die im strengen Sinne unhintergehbar ist, weil jede Reflexion über die Prädikation bereits von der Prädikation selbst Gebrauch machen muß. Das heißt, die Prädikation ist tatsächlich ein *Anfang* im strengen Sinne, sie läßt sich nicht begründen. Und sie ist zugleich Bedingung der Möglichkeit gemeinsamer, kommunikativ ausgezeichneter Orientierungen, weil derartige Orientierungen nur unterscheidend zustande kommen. Wo nicht unterschieden wird, erfolgt keine Auskunft, ist Praxis chaotisch.

Nun ist es zweifellos eine der entscheidenden Leistungen der Umgangssprache, daß dieser Zustand einer orientierungslosen Praxis faktisch nie eintritt. Wo komplexere Teile der Gebrauchssprache problematisch werden, bietet sich stets die Möglichkeit an, noch einmal dort anzufangen, wo Übereinstimmung aufgrund elementarer gemeinsamer Lehr- und Lernprozesse herrscht, und das ist eben die umgangssprachliche Redepraxis. Während die additiven Teile der Gebrauchssprache, d. h. die Fachsprachen einschließlich der um kunstsprachliche Teile erweiterten Wissenschaftssprachen, auf eine spezielle Berufs- und Redepraxis zurückgehen, stellt die Umgangssprache eine allen Sprechern gemeinsame Praxis dar. Dies aber nicht deshalb, weil die Umgangssprache etwa eine ›natürliche‹ Eigenschaft des Menschen wäre, eine Behauptung, die sich dann auch wieder in der die Umgangssprache betreffenden Transzendentalitätsthese ausdrücken ließe, sondern weil für diese Praxis gemeinsame Lehr- und Lernsituationen von vornherein konstitutiv sind; diese Praxis kommt überhaupt nur dadurch zustande, daß alle Sprecher an ihr beteiligt sind. Eine solche Bedingung ist für die anderen Teile der Gebrauchssprache nicht erfüllt, was unter anderem dazu führt, daß in der Regel hier und nicht schon in der Umgangssprache Orientierungen problematisch werden: diese Orientierungen sind zunächst einmal keine gemeinsamen Orientierungen, sie müssen sich gegenüber konkurrierenden Vorschlägen erst durchsetzen und zudem noch, wenn hier keine ›Privatsprachen‹ aufgebaut werden sollen, gegenüber der durch die Umgangssprache artikulierten gemeinsamen Orientierung rechtfertigen. Gleichwohl ist prinzipiell, bezogen auf die Abhängigkeit der stets Handlungsschemata folgenden Sprachhandlungen von einer diese Schemata vermittelnden Lehr- und Lernsituation[33], jede faktisch getroffene Unterscheidung, jede besondere Prädikation, ganz gleich, in welchem Sprachbereich sie erfolgt, hintergehbar – sie kann modifiziert, präzisiert, durch andere Prädikationen ersetzt werden. Ein Vorsprung der Umgangssprache hinsichtlich ihrer Leistungsfähigkeit darf also gegenüber anderen Sprachen nicht darin gesehen werden, daß hier ein Stück Natur das menschliche Bemühen um gemeinsame Orientierungen unterstützt, sondern allein darin, daß die umgangssprachliche Redepraxis jeder anderen sprachlichen Praxis eine *gemeinsame Lehr- und Lernsituation* voraus hat. Diese Situation muß an anderer Stelle für bestimmte Zwecke erst hergestellt werden; konstitutiv für eine Orientierungsleistung ist sie allerdings auch hier. Das Unterscheiden ist nicht nur ein gemeinsames Können, weil Sprache ein gemeinsames Können ist, es wird auch gemeinsam eingeübt: als *Lernen*, dem Anschluß an einen gegebenen Sprachgebrauch, und als *Lehren*, der Vermittlung ›eigenen‹ Sprachgebrauchs.[34]

Die Bindung sprachlicher Orientierungen an die Existenz von Lehr- und Lernzusammenhängen nimmt in einem geordneten Aufbau sprachlicher Mittel methodisch gesehen die Stelle ein, die im Rahmen vor-kritischer Sprachtheorien eine Totalitätsthese über den ›Zustand der Welt‹ innehatte. Die für die Umgangssprache offenkundige, für deren gebrauchssprachliche Erweiterungen stets erst nachzuweisende *Verläßlichkeit von Unterscheidungen* rührt nicht daher, daß wir schon etwas über die Welt wissen, bevor wir etwas über unsere Sprache wissen – wer so redet, hat noch einmal die Nymphen und Metaphysiker auf seiner Seite –, sondern daher, daß sie als die *Folge einer gemeinsamen Kontrolle gemeinsamen Sprachgebrauchs* begriffen werden kann. Diese Kontrolle erfolgt über die Korrektur und präzisierende Weiterführung bereits getroffener Unterscheidungen in (re-)konstruktiven sprachlichen Normierungen, wobei die Forderung derartiger Maßnahmen bereits aus dem verständigungsorientierten unterscheidenden Gebrauch der Sprache selber folgt. Wer spricht, unterscheidet; und wer seine ›eigenen‹ Unterscheidungen – das sind solche, die entweder in partieller Abänderung gegebener Unterscheidungen oder auf der Basis wesentlich neuer Vorschläge im Rahmen eines ›monologischen‹ Lernens getroffen werden – gegenüber anderen Sprechern vertreten will, tut dies in der Weise, daß er sie als die ›besseren‹ Unterscheidungen darzustellen sucht. Das aber heißt: sprachliche Handlungen, die in dieser Absicht einen dialogischen Anschluß an eine gemeinsame Lehr- und Lernsituation bedeuten, erfolgen ihrer ›inneren‹, nämlich verständigungsorientierten Intention entsprechend (im Unterschied zu einer ›äußeren‹, die strategisch orientierte Durchsetzung eigener Ziele betreffenden Intention) unter einem Postulat. Dieses Postulat, das ich den *methodischen Imperativ* nennen möchte, lautet: *Unterscheide (rede) so, daß deine Vorschläge mit Rücksicht auf eine gemeinsame Orientierungsbemühung als begründete Änderung der bisher geltenden und als Grundlage zukünftiger Vorschläge dienen können.*

Mit diesem methodischen Imperativ erweisen sich Unterscheidungen nicht nur deshalb als normativ, weil sie zur Gliederung einer Praxis und damit zum Verständnis dieser Praxis führen, sondern vor allem insofern, als bereits die Forderung und Befolgung eines solchen Imperativs von einer *praktischen Absicht* zeugt. Selbst wo diese Absicht in handlungsbestimmender Weise nicht artikuliert wird und daher Unterscheidungszusammenhängen entweder interpretierend entnommen oder kontrafaktisch unterstellt werden muß, läßt sich daher von einem normativen Fundament der Sprache sprechen. Erreicht über die hier dargestellten Einsichten in die sprachliche Bedingtheit aller einer kommunikativ verfaßten Praxis angehörender Unterscheidungssysteme und die partielle Theorieabhängigkeit gelingender Kommunikation die sprachkritische Reflexion in konstruktiver Absicht das eigene Denken, das heißt, wird nicht nur in modischer Weise am Gegenstand Sprache philosophiert, ist dieses Fundament erkannt und stellt sich die geforderte argumentative Selbständigkeit nicht mehr nur als Folge theoretischer, sondern praktischer Einsichten dar. Das wiederum ist insofern von erheblicher Bedeutung, als auch im Rahmen der modernen sprachkritischen Diskussion Abhängigkeiten vom Sprachgebrauch in der Regel mit den Mitteln einer *erkenntnistheoretischen* Begrifflichkeit beschrieben werden. Hier hat sich ein konstitutives Element einer vor-kritischen Sprachtheorie selbst noch innerhalb einer kritischen Sprachtheorie durchgehalten, deutlich z. B. in G. Freges die moderne Logik begründenden *Begriffsschrift* (1879), in deren Vorwort es als die ›Aufgabe der Philosophie‹ bezeichnet wird, »die Herrschaft des Wortes über den menschlichen Geist zu brechen, indem sie die Täuschungen aufdeckt, die durch den Sprachgebrauch über die Beziehungen der Begriffe oft fast unvermeidlich entstehen, indem sie den Gedanken von demjenigen befreit, womit ihn allein die Beschaffenheit des sprachlichen Ausdrucksmittels behaftet«[35]. Es hat den Anschein, als seien begriffliche Zusammenhänge etwas Primäres, sprachliche Unterscheidungen dagegen etwas Sekundäres, auch wenn man Frege hinsichtlich seines Sprachgebrauchs von ›Begriff‹ und ›Gedanke‹ gerade nicht mehr unterstellen darf, daß hier erneut eine psychologische Variante des zuvor formulierten Grundsatzes einer vor-kritischen Sprachtheorie vorliegt. Vorausgesetzt wird jedoch, wie für jede klassische erkenntnistheoretische Argumentation charakteristisch, das selbständige Subjekt, das gewissermaßen nur nachträglich, die Durchsetzung dieser ›natürlichen‹ Selbständigkeit verhindernd, ›getäuscht‹ wird. Eben diese erkenntnistheoretische Konstruktion aber ist unzutreffend, sie setzt bereits als gegeben voraus, was doch erst, und zwar in nicht bloß wiederherstellender Weise, Ziel einer jeden auf die Bedingungen von Selbständigkeit gerichteten Reflexion ist, nämlich die Herstellung einer autonomen Praxis, in der Selbständigkeit kein ›natürliches Vermögen‹, sondern Eigenschaft von Handlungsorientierungen ist. Diese Reflexion hat demnach von dem methodisch gemachten Vorbehalt auszugehen, daß das Subjekt zunächst als unselbständiges, als beherrschtes und getäuschtes Subjekt existiert und daß die Sprache dabei eine entscheidende Rolle spielt.

Da Unterscheidungen nicht auf einer erkenntnistheoretischen Spielwiese, sondern in der Praxis getroffen werden – in welcher Praxis, das läßt sich wiederum selbst nur unterscheidend, und begründet nur in einer durch den formulierten methodischen Imperativ geleiteten Weise, ausmachen –, müssen sie nicht zuletzt auch daraufhin geprüft werden, inwieweit sie eine aus praktischen Gründen geforderte Selbständigkeit gerade verhindern.[36] Eine allein in erkenntnistheoretischem Interesse erfolgende Sprachkritik leistet dieses nicht; sie muß unter Wahrung des in jener doppelten Einsicht liegenden methodischen Anspruchs durch eine in verständigungsorientiertem Interesse erfolgende Sprachkritik abgelöst werden. Daß dazu wiederum nur eine konstruktive, keine deskriptive Sprachtheorie in der Lage ist, ist offenkundig. Das Haltmachen vor der Umgangssprache, das sich als charakteristisch für einen deskriptiven Ansatz erwiesen hat, bedeutet gleichzeitig ein Haltmachen vor der Praxis; auch eine schon erreichte oder noch verhinderte Selbständigkeit kann in einer Analyse dieser Art nur beschrieben, nicht stabilisiert bzw. mit herbeigeführt werden. Ganz anders im Rahmen des vorgeführten konstruktiven Ansatzes: hier stellt sich der Übergang von einem nur erkenntnistheoretischen zu einem verständigungsorientierten Interesse als das Praktischwerden des methodischen Imperativs dar.

Anhang

Anmerkungen

1 *Philosophie und Wissenschaft*

1 B. Bolzano, *Was ist Philosophie?*, ed. J. Fesl, Wien 1849, S. 5 f.
2 F. Brentano, *Über die Zukunft der Philosophie*, ed. O. Kraus, Leipzig 1929, S. 136.
3 Th. W. Adorno, *Wozu noch Philosophie*, in: Th. W. Adorno, *Eingriffe. Neun kritische Modelle*, Frankfurt ^{6}1963, S. 27.
4 *Opuscules et fragments inédits de Leibniz*, ed. L. Couturat, Paris 1903, S. 525.
5 Die hier vorgetragenen Überlegungen sind weiter ausgeführt in meiner Arbeit: *Das praktische Fundament der Wissenschaft und die Aufgabe der Philosophie*, Konstanz 1972. Zu den angeführten Begründungsfragen, sofern diese mit dem Aufbau einer empirischen Theorie wie der Physik zusammenhängen, vgl. unten S. 56 ff. *(Erfahrung und Begründung).*

2 *Die Entdeckung der Möglichkeit von Wissenschaft*

1 Gemeint ist hier eine Physik, die sich als eines Beweismittels des Experimentes bedient. Daher kann die Physik des Archimedes, in der nicht Experimente, sondern nur geometrische Überlegungen zur Beweisführung zugelassen sind, an dieser Stelle außer Betracht bleiben. Die sachliche Frage nach dem Verhältnis dieser beiden Möglichkeiten, Physik zu treiben, ist damit noch nicht erörtert und soll hier auch nicht erörtert werden (vgl. dazu jetzt J. Mittelstraß, *Neuzeit und Aufklärung. Studien zur Entstehung der neuzeitlichen Wissenschaft und Philosophie*, Berlin/New York 1970, S. 243 ff.).
2 *Procli Diadochi in primum Euclidis elementorum librum commentarii*, ed. G. Friedlein, Leipzig 1873, S. 157, 10–13.
3 *Procl. in Eucl.* 299, 1–5 Friedlein (Eudem Fr. 135, ed. F. Wehrli, *Die Schule des Aristoteles* VIII, Basel 1955).
4 *Procl. in Eucl.* 250, 20–251, 2 Friedlein.
5 *Procl. in Eucl.* 352, 14–18 Friedlein (Eudem Fr. 134 Wehrli). Man darf im übrigen vermuten, daß auch die Sätze (1) und (3), bei deren Wiedergabe sich Proklos nicht auf Eudem beruft, auf dessen Autorität hin angeführt werden. Vgl. Th. Heath, *The Thirteen Books of Euclid's Elements*, I–III, Dover Publications 1956 (Nachdruck der 2. Aufl. Cambridge 1926), I, S. 36.
6 Diog. Laert. I, 24–25.

7 Diogenes Laertius vermag sich in seinem Referat lediglich auf eine Mitteilung der im 1. vorchristlichen Jahrhundert lebenden Geschichtsschreiberin Pamphile zu stützen. Euklid beweist diesen Satz (III, 31) mit Hilfe des Satzes von der Winkelsumme im Dreieck (I, 32), dessen Entdeckung Eudem wiederum erst den *Pythagoreern* zuschreibt (*Procl. in Eucl.* 379, 2–16 Friedlein; Eudem Fr. 136 Wehrli). Dies scheint gegen die Annahme, man habe hier ebenfalls einen Thaletischen Satz vor sich, zu sprechen, doch hat Th. Heath nachweisen können, daß sich dieser Satz auch ohne den Winkelsummensatz aufstellen läßt und somit jedenfalls der Sache nach nichts gegen Pamphiles Zeugnis spricht. Th. Heath, *A History of Greek Mathematics*, I–II, Oxford 1921, I, S. 136 f.

8 Vgl. P. Tannery, *Pour l'histoire de la science hellène*, Paris 1887, S. 52 ff.; Th. Heath, a.a.O., S. 128 ff.; K. v. Fritz, *Die* APXAI *in der griechischen Mathematik, Archiv für Begriffsgeschichte* I (1955), S. 77 ff.; im Anschluß an K. v. Fritz: Á. Szabó, *Wie ist die Mathematik zu einer deduktiven Wissenschaft geworden?*, *Acta Antiqua* IV (1956), S. 130 ff.; B. L. van der Waerden, *Erwachende Wissenschaft*, Basel/Stuttgart 1956, S. 143 ff.; O. Becker, *Das mathematische Denken der Antike*, Göttingen 1957, S. 37 ff. Scharfen Zweifel an der Überlieferung äußern J. Burnet, *Early Greek Philosophy*, London [4]1930, S. 45 f., und D. R. Dicks, *Thales*, *The Classical Quarterly* 53 (1959), S. 301 ff. Dabei beschränkt sich Burnet jedoch auf wenige skeptische Bemerkungen, während Dicks von der irrtümlichen Annahme ausgeht, Thaletische Geometrie müsse, wenn es sie wirklich gegeben haben sollte, in ihrem Aufbau bereits in der Weise der euklidischen Geometrie verfahren sein. Ansätze zu einem solchen Aufbau werden nun in der Tat erst in der zweiten Hälfte des 5. Jahrhunderts faßbar, doch läßt sich – wie im folgenden gezeigt werden soll – die Thaletische Geometrie eben auch anders verstehen, und zwar ohne die von Dicks empfohlene Auffassung, es handele sich hier wohl um den ›empirischen Typ‹ babylonischer und ägyptischer Geometrie (Dicks, a.a.O., S. 303). Skeptisch, unter Hinweis auf Burnet, äußern sich auch G. S. Kirk / J. E. Raven, *The Presocratic Philosophers*, Cambridge 1957 (2., geringfügig veränderter Nachdruck 1962), S. 83 f. Ihr von Kirk formuliertes Urteil ist charakteristisch für diesen Standpunkt; sie vermuten, »that Thales did gain a reputation with his contemporaries for carrying out various far from straightforward empirical feats of mensuration, without necessarily stating the geometry that lay behind them« (84).

9 *Procl. in Eucl.* 352, 16–18 Friedlein. Zu der hier von Eudem erwähnten Thaletischen Methode der Distanzbestimmung zwischen Schiffen auf hoher See vgl. B. L. van der Waerden, a.a.O., S. 144 f.

10 *Procl. in Eucl.* 251, 1–2 Friedlein: ἀρχαικώτερον δὲ τὰς ἴσας

(*sc.* γωνίας) ὁμοίας προσειρηκέναι. Vgl. dazu K. v. Fritz, *Gleichheit, Kongruenz und Ähnlichkeit in der antiken Mathematik bis auf Euklid, Archiv für Begriffsgeschichte* IV (1959), S. 48 f.; H. D. Rankin, *"Ὅμοιος in a Fragment of Thales, Glotta. Zeitschrift für griechische und lateinische Sprache* 39 (1961), S. 73–76.

11 Die Thalestradition selbst ist gut bezeugt, sie läßt sich bis ins 5. Jahrhundert v. Chr. zurückverfolgen; vgl. W. Burkert, *Weisheit und Wissenschaft. Studien zu Pythagoras, Philolaos und Platon,* Nürnberg 1962, S. 393.

12 Vgl. O. Neugebauer, *The Exact Sciences in Antiquity,* Providence ²1957, S. 48. 146; Á. Szabó, a.a.O., S. 115; O. Becker, a.a.O., S. 11; H. Gericke, *Über den Unterschied von griechischer und vorgriechischer Mathematik, Gymnasium* 67 (1960), S. 128. Wenn die griechische Tradition immer wieder auf Ägypten als das Ursprungsland speziell der Geometrie hinweist (Herodot II 109; Aristoteles *Met.* A1.981b23–25; *Procl. in Eucl.* 64, 16–65, 7 Friedlein, unter Berufung auf die vorherrschende Meinung und unter wörtlicher Anspielung auf Aristoteles), so kommt darin nur zum Ausdruck, daß sie selbst schon nicht mehr in der Lage war, die geschichtliche Leistung der eigenen Mathematik richtig einzuschätzen. Babylonischer Einfluß wird merkwürdigerweise überhaupt nicht registriert, obgleich er faktisch weitaus größer gewesen sein dürfte als der Einfluß ägyptischer Mathematik. Vgl. dazu Th. Heath, a.a.O., S. 122 ff.; O. Becker, *Grundlagen der Mathematik in geschichtlicher Entwicklung,* Freiburg/München 1954, S. 22; ders. *Das mathematische Denken der Antike,* S. 9; B. L. van der Waerden, a.a.O., S. 23 ff. und 49 ff. Was das eigenartige Zurücktreten der babylonischen Tradition hinter der ägyptischen Tradition in der griechischen Mathematikgeschichtsschreibung betrifft, so glaubt Á. Szabó hierfür einen Grund darin sehen zu können, daß bereits im 4. Jahrhundert, als Eudem die erste Geschichte der Mathematik schrieb, die griechische Mathematik völlig geometrisiert war und man deswegen »schon eine nähere Verwandtschaft mit der ägyptischen Geometrie als mit der babylonischen Algebra fühlen« konnte (a.a.O., S. 130 Anm. 49). Gegen diesen Vorschlag spricht allerdings, daß auch auf dem Gebiete der Geometrie – mit Ausnahme in der Berechnung des Kreisinhaltes, und nur auf dieses Beispiel stützt Szabó seinen Vorschlag – die Babylonier den Ägyptern überlegen waren; vgl. O. Becker, *Das mathematische Denken der Antike,* S. 9 f.

13 O. Neugebauer, *Zur geometrischen Algebra (Studien zur Geschichte der antiken Algebra* III*), Quellen und Studien zur Geschichte der Mathematik Astronomie und Physik* B 3, Berlin 1936, S. 257; ders. *The Exact Sciences in Antiquity,* S. 35 ff.; vgl. B. L. van der Waerden, a.a.O., S. 122 ff.; O. Becker, a.a.O., S. 10. 55 f. Explizite

Formulierungen dieses Lehrsatzes sind allerdings aus der indischen Sakralgeometrie bezeugt (*Āpastamba-Śulva-Sūtra*, vgl. O. Becker / J. E. Hofmann, *Geschichte der Mathematik*, Bonn 1951, S. 39), doch ist ihr Alter ungewiß (überliefert sind sie aus dem 5./4. Jahrhundert) und läßt sich ein für die griechische Mathematik erstmals charakteristischer Zusammenhang von Satz und Beweis für sie nicht nachweisen; vgl. Th. Heath, a.a.O., S. 145 ff.; O. Becker, a.a.O., S. 11. Zum sakralen Charakter indischer Geometrie vgl. A. Seidenberg, *The Ritual Origin of Geometry, Archive for History of Exact Sciences* 1 (1960-1962), S. 488 ff.

14 Die wahrscheinlich auf Eudem zurückgehende Nachricht über Satz (1) lautet: Τὸ μὲν οὖν διχοτομεῖσθαι τὸν κύκλον ὑπὸ τῆς διαμέτρου πρῶτον Θαλῆν ἐκεῖνον ἀποδεῖξαί φασιν (*Procl. in Eucl.* 157, 10-11 Friedlein).

15 Mit falschen Formeln wurde z. B. bei der Berechnung von Kegel- und Pyramidenstumpf gearbeitet; B. L. van der Waerden, a.a.O., S. 120 ff. Allerdings läßt sich nach O. Neugebauer auch die exakte Formel für das Volumen eines quadratischen Pyramidenstumpfes nachweisen; Bedenken, die Neugebauer (*Vorlesungen über Geschichte der antiken mathematischen Wissenschaften* I, Berlin 1934, S. 171) hier gegenüber seinem eigenen Vorschlag geltend machte, zerstreut van der Waerden, a.a.O., S. 121 f.

16 Neuerdings läßt sich in einigen Keilschrifttexten auch der Wert $\pi = 3\frac{1}{8}$ nachweisen; vgl. O. Becker, a.a.O., S. 10.

17 B. L. van der Waerden, a.a.O., S. 147.

18 Die beiden anderen Sätze sind I, 8: Wenn in zwei Dreiecken zwei Seiten zwei Seiten entsprechend gleich sind und auch die Grundlinie der Grundlinie gleich ist, dann müssen in ihnen auch die von gleichen Strecken umfaßten Winkel einander gleich sein; III, 24: Ähnliche Kreissegmente über gleichen Strecken sind einander gleich. Hierzu vgl. K. v. Fritz, a.a.O., S. 25 ff.

19 Vgl. K. v. Fritz, *Die* APXAI *in der griechischen Mathematik, Arch. f. Begriffsgesch.* I, S. 76 f.

20 *Opera omnia*, ed. J. L. Heiberg / H. Menge, I-IX, Leipzig 1883 bis 1916, I, S. 16 ff.

21 *Procl. in Eucl.* 157,17-158,2 Friedlein.

22 *Procl. in Eucl.* 157,11 Friedlein; vgl. Anm. 14.

23 Insbesondere K. v. Fritz und Á. Szabó haben in zahlreichen mathematikhistorischen Arbeiten immer wieder auf das ἐφαρμόζειν-Verfahren hingewiesen und seine Bedeutung im Zusammenhang mit ihrer Beurteilung der Thaletischen Geometrie hervorgehoben. Vgl. K. v. Fritz, a.a.O., S. 72 ff.; ders. *Der gemeinsame Ursprung der Geschichtsschreibung und der exakten Wissenschaften bei den Griechen, Philosophia Naturalis* II (1952), S. 206 ff.; ders. *Gleichheit,*

Kongruenz und Ähnlichkeit in der antiken Mathematik bis auf Euklid, Arch. f. Begriffsgesch. IV, S. 7 ff. Á. Szabó, a.a.O., S. 131 ff.; ders. *Die Grundlagen in der frühgriechischen Mathematik, Studi italiani di filologia classica* XXX (1958), S. 16 ff.; ders. ΔΕΙΚΝΥΜΙ, *als mathematischer Terminus für »beweisen«, Maia. Rivista di letterature classiche N.S.* X (1958), S. 115 f.

24 Artikel: *Geometry, non-Euclidean, The New Volumes of the Encyclopaedia Britannica constituting in combination with the existing volumes of the 9. edition the 10. edition of that work. The fourth of the new volumes, being volume 28 of the complete work,* London 1902, S. 671. Diese Bemerkung wurde wieder aufgegriffen von Th. Heath, *The Thirteen Books of Euclid's Elements* I, S. 227.

25 K. v. Fritz, *Gleichheit, Kongruenz und Ähnlichkeit in der Mathematik bis auf Euklid, Arch. f. Begriffsgesch.* IV, S. 18. Russell geht es an dieser Stelle jedoch weniger um eine Ehrenrettung Euklids als vielmehr um die Unterscheidung von *axiomatischer* und *physikalischer* Geometrie *(Kongruenzaxiome versus Existenz starrer Körper).* Euklids mißverständliche Formulierung wird hier für die Kontroverse um diesen Unterschied verantwortlich gemacht.

26 Als selbstverständlich empirisches Verfahren wird es von Á. Szabó angesehen: *Wie ist die Mathematik zu einer deduktiven Wissenschaft geworden?, Acta Ant.* IV, S. 132; *Die Grundlagen in der frühgriechischen Mathematik, Stud. ital. di filol. class.* XXX, S. 18; ΔΕΙΚΝΥΜΙ, *als mathematischer Terminus für »beweisen«, Maia N.S.* X, S. 116.

27 Darauf machen bereits aufmerksam: O. Becker / J. E. Hofmann, a.a.O., S. 45; O. Becker, *Das mathematische Denken der Antike,* S. 39.

28 D. Hilbert, *Grundlagen der Geometrie,* Stuttgart [9]1962. – Eine moderne Darstellung der Geometrie, die nicht die Kongruenz, sondern die Spiegelung als Grundbegriff verwendet (F. Bachmann, *Aufbau der Geometrie aus dem Spiegelungsbegriff,* Berlin/Göttingen/Heidelberg 1959, [2]1973), könnte als Wiederaufnahme einer sich Symmetriebetrachtungen bedienenden Geometrie aufgefaßt werden.

29 Dieser These sind vor allem die Arbeiten Á. Szabós gewidmet. Neben den bereits mehrfach angeführten Aufsätzen verdienen hier noch zwei frühere der Erwähnung: *Zum Verständnis der Eleaten, Acta Antiqua* II (1953-54), S. 243-286, und: *Eleatica, Acta Antiqua* III (1955), S. 67-102. Zum indirekten Beweisverfahren vgl. insbesondere den zuletzt genannten Aufsatz sowie: *Anfänge des euklidischen Axiomensystems, Archive for History of Exact Sciences* I (1960-62), S. 55 ff. In diesem Zusammenhang als begriffsgeschichtliche Vorarbeit wichtig: K. v. Fritz, ΝΟΥΣ, ΝΟΕΙΝ, *and their Derivatives in Presocratic Philosophy (excluding Anaxagoras), Classical Philology* XL (1945), S. 223-242; XLI (1946), S. 12-34.

30 Diese Auffassung findet sich zweifellos bei F. M. Cornford, der

parmenideisches Philosophieren nur auf dem Hintergrund pythagoreischer Geometrie (!) glaubt verstehen zu können (»the method of reasoning he [sc. Parmenides] imported into philosophy is the method of geometry«), *Principium Sapientiae. A Study of the Origins of Greek Philosophical Thought*, Cambridge 1952, S. 117; vgl. von demselben Verfasser: *Plato and Parmenides*, London 1939, S. 29. Ein wenig zurückhaltender: H. Cherniss, *The Characteristics and Effects of Presocratic Philosophy, Journal of the History of Ideas* XII (1951), S. 336. – Vernünftig verstehen läßt sich diese These nur, wenn mit dem Hinweis auf eine beispielhafte Mathematik Arithmetik gemeint ist. Diese ist von Hause aus durchaus keine axiomatische Theorie (als solche wird sie erst Ende des 19. Jahrhunderts von Peano dargestellt) und kann zunächst sogar völlig logikfrei betrieben werden. An Arithmetik denkt auch K. Reidemeister, wenn er erklärt, daß »aus dem Umgang mit Zahlen das Denken und die Idee des widerspruchsfreien Denkens in Begriffen« entsteht (*Das exakte Denken der Griechen*, Hamburg 1949, S. 11). Mit dieser Bemerkung schließt Reidemeister seine kurze Darstellung eines Beweises aus der bei Euklid VII-IX niedergelegten elementaren Zahlentheorie ab, der bei der Rückführung eines Satzes (IX,30: »Geht eine ungerade Zahl als Teiler in einer geraden Zahl auf, so geht sie auch in der Hälfte dieser Zahl auf«) auf einen anderen, bereits bewiesenen Satz (IX,29: »Das Produkt zweier ungerader Zahlen ist ungerade«) von einem indirekten Schluß Gebrauch macht. Beide Sätze gehören zu der seit O. Beckers grundlegender Studie *Die Lehre vom Geraden und Ungeraden im Neunten Buch der Euklidischen Elemente* (*Qu. u. Stud. z. Gesch. d. Math. Astr. u. Phys.* B 3 [1936], S. 533 ff.) als ein genuines Stück altpythagoreischer Arithmetik geltenden *Lehre vom Geraden und Ungeraden* (Euklid IX,21-34) (Zur Kritik des Beckerschen Datierungsversuches vgl. neuerdings W. Burkert, a.a.O., S. 410 ff.). Reidemeisters Überlegungen machen dabei deutlich – und dies ist hier das Entscheidende –, daß man auch bei der Entwicklung einer konstruktiven Mathematik logisches Schließen als geeignetes Hilfsmittel entdeckt haben könnte. Gerade weil er dabei nicht an axiomatische Mathematik denkt, sondern die konstruktive Arithmetik im Auge hat, geht darum auch Szabós Kritik, in der er Reidemeister auf die These vom Primat der Mathematik gegenüber der Logik festlegen will, fehl (*Eleatica, Acta Ant.* III, S. 73 f.). Szabó kann sich offenbar Mathematik nur als axiomatische Theorie vorstellen (»Bekanntlich ist die Widerspruchsfreiheit das einzige Kriterium einer mathematischen Wahrheit. Man kann einen Satz in der Mathematik beweisen, d. h. seine mathematische Wahrheit legitimieren, indem man zeigt, daß er keinen Widerspruch in sich enthält und in keinem Widerspruch zu den allgemein anerkannten Axiomen steht«, a.a.O., S. 75 Anm. 28), und diese Auffassung unterstellt er wie selbstverständlich auch Reidemeister. Die Existenz einer konstruktiven Mathematik ist hierbei nicht einmal zur Kenntnis genommen. Gerade mit ihrem Aufweis aber verliert in unserem Zusammenhang Szabós These vom Primat der Logik gegenüber der Mathematik ihre charakteristische Schärfe; es könnte sein, daß sowohl eleatische Argumentationskunst als auch die Kunst des Zählens und Messens durchaus selbständig das logische Schließen als Werkzeug vernünftigen Denkens hervorgebracht haben. Eine solche Betrachtungsweise läßt dann selbstverständlich immer noch den speziellen und, wie es scheint, auch begründeten Nachweis zu, daß eine sich als axiomatische Theorie etablierende Geometrie historisch gesehen von der eleatischen Logik abhängig ist.

31 Vgl. O. Becker, *Das mathematische Denken der Antike*, S. 38 f.

32 Proklos weiß lediglich zu berichten, daß Thales diesen Satz als erster erkannt (ἐπιστῆσαι) und ausgesprochen habe (εἰπεῖν); *in Eucl.* 250,22 Friedlein.

33 Auch ein bei Aristoteles (*Analytica Priora* A24.41b13-22) überlieferter alter Beweis des Basiswinkelsatzes, der ebenfalls von der Annahme Gebrauch macht, daß die gemischtlinigen Halbkreiswinkel im Kreis einen festen Wert besitzen, dürfte, wie Th. Heath bemerkt hat (*Mathematics in Aristotle*, Oxford 1949, S. 23 f.), ursprünglich ein ἐφαρμόζειν-Beweis gewesen sein. Vgl. O. Becker, a.a.O., S. 38; K. v. Fritz, *Gleichheit, Kongruenz und Ähnlichkeit in der Mathematik bis auf Euklid, Arch. f. Begriffsgesch.* IV, S. 51 f. Ausführliche Erörterung dieses vor-euklidischen Beweises bei Th. Heath, *The Thirteen Books of Euclid's Elements* I, S. 252 ff.

34 P. Lorenzen, *Das Begründungsproblem der Geometrie als Wissenschaft der räumlichen Ordnung, Philosophia Naturalis* VI (1960), S. 415-431. Wiederabgedruckt in: P. Lorenzen, *Methodisches Denken*, Frankfurt 1968, S. 120-141. Vgl. ferner unten S. 94 ff. *(Wider den Dingler-Komplex)*.

35 ἐπειδὴ τὴν ἐπιστήμην ταύτην τὴν γεωμετρίαν ἐξ ὑποθέσεως εἶναί φαμεν καὶ ἀπὸ ἀρχῶν ὡρισμένων τὰ ἐφεξῆς ἀποδεικνύναι ... ἀνάγκη δή που τὸν τὴν ἐν γεωμετρίᾳ στοιχείωσιν συντάττοντα χωρὶς μὲν παραδοῦναι τὰς ἀρχὰς τῆς ἐπιστήμης, χωρὶς δὲ τὰ ἀπὸ τῶν ἀρχῶν συμπεράσματα, καὶ τῶν μὲν ἀρχῶν μὴ διδόναι λόγον, τῶν δὲ ἑπομένων ταῖς ἀρχαῖς (*Procl. in Eucl.* 75,6-14 Friedlein). Übersetzung nach der deutschen Ausgabe von P. L. Schönberger / M. Steck, Halle 1945, S. 218.

36 *Procl. in Eucl.* 66,7-8 Friedlein. Vgl. W. Burkert, ΣΤΟΙΧΕΙΟΝ. *Eine semasiologische Studie, Philologus* 103 (1959), S. 193 ff.

37 *Simpl. in Arist. Phys. I 2 comment.* 61,5-7 Diels (*Comm. in Arist. Graeca* IX, Berlin 1882) (Eudem Fr. 140 Wehrli). Vgl. die vorzügliche Separatausgabe von F. Rudio, *Der Bericht des Simplicius über*

die Quadraturen des Antiphon und des Hippokrates, Leipzig 1907, S. 48.

38 Damit sind natürlich nur alle möglichen Fälle des äußeren Kreisbogens, nicht aber alle möglichen Möndchen erschöpft. Die bereits mit Aristoteles (*An. pr.* B25.69a30 ff.; *Soph. El.* 11.171b14 ff.; *Phys.* A2.185a14 ff.) einsetzende Diskussion über das tatsächliche Niveau der Hippokratischen Bemühungen wird von der zweifelhaften Vermutung gespeist, Hippokrates habe möglicherweise diesen Unterschied nicht beachtet. Zu dieser Diskussion vgl. K. v. Fritz, *Die* APXAI *in der griechischen Mathematik, Arch. f. Begriffsgesch.* I, S. 93.

39 Zur eleatischen Methode der Fallunterscheidung vgl. K. Reinhardt, *Parmenides und die Geschichte der griechischen Philosophie,* Bonn 1916, S. 36 ff., 65 ff. Auf die Verwandtschaft zwischen dem eleatischen Argumentationsschema und dem Vorgehen des Hippokrates macht auch W. Burkert, *Weisheit und Wissenschaft,* S. 402 aufmerksam. Wo und wann Hippokrates mit dem Eleatismus oder einem bereits von diesem beeinflußten Denken vertraut wurde, läßt sich bei den spärlichen biographischen Zeugnissen nicht entscheiden. Immerhin stimmen diese Zeugnisse darin überein, daß Hippokrates ein vielgereister Mann war und sich längere Zeit auch in Athen aufgehalten hat (Arist. *Eth. Eud.* H14.1247a17-20; Plutarch *Vita Solonis* 2; *Philop. in Arist. Phys. comment.* 31,3-5 Vitelli [*Comm. in Arist. Graeca* XVI, Berlin 1897]). Pythagoreischer Einfluß – einmal angenommen, es hätte eine vor-hippokratische pythagoreische Geometrie überhaupt gegeben (dazu W. Burkert, a.a.O., S. 425 ff.) – läßt sich nicht nachweisen, Aristoteles macht einen deutlichen Unterschied zwischen den, wie er sich auszudrücken pflegt, ›sogenannten Pythagoreern‹ und Hippokrates (*Meteor.* A6.342b30 ff.) bzw. der Schule des Hippokrates (οἱ περὶ Ἱπποκράτην, *Meteor.* A7.344b15). Daß auch eine leicht mißverständliche Formulierung bei Iamblich (*De communi mathematica scientia,* ed. N. Festa, Leipzig 1891, S. 77, 18 ff.) keinen begründeten Hinweis auf eine Verbindung zwischen Hippokrates und Pythagoreern enthält, hat bereits F. Rudio (a.a.O., S. 97 ff.) hervorgekehrt.

40 Arist. *Met.* B2.998a2-4. Vgl. H.-G. Gadamer, *Dialektik und Sophistik im siebenten platonischen Brief,* SB Heidelberg, philos.-hist. Kl. 1964, 2. Abh., S. 18 Anm. 24, der mit Recht unter Hinweis auf diese Episode hervorhebt, »wie schwierig damals noch für einen Mathematiker seine methodische Selbstrechtfertigung war«.

41 Die Datierung dieser ›Entdeckung‹ bereitet einige Schwierigkeiten, da sich eindeutige Zeugnisse nicht anführen lassen. Alles spricht jedoch für Eudoxos, dessen Planetentheorie von einer bis dahin unbekannten Einsicht in die Leistungsfähigkeit mathematischer Ver-

nunft beim Entwurf kinematischer Modelle für die Erklärung der Phänomene zeugt. Zweifellos hat er auch in seiner Geographie, die erstmals auf eine Erdkugellehre hin entworfen ist, mathematische und astronomische Kenntnisse als Hilfsmittel eingesetzt. Möglicher Vorläufer: der Astronom (Strab. I,29) Bion von Abdera (Diog. Laert. IV,58; zur Datierung vgl. jetzt W. Burkert, a.a.O., S. 284). Greifbar ist dieses Programm einer ›wissenschaftlichen‹, sich nicht in reiner Länderkunde erschöpfenden Geographie in Eudoxos' Behandlung der Zonenlehre (vgl. F. Gisinger, *Geographie*, RE Suppl. IV 578 ff.). Er greift damit erstmals bei Parmenides (Poseidonios bei Strab. II,94) nachweisbare Versuche auf, die ebenfalls schon von einer Projektion astronomischer Einteilungen auf die Erdoberfläche ausgingen (für Parmenides selbst wohl zurecht noch bezweifelt von W. Burkert, ebd.; ein ausführliches Lehrstück über die astronomische Behandlung der Zonenlehre findet sich bei Arist. *Meteor.* B5.362b6 ff., dazu H. Berger, *Geschichte der wissenschaftlichen Erdkunde der Griechen*, Leipzig ²1903, S. 301 ff., vgl. auch S. 206 ff.). Während es bei den früheren Versuchen jedoch im wesentlichen auf ›natürliche‹ Einteilungen ankam, Bestimmung der Klimagürtel etc., scheint Eudoxos von vornherein der theoretische Charakter solcher Einteilungen, ihre methodische, von ›natürlichen‹ Gegebenheiten unabhängige Zweckmäßigkeit bewußt gewesen zu sein. Daß er sich um geographische Breitenbestimmungen bemüht hat, läßt sich aus Strab. II,119 erschließen; dazu H. Berger, a.a.O., S. 247 f. Vgl. im übrigen F. Gisinger, *Die Erdbeschreibung des Eudoxos von Knidos*, Berlin 1921, S. 15 ff. und zu der hier vertretenen Ansicht K. v. Fritz, *Der Beginn universalwissenschaftlicher Bestrebungen und der Primat der Griechen, Studium Generale* 14 (1961), S. 555.

42 Zur Zerlegung des Kartenbildes in schematische ›Großräume‹ vgl. Herodot II 21. 16. 33-34; IV 8. 36. Eine detaillierte Darstellung gibt F. Jacoby, *Hekataios*, RE VII,2.2667 ff. Auf die Abhängigkeit des Hekataios von Anaximander macht Ch. H. Kahn, *Anaximander and the Origins of Greek Cosmology*, New York 1960, S. 81 ff., aufmerksam.

43 IV 36.

44 *Procl. in Eucl.* 95,23-26 Friedlein.

45 *Rep.* 510C/D.

46 *Rep.* 510D, 511D; vgl. 527B.

47 Daß hier nicht Sätze gemeint sind, betonen bereits K. v. Fritz, *Die* APXAI *in der griechischen Mathematik, Arch. f. Begriffsgesch.* I, S. 38 ff.; E. M. Manasse, in: *Philos. Rundschau, Sonderheft Platonliteratur* II, Beiheft 2 (1961), S. 156; H. Schmitz, *System der Philosophie I (Die Gegenwart)*, Bonn 1964, S. 77. – An anderen Stellen im Corpus Platonicum kommen natürlich ὑποθέσεις auch als Sätze vor

(vgl. *Phaid.* 100A etc.), doch sind damit keine speziell mathematischen Sätze, sondern allgemein Annahmen gemeint, über die man sich im Dialog zu einigen versucht oder bereits geeinigt hat (*Theait.* 155B: ὁμολογήματα). Vgl. den schönen Abschnitt über die ὑποθέσεις bei Á. Szabó, *Anfänge des euklidischen Axiomensystems, Arch. f. Hist. of Ex. Sc.* I, S. 43 ff.

48 »Die Idealität der geometrischen Gebilde *erklärt* geradezu, wie Platon über Sokrates hinaus zu seiner Ideenlehre weitergegangen ist«, W. Kamlah, *Platons Selbstkritik im Sophistes* (*Zetemata* 33), München 1963, S. 4.

49 *Rep.* 524D ff.

50 Zur Entstehungsgeschichte des Quadriviums vgl. Ph. Merlan, *From Platonism to Neoplatonism*, Den Haag 1953, S. 78 ff. Für pythagoreischen Ursprung: B. Snell, *Die Ausdrücke für den Begriff des Wissens in der vorplatonischen Philosophie* (*Philologische Untersuchungen* 29), Berlin 1924, S. 77 ff.; ähnlich K. v. Fritz, *Mathematiker und Akusmatiker bei den alten Pythagoreern*, SB München, philos.-hist. Kl. 1960, 11. Abh., S. 20 f. Dagegen betont W. Burkert im Rahmen seiner Destruktion ›pythagoreischer‹ Wissenschaft den fächerbildenden Einfluß der Akademie (a.a.O., S. 399 f.). Die Tradition spricht im wesentlichen vom ›pythagoreischen‹ Quadrivium, vgl. *Procl. in Eucl.* 35,21 ff. Friedlein.

51 Dazu wieder W. Burkert, a.a.O., S. 201 Anm. 97.

52 Vgl. Th. Heath, *A History of Greek Mathematics* I, S. 10; B. Snell, a.a.O., S. 72 ff.; K. v. Fritz, *Der gemeinsame Ursprung der Geschichtsschreibung und der exakten Wissenschaften bei den Griechen, Philos. Nat. II*, S. 203; ders. *Mathematiker und Akusmatiker bei den alten Pythagoreern*, SB München, philos.-hist. Kl. 1960, 11. Abh., S. 20.

53 Vgl. die detaillierte Untersuchung von F. Heinimann, *Eine vorplatonische Theorie der τέχνη, Museum Helveticum* 18 (1961), S. 105 ff.; hier auch weitere ausführliche Literaturhinweise. Zur τέχνη bei Platon vgl. auch H. J. Krämer, *Arete bei Platon und Aristoteles. Zum Wesen und zur Geschichte der platonischen Ontologie*, SB Heidelberg, philos.-hist. Kl. 1959, 6. Abh., S. 220 ff.; zu ἐπιστήμη K. v. Fritz, *Der Beginn universalwissenschaftlicher Bestrebungen und der Primat der Griechen, Stud. Gen.* 14, S. 610.

54 *Met.* A1.981b25 ff.; *Eth. Nic.* Z3.1139b14 ff.; vgl. B. Snell, a.a.O., S. 87.

55 Dazu W. Capelle, *Zur hippokratischen Frage, Hermes* 57 (1922), S. 262 ff.; F. Heinimann, a.a.O., S. 115 f.

56 G. Krüger, *Grundfragen der Philosophie. Geschichte Wahrheit Wissenschaft*, Frankfurt 1958, S. 170.

57 Vgl. Verf. *Die Rettung der Phänomene. Ursprung und Geschichte eines antiken Forschungsprinzips*, Berlin 1962, S. 117 ff.

58 *Met.* A6.987b14-18; B1.995b15-18; B2.997a35-b3; K1.1059b3-8 und öfter. Vgl. H. Cherniss, *The Riddle of the Early Academy*, Berkeley 1945, S. 75 f.; dort auch weitere Stellenangaben. Zur recht ›aristotelisch‹ klingenden Begründung (μαθηματικά zwar ›ewig‹ und ›unbewegt‹, aber ›zahlreich‹) vgl. *Met.* A6.987b14-18; B6.1002b14-16. Zur Beurteilung dieser These vgl. W. D. Ross, *Aristotle's Metaphysics, a revised Text with Introduction and Commentary*, Oxford 1924, I, S. 166 ff. K. Gaiser, der im Anschluß an H. J. Krämer *(Arete bei Platon und Aristoteles)* den höchst zweifelhaften Versuch unternimmt, die gesamte, nun als ›exoterisch‹ apostrophierte Philosophie der Platonischen Dialoge auf eine ›esoterische‹ Zahlenspekulation, wie sie bei Speusipp, Xenokrates und Philippus von Opus greifbar wird, hin zu interpretieren, übernimmt die Aristotelische These als gesichert (*Platons ungeschriebene Lehre. Studien zur systematischen und geschichtlichen Begründung der Wissenschaften in der Platonischen Schule*, Stuttgart 1963, S. 91 ff.). Zu Gaisers Buch vgl. die ausführlichen Besprechungen von K.-H. Ilting in: *Gnomon* 37 (1965), S. 131 ff., Verf. in: *Philosophische Rundschau* 13 (1965).

59 Vgl. Literaturbericht H. Cherniss in: *Lustrum* 5 (1960), S. 388 ff.

60 K. v. Fritz glaubt allerdings in *An. post.* A10.76b35-39 eine direkte Kritik an Platons Stellungnahme im *Staat* sehen zu können (*Die* ΑΡΧΑΙ *in der griechischen Mathematik, Arch. f. Begriffsgesch.* I, S. 38 ff.). Doch selbst wenn Aristoteles in seiner Erklärung, unter ὅροι dürfe man keine ὑποθέσεις verstehen, tatsächlich auf entsprechende Partien im *Staat* anspielt, könnte es sich doch lediglich um eine terminologische Korrektur handeln.

61 *Phys.* B2.193b22-194a12; *de cael.* Γ 1.299a15-17; *de an.* A1.403b 11-16; Γ 7.431b13-16; *Eth. Nic.* Z9.1142a11-20. Vgl. K. Reidemeister, a.a.O., S. 84 f.; O. Becker, *Grundlagen der Mathematik in geschichtlicher Entwicklung*, S. 118 ff.

62 Vgl. H. Dingler, *Die Grundlagen der Physik. Synthetische Prinzipien der mathematischen Naturphilosophie*, Berlin/Leipzig ²1923, S. 151 ff.; ders. *Das Experiment. Sein Wesen und seine Geschichte*, München 1928, S. 56 ff. (»Wir denken uns in unserer Realität eine Gestalt derart, daß wir sie von zwei Seiten aus betrachten können, eine Gestalt der Art, die wir eine ›Fläche‹ nennen, und bestimmen sie näher dadurch, daß es unmöglich sein soll, sowohl im ganzen als an irgendeiner Stelle ihre beiden Seiten an sich selbst (abgesehen von der Umrandung) zu unterscheiden« [57] ... »Sie ist zunächst für sich betrachtet lediglich eine ›Forderung‹ oder ein ›Verfahren‹, um eine vorher in der Realität nur der Möglichkeit nach vorhandene Form in dieser zu bestimmen« [58]); ders. *Aufbau der exakten Fundamentalwissenschaft*, aus dem Nachlaß hrsg. v. P. Lorenzen, München 1964, S. 175 ff. – P. Lorenzen, *Das Begründungsproblem der*

Geometrie als Wissenschaft der räumlichen Ordnung, Philos. Nat. VI, S. 425 ff.; ferner unten S. 94 f. *(Wider den Dingler-Komplex).*
63 Vgl. K. Lorenz / J. Mittelstraß, *Die Hintergehbarkeit der Sprache, Kant-Studien* 58 (1967), S. 206 ff.; ferner unten S. 193 ff. *(Das normative Fundament der Sprache).* Es ist dabei sinnvoll, diese Invarianzforderungen an Aussagen über *Wörter* von jenen Homogenitätsforderungen an wirkliche Gegenstände – und das sind ebenfalls Invarianzforderungen an Aussagen, aber nun an Aussagen über *wirkliche Gegenstände* – zu unterscheiden, weil die Erfüllbarkeit dieser Forderungen im ersten Fall allein von sprachlichen Vereinbarungen, im zweiten Fall jedoch von technischen Verfahren abhängt.
64 *An. pr.* A4.25b30; *An. post.* A2.71b17-18 und öfter.
65 Vgl. K. v. Fritz, a.a.O., S. 19 ff.; G. Patzig, *Die aristotelische Syllogistik. Logisch-philologische Untersuchungen über das Buch A der »Ersten Analytiken«*, Göttingen 1959, S. 137 f.
66 *An. post.* A3.72b5 ff.
67 *An. post.* A2.71b19-22; vgl. *An. post.* A4.73a21 ff.; *Top.* A1.100a 25-29; dazu Th. Heath, *A History of Greek Mathematics* I, S. 336 f.; ders. *The Thirteen Books of Euclid's Elements* I, S. 117 ff.
68 Vgl. *An. post.* A10.76a41; A11.77a30-31; *Met.* K4.1061b19-25.
69 *An. post.* A11.77a26 ff.
70 Zur Unterscheidung von τὰ κοινά und τὰ ἴδια, d. i. von, euklidisch gesprochen, Axiomen und Postulaten: *An. post.* A10.76a37 ff. Vgl. Th. Heath, *The Thirteen Books of Euclid's Elements* I, S. 119 ff.; K. v. Fritz, a.a.O., S. 25 ff.
71 Allerdings sieht O. Becker (*Arch. f. Begriffsgesch.* IV, S. 220 f.) im Anschluß an K. v. Fritz (*Die* APXAI *in der griechischen Mathematik, Arch. f. Begriffsgesch.* I, S. 24 etc.) in einigen Bemerkungen bei Archimedes bereits erste Schritte in Richtung auf eine konventionalistische Auffassung der Axiome, die sich deutlich von der Aristotelischen Auffassung unterscheide. Er bezieht sich dabei auf eine Stelle aus der Vorrede zur *Quadratur der Parabel*, in der Archimedes betont, daß es ihm bei dem nicht-evidenten ›archimedischen Axiom‹ nur auf die Evidenz der mit ihm gewonnenen Resultate ankomme (*Archimedis Opera omnia*, ed. J. L. Heiberg, I-III, Leipzig ²1910-15, II, S. 264,22-26.
72 *An. post.* A1.71a6; B19.100b3-5 etc.
73 Vgl. *An. post.* A18.81a38-81b1; *An. pr.* B23.68b13-14 (hier συλλογισμός für ἀπόδειξις). G. Patzig (a.a.O., S. 138) weist in diesem Zusammenhang besonders auf *Eth. Nic.* Z3.1139b26-31: διδασκαλία δι' ἐπαγωγῆς – διδασκαλία συλλογισμῷ hin, eine Unterscheidung, die seiner Meinung nach die spätere Einteilung in ›induktive‹ und ›deduktive‹ Wissenschaften inspiriert haben dürfte. Für Aristoteles selbst ist dagegen die ἐπαγωγή noch genuiner Bestand-

teil, nämlich ›Anfang‹, einer ›deduktiven‹ Wissenschaft, der ἀποδεικτικὴ ἐπιστήμη (1139b29-31).
74 Dies hat K. v. Fritz in überzeugender Weise hervorgekehrt: *Die ἐπαγωγή bei Aristoteles*, SB München, philos.-hist. Kl. 1964, 3. Abh.; vgl. bes. S. 32 ff.
75 Vgl. *An. pr.* A30.46a17-18 (ἐμπειρία vermittelt die ἀρχαί); *An. post.* B19.100a3 ff. etc.
76 Vgl. *Eth. Nic.* A1.1094b11-14; B2.1103b34-1104a3.
77 *Eth. Nic.* Z3.1139b31–32.
78 Vgl. *Met.* B2.996b26 ff. Th. Heath, a.a.O., S. 121.
79 *Met.* K7.1064b1-3; *Met.* E1.1025b25; *Top.* Z6.145a15-16.
80 Vgl. W. Jaeger, *Aristoteles. Grundlegung einer Geschichte seiner Entwicklung*, Berlin 1923, S. 399.
81 Cicero *ad Att.* II 16,3. Vgl. Porphyrius, *De abstinentia* IV, 2 (*Opuscula*, ed. A. Nauck, Leipzig [2]1886, S. 228 f.).
82 Die ›praktische‹ Seite gerade auch der Aristotelischen theoretischen Bemühungen (von den Platonischen Bemühungen in diesem Zusammenhang war ja bereits die Rede) hat J. H. Randall Jr. in seinem schönen Buch über Aristoteles (*Aristotle*, New York 1960) meisterhaft dargestellt. So heißt es in einem einleitenden Kapitel *The Aristotelian approach to understanding: living, knowing, and talking*: »Aristotle is convinced that no way of understanding the world, no scheme of ›science‹, is worth its salt unless it provides the means for understanding living processes in general, and the processes of human living in particular. That is, for Aristotle the categories of ›life‹ in general, and of ›human life‹ in particular, are the most fundamental in any enterprise of understanding – because we who are trying to understand are neither angels nor electrons, but living men, and it is ourselves we are ultimately trying to know and understand. Like Socrates and like the Seven Wise Men of Greece, Aristotle makes the precept ›Know Thyself‹ central in his vision of a world understood« (S. 4).

3 *Erfahrung und Begründung*

1 H. Albert, *Traktat über kritische Vernunft*, Tübingen [2]1969, S. 11 ff. K. R. Popper hatte an die Formulierung eines Trilemmas durch J. F. Fries erinnert, in der bereits Dogmatismus und unendlicher Regreß (neben einer psychologistischen Basis) als zwei Argumentationsglieder auftraten: »Will man die Sätze der Wissenschaft nicht *dogmatisch* einführen, so muß man sie *begründen.* Verlangt man eine logische Begründung, so kann man *Sätze immer nur auf Sätze* zurückführen: die Forderung nach logischer Begründung ... führt zum

unendlichen Regreß« (K. R. Popper, *Logik der Forschung*, Tübingen [4]1971, S. 60). Die in diesem Rahmen als selbstverständlich geltende Annahme eines ausschließlich deduktiven Begriffs der Begründung wird von Popper an anderer Stelle unterstrichen, wenn er als ›Theorie der rationalen Kritik‹ explizit ›die deduktive Logik‹ bezeichnet (*Die Logik der Sozialwissenschaft*, in: Th. W. Adorno u. a., *Der Positivismusstreit in der deutschen Soziologie*, Neuwied/Berlin 1969, S. 116). In der für ein solches Verständnis zentralen *Logik der Forschung* tritt diese Einschränkung vor allem in mehr beiläufigen Bemerkungen auf. So heißt es z. B. in einer Erläuterung des Unterschieds zwischen einer Begründung und einer Beschlußfassung: »Im Gegensatz zum ›Wahrspruch‹ der Geschworenen muß das *Urteil* des Richters gerechtfertigt, *begründet* werden; er muß es aus den anderen Sätzen – den Systemsätzen in Verbindung mit dem Wahrspruch als ›Randbedingung‹ – logisch ableiten« (a.a.O., S. 75).

2 Vgl. dazu im einzelnen P. Janich / F. Kambartel / J. Mittelstraß, *Wissenschaftstheorie als Wissenschaftskritik*, Frankfurt 1974, § 17. Hier wird auch der Einfluß dieses Mißverständnisses auf die Wissenschaftstheorie des Logischen Empirismus (R. Carnap) und des Kritischen Rationalismus (Popper und seine Schule) hervorgehoben und belegt.

3 ». . . jeder Satz hat den Charakter einer Theorie, einer Hypothese« (*Logik der Forschung*, S. 61); »Unsere Sprache ist von Theorien durchsetzt: *es gibt keine reinen* Beobachtungssätze« (a.a.O., S. 76); »wir bewegen uns immer in Theorien, sogar dann, wenn wir die trivialsten singulären Sätze aussprechen« (a.a.O., S. 377). Unter den Beispielen für diese Behauptung findet sich die folgende Erläuterung: »Sogar in einer sogenannten ›phänomenalen‹ Sprache, die etwa ›jetzt hier rot‹ zuläßt, würde das Wort ›jetzt‹ eine (rudimentäre) Theorie der Zeit implizieren; das Wort ›hier‹ eine Theorie des Raumes; und das Wort ›rot‹ eine Theorie der Farben« (a.a.O., S. 76).

4 Popper selbst versucht sich an dieser Stelle wissenschaftstheoretisch vom Konventionalismus noch dadurch abzugrenzen, »daß es *nicht allgemeine, sondern singuläre Sätze* sind, über die wir Festsetzungen machen« (*Logik der Forschung*, S. 74), und jede ›konventionalistische Wendung‹, d. h. der Rückgriff auf Hilfshypothesen, die den ›Falsifizierbarkeitsgrad‹ eines Systems herabsetzen, verboten sein soll (a.a.O., S. 50 f.). Damit gelingt zwar dem Buchstaben nach eine Abgrenzung vom historischen Konventionalismus (etwa P. Duhems und H. Poincarés), doch hindert das gemäß der zuvor gegebenen Definition nicht, auch eine Position wie diejenige Poppers mit Rücksicht auf die Behandlung von Begründungsfragen noch als konventionalistisch zu bezeichnen. Daß jetzt wegen der erkannten logischen Unmöglichkeit von Induktionsschlüssen in den empirischen Wissenschaften und der

daraus folgenden Asymmetrie von Verifikation und Falsifikation anstelle der Verifikation die Falsifikation als Abgrenzungskriterium eines rationalen erfahrungswissenschaftlichen Wissens gegenüber metaphysischen Annahmen auftritt, kann in diesem Sinne selbst als eine konventionalistische Variante aufgefaßt werden. Insbesondere bei Duhem sind denn auch die wichtigsten zentralen Unterscheidungen, mit denen die moderne analytische Wissenschaftstheorie der Physik arbeitet, bereits in aller Klarheit vorgezeichnet. Vgl. K. Hübner, *Duhems historistische Wissenschaftstheorie und ihre gegenwärtige Weiterentwicklung, Philosophia Naturalis* 13 (1971), S. 81-97.

5 Schon bei K. R. Popper tritt ein Theorienpluralismus in der Funktion eines kritischen Korrektivs gegenüber einer herrschenden Theorie auf: »the method of trial and error is essentially a method of elimination. Its success depends mainly on three conditions, namely, that sufficiently numerous (and ingenious) theories should be offered, that the theories offered should be sufficiently varied, and that sufficiently severe tests should be made. In this way we may, if we are lucky, secure the survival of the fittest theory by the elimination of those which are less fit« (*What is Dialectic?*, in: *Mind* 49 [1940], S. 404 [wiederabgedruckt in: K. R. Popper, *Conjectures and Refutations. The Growth of Scientific Knowledge*, London 1963, S. 313]). Die Bedeutung, die Popper einer derartigen Bemerkung zuschreibt, geht u. a. daraus hervor, daß er sie wörtlich später in Auseinandersetzung mit W. W. Bartleys Kritik erneut anführt (*Remarks on the Problems of Demarcation and of Rationality*, in: I. Lakatos / A. Musgrave [Eds.], *Problems in the Philosophy of Science* [*Proceedings of the International Colloquium in the Philosophy of Science,* London 1965, vol. 3], Amsterdam 1968, S. 96 f.). Vgl. ferner H. Albert, a.a.O., S. 46 ff. (›theoretischer Pluralismus‹). Albert schließt in diesem Zusammenhang vor allem an Arbeiten P. K. Feyerabends an, in denen nun unter heuristischer Wiederzulassung selbst ›metaphysischer Ideen‹ die Poppersche Konzeption der Wissenschaftstheorie eine bewußt anarchische Wendung nimmt. Vgl. P. K. Feyerabend, *How to Be a Good Empiricist – A Plea for Tolerance in Matters Epistemological,* in: *Philosophy of Science. The Delaware Seminar* 2 (1962-1963), S. 37; ders. *Problems of Empiricism,* in: R. G. Colodny (Ed.), *Beyond the Edge of Certainty,* Englewood Cliffs 1965, S. 150; ders. *Against Method: Outline of an Anarchistic Theory of Knowledge,* in: M. Radner / S. Winokur (Eds.), *Analyses of Theories and Methods of Physics and Psychology,* Minneapolis 1970 (*Minnesota Studies in the Philosophy of Science* IV), S. 17-130; ders. *Von der beschränkten Gültigkeit methodologischer Regeln, Neue Hefte für Philosophie 2/3: Dialog als Methode* (1972), S. 124-171.

6 Vgl. dazu das in jüngster Zeit besonders starke polemische Interesse

an den Arbeiten H. Dinglers, sofern diese das Programm einer ›Letztbegründung‹ enthalten, und den in diesem Zusammenhang gegenüber Vertretern einer sogenannten Konstruktiven Wissenschaftstheorie geltend gemachten, sachlich aber unbegründeten Verdacht eines ›wiederauferstandenen Dinglerismus‹ (W. Stegmüller, *Probleme und Resultate der Wissenschaftstheorie und Analytischen Philosophie IV: Personelle und Statistische Wahrscheinlichkeit,* Berlin/Heidelberg/New York 1973, S. 26). Dieser Verdacht zeigt, wie nahe es offenbar im Umkreis von Kritischem Rationalismus und Analytischer Wissenschaftstheorie liegt, Begründungsansprüche konstruktiver Art, die wiederum gerade gegen die eigene Skepsis und das Ausweichen in einen wissenschaftstheoretischen Konventionalismus geltend gemacht werden, von vornherein mit einem dogmatischen Beharren auf längst überschrittenen Positionen, auf ›Letztbegründung‹ oder ›Absolutbegründung‹ in einem ohnehin nur entweder als spekulativ oder naiv verständlichen Sinne (dem Anspruch nämlich, man könne sich nicht mehr irren), zu verwechseln. Dazu unten S. 84 ff. *(Wider den Dingler-Komplex).*

7 Vgl. K. R. Popper, *Normal Science and its Dangers,* in: I. Lakatos / A. Musgrave (Eds.), *Criticism and the Growth of Knowledge* (*Proceedings of the International Colloquium in the Philosophy of Science,* London 1965, vol. 4), Cambridge 1970, S. 56.

8 Dazu I. Lakatos, *Criticism and the Methodology of Scientific Research Programmes, Proceedings of the Aristotelian Society* NS 69 (1969), S. 167 ff.; ders. *Falsification and the Methodology of Scientific Research Programmes,* in: I. Lakatos / A. Musgrave (Eds.), *Criticism and the Growth of Knowledge,* S. 132 ff. Lakatos unterstreicht dabei die Rolle theoretischer Rahmenvorstellungen unter Hinweis auf die ein Forschungsprogramm definierenden allgemeinen methodologischen Regeln: »The programme consists of methodological rules: some tell us what paths of research to avoid *(negative heuristic),* and others what paths to pursue *(positive heuristic)*« (*Falsification . . .,* a.a.O., S. 132).

9 Th. S. Kuhn, *The Structure of Scientific Revolutions,* Chicago [2]1970, S. 5 (dt. *Die Struktur wissenschaftlicher Revolutionen,* Frankfurt 1967, S. 22).

10 K. R. Popper, *Logik der Forschung,* S. 26.

11 Grundsätzlich ändert sich daran auch nichts durch die bei K.-O. Apel erfolgte Ersetzung des Begriffs einer *kritischen Kommunikationsgemeinschaft* (im Sinne Poppers) durch den Begriff einer *transzendentalen Kommunikationsgemeinschaft* (vgl. *Das Apriori der Kommunikationsgemeinschaft und die Grundlagen der Ethik. Zum Problem einer rationalen Begründung der Ethik im Zeitalter der Wissenschaft,* in: K.-O. Apel, *Transformation der Philosophie,* I-II,

Frankfurt 1973, II, S. 358 ff.). In beiden Fällen werden einer (faktischen oder fingierten) Gruppe Leistungen zugeschrieben bzw. von ihr erwartet, die genaugenommen nur erbracht werden können, wenn auch die dafür geeigneten Mittel auf eine methodische Weise zur Verfügung gestellt werden.

12 Vgl. Anm. 9.

13 Vgl. G. Böhme / W. van den Daele / W. Krohn, *Alternativen in der Wissenschaft*, *Zeitschrift für Soziologie* 1 (1972), S. 302-316.

14 Dazu unten S. 141 ff. *(Prolegomena zu einer konstruktiven Theorie der Wissenschaftsgeschichte).* Hier auch eine ausführliche Kritik moderner Vorstellungen und Theorien zur Wissenschaftsgeschichte, sofern diese dazu dienen, einen Teil der in wissenschaftstheoretischen Kontexten aufgetretenen Fragen im Rahmen einer historischen Reflexion zu beantworten.

15 Schon aus dieser Aufgabenstellung mag deutlich werden, daß derjenige, der das Begründungsproblem in dieser Weise aufgreift, um es entgegen der herrschenden Auffassung über Möglichkeit und Grenzen eines begründeten Vorgehens einer Lösung zuzuführen, zu unrecht als Cartesianer auf der Suche nach einem ›archimedischen Punkt der Erkenntnis‹ (vgl. H. Albert, a.a.O., S. 8 f., 14 f.) verdächtigt würde. Descartes war der erste, er war aber auch der letzte Rationalist, der Theorien durch ausschließlich theoretisch gewonnene Evidenzen zu sichern suchte. Vgl. meine Descartes-Kritik in: *Neuzeit und Aufklärung. Studien zur Entstehung der neuzeitlichen Wissenschaft und Philosophie*, Berlin/New York 1970, S. 327 ff., 388 ff.

16 Eine ausführlichere Behandlung dieser Unterscheidung enthält meine Untersuchung: *Metaphysik der Natur in der Methodologie der Naturwissenschaften. Zur Rolle phänomenaler (Aristotelischer) und instrumentaler (Galileischer) Erfahrungsbegriffe in der Physik*, in: K. Hübner / A. Menne (Eds.), *Natur und Geschichte* (X. Deutscher Kongreß für Philosophie, Kiel 8.-12. Oktober 1972), Hamburg 1974, S. 34-58. Eine englische Fassung (unter dem Titel *Two Concepts of Experience. Methodological Foundations of Aristotelian and Galilean Physics*) erscheint in der Reihe *Boston Studies in the Philosophy of Science* (1974).

17 So gesehen ist über alle philosophiehistorischen Einteilungen hinweg die Aristotelische Platon-Kritik verständlich, auch wenn Aristoteles dabei häufig übersieht, daß selbst wesentliche Teile der Platonischen ›Ideenlehre‹, wenn man sie und das Aristotelische Postulat nur in der richtigen Weise versteht, mit dem eigenen Vorgehen verträglich sind. Z. B. besteht sachlich gesehen zwischen der Platonischen Sprech weise von geometrischen Ideen, die den nicht-empirischen Charakter dieser mathematischen Gegenstände hervorhebt, und der Aristotelischen Erklärung, daß es sich hier um mögliche, wenn auch niemals

vollständig realisierte Formen wirklicher Gegenstände handelt, kein irgendwie relevanter Gegensatz. Vgl. oben S. 49 f. *(Die Entdeckung der Möglichkeit von Wissenschaft).*

18 *Met.* A1.981a15 ff.

19 *An. post.* B19.100a16 ff.

20 Zu Motiv und Genese dieser entscheidenden Veränderung, in der die Werkstättentradition und die Tradition der Schulen eine wichtige Rolle spielen, vgl. J. Mittelstraß, *Neuzeit und Aufklärung*, S. 167 ff., ferner den Abschnitt *Technische und Akademische Praxis* in meiner Konstanzer Antrittsvorlesung: *Das praktische Fundament der Wissenschaft und die Aufgabe der Philosophie*, Konstanz 1972, S. 35 ff.

21 Zu dieser im Sinne der späteren Metaphysiktradition ungewöhnlichen Einschätzung vgl. *Eth. Nic.* Z8.1142a11 ff.

22 Dazu gehörend: der Satz vom ausgeschlossenen Widerspruch (*Met.* Γ 9.1005b17 ff.), der Satz vom ausgeschlossenen Dritten (*Met.* Γ7.1011b23 ff.) und der Satz von der notwendigen Ausschaltung eines Begründungsregresses (*Met.* α2.994a3 ff.).

23 *Discorsi e dimostrazioni matematiche intorno a due nuove scienze III, Le Opere di Galileo Galilei*, I-XX, Florenz 1890-1909, VIII, S. 197.

24 Vgl. dazu K. v. Fritz, *Die ἐπαγωγή bei Aristoteles*, München 1964 (*Sitzungsberichte der Bayerischen Akademie der Wissenschaften*, philos.-hist. Kl. 1964, Heft 3); wiederabgedruckt in: K. v. Fritz, *Grundprobleme der Geschichte der antiken Wissenschaft*, Berlin 1971, S. 623-676.

25 Im einzelnen dargestellt und erläutert in meinem schon erwähnten Buch *Neuzeit und Aufklärung*, S. 207 ff. *(Der Euklidische Aufbau der neuzeitlichen Physik).*

26 Eine detaillierte Analyse dieses Aristotelischen Begriffs der Erfahrung anhand der hierfür relevanten Texte findet sich bei F. Kambartel, *Erfahrung und Struktur. Bausteine zu einer Kritik des Empirismus und Formalismus*, Frankfurt 1968, S. 50 ff.

27 Zu dieser Unterscheidung vgl. K. Lorenz, *Der dialogische Wahrheitsbegriff, Neue Hefte für Philosophie*, Heft 2/3: *Dialog als Methode* (1972) S. 119 ff.

28 Vgl. z. B. W. Kamlah / P. Lorenzen, *Logische Propädeutik. Vorschule des vernünftigen Redens*, Mannheim ²1973; P. Lorenzen, *Normative Logic and Ethics*, Mannheim 1969; K. Lorenz, *Elemente der Sprachkritik. Eine Alternative zum Dogmatismus und Skeptizismus in der Analytischen Philosophie*, Frankfurt 1970; P. Lorenzen / O. Schwemmer, *Konstruktive Logik, Ethik und Wissenschaftstheorie*, Mannheim 1973.

29 Dazu P. Lorenzen, *Semantisch normierte Orthosprachen*, in: *Die wissenschaftliche Redaktion* 7 (1972), S. 117-132; wiederabgedruckt

in: F. Kambartel / J. Mittelstraß (Eds.), *Zum normativen Fundament der Wissenschaft*, Frankfurt 1973, S. 231-249.

30 Von daher wird auch noch einmal verständlich, wieso Aristoteles von einer ›Wahrnehmung des Allgemeinen‹ im ›Wissen des Besonderen‹ spricht (vgl. oben S. 64). Eine Elementaraussage kann sowohl der Beurteilung des ›Besonderen‹ dienen – es wird *behauptet,* daß ein Gegenstand unter einen Begriff fällt –, als auch der Fortsetzung einer exemplarischen Bestimmung des ›Allgemeinen‹ – es wird ein ›neues‹ *Beispiel* für die Verwendung eines Begriffes *angegeben.*

31 Vgl. P. Janich / F. Kambartel / J. Mittelstraß, *Wissenschaftstheorie als Wissenschaftskritik,* § 10.

32 Vgl. P. Lorenzen, *Einführung in die operative Logik und Mathematik,* Berlin/Göttingen/Heidelberg 1955; K. Lorenz, *Dialogspiele als semantische Grundlage von Logikkalkülen, Archiv für mathematische Logik und Grundlagenforschung* 11 (1968), S. 32-55, 73-100; ders. *Die dialogische Rechtfertigung der effektiven Logik,* in: F. Kambartel / J. Mittelstraß (Eds.), *Zum normativen Fundament der Wissenschaft,* S. 250-280; ders. *Rules versus Theorems. A New Approach for Mediation Between Intuitionistic and Two-Valued-Logic, Journal of Philosophical Logic* 2 (1973), S. 352-369; P. Lorenzen / O. Schwemmer, *Konstruktive Logik, Ethik und Wissenschaftstheorie,* S. 41 ff.

33 Vgl. dazu F. Kambartel, *Ethik und Mathematik,* in: M. Riedel (Ed.), *Rehabilitierung der praktischen Philosophie I: Geschichte, Probleme, Aufgaben,* Freiburg 1972, S. 499 f.; ebenfalls erschienen in: F. Kambartel / J. Mittelstraß (Eds.), *Zum normativen Fundament der Wissenschaft,* hier S. 125 ff. Im Rahmen einer Kennzeichnung rationaler Dialoge als ›unvoreingenommen‹, ›zwanglos‹ und ›nicht persuasiv‹ wird von Kambartel (in Anknüpfung an einen terminologischen Vorschlag von J. Habermas) die »*Begründung* einer Handlungsorientierung h« verstanden als »ein rationaler Dialog (oder der Entwurf eines solchen Dialoges), der zur Zustimmung aller Beteiligten dazu führt, daß h bei allen Betroffenen in einer für diese fingierten unverzerrten Kommunikationssituation zur Zustimmung gebracht werden kann« (S. 501 bzw. 127 f.). K. Lorenz formuliert in diesem Zusammenhang unter Hinweis auf entsprechende Überlegungen bei J. Habermas (*Vorbereitende Bemerkungen zu einer Theorie der kommunikativen Kompetenz,* in: J. Habermas / N. Luhmann, *Theorie der Gesellschaft oder Sozialtechnologie – Was leistet die Systemforschung?*, Frankfurt 1971, S. 101-141; vgl. jetzt auch: *Wahrheitstheorien,* in: H. Fahrenbach [Ed.], *Wirklichkeit und Reflexion. Walter Schulz zum 60. Geburtstag,* Pfullingen 1973, S. 252 ff.) ein ›Prinzip der *Redegleichheit*‹ und ein ›Prinzip der *Handlungsfreiheit*‹ (oder ›Autonomieprinzip‹), um im Vorgriff auf eine ideale Sprechsituation

einen dialogisch erzielten Konsens als vernünftig charakterisieren zu können (*Der dialogische Wahrheitsbegriff*, a.a.O., S. 115 ff.).

34 *An. post.* B19.100a8; vgl. *Met.* A1.981a1 ff.

35 Diese für die gesamte Argumentation an dieser Stelle zentrale These ist weiter ausgeführt unten S. 145 ff. *(Die Prädikation und die Wiederkehr des Gleichen)* und S. 158 ff. *(Das normative Fundament der Sprache).*

36 F. Kambartel, *Wie abhängig ist die Physik von Erfahrung und Geschichte? Zur methodischen Ordnung apriorischer und empirischer Elemente in der Naturwissenschaft*, in: K. Hübner / A. Menne (Eds.), *Natur und Geschichte*, S. 159.

37 Dazu P. Janich / F. Kambartel / J. Mittelstraß, *Wissenschaftstheorie als Wissenschaftskritik*, § 19.

38 *Logik der Forschung*, S. XVIII.

39 Vgl. Die Hinweise in Anm. 3. Ergänzend dazu sei noch eine weitere Bemerkung Poppers über den methodischen Ort von Basissätzen angeführt: »Die Festsetzung der Basissätze erfolgt anläßlich einer *Anwendung* der Theorie und ist ein Teil dieser Anwendung, durch die wir die Theorie *erproben;* wie die Anwendung überhaupt, so ist die Festsetzung ein durch theoretische Überlegungen geleitetes planmäßiges Handeln« (a.a.O., S. 71). Nicht-theoretische, d. h. Theorien nicht schon voraussetzende Anfänge gibt es für Popper und den Kritischen Rationalismus in diesem ein begrifflich zirkelhaftes Vorgehen an dieser Stelle bewußt in Kauf nehmenden Sinne nicht. Vgl. auch oben S. 58 ff.

40 Zum besonderen Charakter des herstellenden Handelns gegenüber anderen Formen von Praxis vgl. meine oben, Anm. 20, bereits erwähnte Konstanzer Antrittsvorlesung: *Das praktische Fundament der Wissenschaft und die Aufgabe der Philosophie*, S. 55 ff.

41 Zum protophysikalischen Programm und seiner Ausarbeitung im einzelnen vgl. P. Lorenzen, *Das Begründungsproblem der Geometrie als Wissenschaft der räumlichen Ordnung, Philosophia Naturalis* 6 (1961), S. 415-431 (wiederabgedruckt in: P. Lorenzen, *Methodisches Denken*, Frankfurt 1968, S. 120-141); ders. *Wie ist die Objektivität der Physik möglich?*, in: H. Delius / G. Patzig (Eds.), *Argumentationen. Festschrift für Josef König*, Göttingen 1964, S. 143-150 (wiederabgedruckt in: *Methodisches Denken*, S. 142-151); ders. *Normative Logic and Ethics*, S. 50 ff.; ders. in: P. Lorenzen / O. Schwemmer, *Konstruktive Logik, Ethik und Wissenschaftstheorie*, S. 130 ff.; P. Janich, *Die Protophysik der Zeit*, Mannheim 1969; ders. *Wie empirisch ist die Physik?, Philosophia Naturalis* 11 (1969), S. 291-303; ders. *Eindeutigkeit, Konsistenz und methodische Ordnung: normative versus deskriptive Wissenschaftstheorie zur Physik*, in: F. Kambartel / J. Mittelstraß (Eds.), *Zum normativen Fundament der Wissenschaft*,

S. 131-158; ders. *Zweck und Methode der Physik aus philosophischer Sicht*, Konstanz 1973.

42 Vgl. zum Aufbau eines solchen Fundierungszusammenhanges P. Janich, *Eindeutigkeit, Konsistenz und methodische Ordnung*, a.a.O.

43 Dazu erneut P. Janich, *Zweck und Methode der Physik aus philosophischer Sicht*, S. 18 ff. Janich schlägt in diesem Zusammenhang mit guten Gründen vor, die empirische Physik in *technikorientierter* Weise (darin im Gegensatz zum *kosmologieorientierten* Selbstverständnis der Physik) primär als ein *empirisches Störungsvermeidungswissen* zu begreifen. Nach diesem Vorschlag sind »physikalische Gesetze nichts anderes als mathematisch formulierte Konstruktionsprinzipien von Maschinen und fixieren dergestalt ein historisch angesammeltes Wissen der Störungsbeseitigung« a.a.O., S. 23).

44 Vgl. J. Mittelstraß, *Das praktische Fundament der Wissenschaft und die Aufgabe der Philosophie*, S. 55 ff. Hier auch eine Diskussion der Frage, inwieweit allgemein gegenüber einer zielbestimmten Praxis bestehende Rechtfertigungsverpflichtungen auch gegenüber dem durch Herstellungsregeln geleiteten poietischen Handeln gelten. Es wird dafür argumentiert, Poiesis als ein von einer Rechtfertigungsverpflichtung *unter bestimmten Bedingungen* suspendiertes Stück Praxis zu begreifen, sofern sich im Hinblick auf die herzustellenden Gegenstände von *gegebenen* Zielen sprechen läßt und Herstellungsregeln bloß daraufhin beurteilt werden, ob sie geeignet sind, die gewünschten Gegenstände hervorzubringen oder nicht, also selbst keine eigene Rechtfertigungsbemühung erfordern.

45 Bei Kant selbst ist dieser Fundierungszusammenhang noch nicht in der erforderlichen Klarheit herausgearbeitet. Die Bestimmung eines synthetischen Apriori bleibt gegenüber der notwendigen Unterscheidung zweier Erfahrungsbegriffe – Erfahrung (a) als vor-theoretisches, elementares Orientierungswissen und (b) als ein durch empirische Sätze dargestelltes theoretisches Wissen – häufig ambivalent und wird in einer dann leicht auf psychologische Mißverständnisse führenden Weise als ›innere‹ Organisation des Bewußtseins und der Wahrnehmung, z. B. ›Raum‹ als ein die Wahrnehmungsakte organisierendes Apriori nicht-begrifflicher Art, aufgefaßt. Ungeachtet dieser Unklarheiten, die den *Aufbau*, nicht die *Funktion* des synthetischen Apriori innerhalb der Organisation einer empirischen Theorie wie der Physik betreffen, gründet jedoch auch schon bei Kant der synthetisch-apriorische Charakter der Geometrie und der Arithmetik auf *Konstruktionen ›in der Anschauung‹*. Vgl. P. Janich / J. Mittelstraß, *Raum*, in: H. Krings / H. M. Baumgartner / Ch. Wild, *Handbuch philosophischer Grundbegriffe II*, München 1973, S. 1164 ff.

46 Vgl. F. Kambartel, *Wie abhängig ist die Physik von Erfahrung und Geschichte?*, a.a.O., S. 159.

4 Wider den Dingler-Komplex

1 K. R. Popper, *Logik der Forschung*, Tübingen ^{4}1971, S. 12; vgl. S. 47 (Dingler neben Poincaré und Duhem Hauptvertreter des Konventionalismus).

2 K. R. Popper, a.a.O., S. 48 f.

3 H. Albert, *Konstruktivismus oder Realismus? Bemerkungen zu Holzkamps dialektischer Überwindung der modernen Wissenschaftslehre, Zeitschrift für Sozialpsychologie* 2 (1971), S. 10 (wiederabgedruckt in H. Albert, *Konstruktion und Kritik. Aufsätze zur Philosophie des Kritischen Rationalismus*, Hamburg 1972, S. 351).

4 H. Albert, *Kritizismus und Naturalismus. Die Überwindung des klassischen Rationalitätsmodells und das Überbrückungsproblem*, in: H. Lenk (Ed.), *Neue Aspekte der Wissenschaftstheorie*, Braunschweig 1971, S. 115, 127 (wiederabgedruckt in H. Albert, *Konstruktion und Kritik*, S. 21, 27). Mehr als Kuriosum ist die verwirrte Stellungnahme von P. Bulthaup zu betrachten: nach Dingler sei »Kriterium für das, was als Wissenschaft soll gelten dürfen, ... deren Tauglichkeit zur Herrschaft« (*Das Argument. Zeitschrift für Philosophie und Sozialwissenschaften* 12 [1970], S. 121); »nur noch die Methode der Herrschaft, die zweckentsprechende Organisation der Gewalt soll untersucht werden dürfen« (ebd.).

5 H. Albert, *Traktat über kritische Vernunft*, Tübingen ^{2}1969, S. 33 f.

6 A.a.O., S. 33.

7 H. Albert, *Konstruktivismus oder Realismus?* a.a.O., S. 8. (= *Konstruktion und Kritik*, S. 347); vgl. H. Albert, *Traktat über kritische Vernunft*, S. 13 f.

8 W. Stegmüller, *Probleme und Resultate der Wissenschaftstheorie und Analytischen Philosophie* IV 1: *Personelle und Statistische Wahrscheinlichkeit. Personelle Wahrscheinlichkeit und Rationale Entscheidung*, Berlin/Heidelberg/New York 1973, S. 26.

9 Ebd.

10 A.a.O., S. 25.

11 Ebd.

12 Ebd.

13 Ebd.

14 Ebd.

15 A.a.O., S. 26.

16 Ebd.

17 A.a.O., S. 27.

18 A. Kamlah, *Zwei Interpretationen der geometrischen Homogenitätsprinzipien in der Protophysik*, Manuskript S. 51 (erscheint in dem von G. Böhme herausgegebenen Protophysik-Band *Protophysik*.

Ein Diskussionsband, in der Reihe *Theorie-Diskussion*, Frankfurt 1974).

19 A.a.O., S. 27.

20 Vgl. auch die eingehenderen Darstellungen von K. Lorenz / J. Mittelstraß, *Die methodische Philosophie Hugo Dinglers*, einleitender Essay zur Ausgabe von H. Dingler, *Die Ergreifung des Wirklichen. Kapitel I-IV*, Frankfurt 1969, S. 7-55; P. Janich, *Die Protophysik der Zeit*, Mannheim 1969, S. 11-28. Als informativer Leitfaden durch das Dinglersche Werk geeignet: J. Willer, *Relativität und Eindeutigkeit. Hugo Dinglers Beitrag zur Begründungsproblematik*, Meisenheim 1973.

21 H. Dingler, *Aufbau der exakten Fundamentalwissenschaft*, ed. P. Lorenzen, München 1964, S. 23.

22 Vgl. dazu H. Albert, *Traktat über kritische Vernunft*, S. 13 (›Münchhausen-Trilemma‹); ferner die Diskussion dieses Trilemmas und seiner deduktivistischen Voraussetzungen oben S. 57 ff. *(Erfahrung und Begründung)*.

23 Vgl. H. Dingler, *Philosophie der Logik und Arithmetik*, München 1931, S. 90 (»Es sind ... stets *Handlungen*, auf die es hier ankommt. Und es ist möglich ..., *zuletzt alles auf Handlungen zurückzuführen*«).

24 *Einführung in die operative Logik und Mathematik*, Berlin/Heidelberg 1955, ²1969.

25 Zum Abstraktionsverfahren, das dieser Operation zugrunde liegt, unten S. 196 ff. *(Das normative Fundament der Sprache)*.

26 Vgl. Ch. Thiel, *Das Begründungsproblem der Mathematik und die Philosophie*, in: F. Kambartel / J. Mittelstraß (Eds.), *Zum normativen Fundament der Wissenschaft*, Frankfurt 1973, S. 109 f.

27 *Aufbau der exakten Fundamentalwissenschaft*, S. 23.

28 Vgl. *Die Grundlagen der Physik. Synthetische Prinzipien der mathematischen Naturphilosophie*, Berlin/Leipzig ²1923, S. 8; *Aufbau der exakten Fundamentalwissenschaft*, S. 42.

29 Vgl. *Physik und Hypothese. Versuch einer induktiven Wissenschaftslehre nebst einer kritischen Analyse der Fundamente der Relativitätstheorie*, Berlin/Leipzig 1921, S. 114.

30 Vgl. *Die Grundlagen der Physik*, S. 8.

31 Dazu K. Lorenz / J. Mittelstraß, a.a.O., S. 17 f.; P. Janich, a.a.O., S. 14 f.

32 Vgl. *Philosophie der Logik und Arithmetik*, S. 35 ff.; *Aufbau der exakten Fundamentalwissenschaft*, S. 35 f.

33 Vgl. *Die Grundlagen der Physik*, S. 8; *Aufbau der exakten Fundamentalwissenschaft*, S. 35.

34 *Aufbau der exakten Fundamentalwissenschaft*, S. 46.

35 Vgl. *Philosophie der Logik und Arithmetik*, S. 108 f.; *Die*

Methode der Physik, München 1938, S. 39; *Aufbau der exakten Fundamentalwissenschaft,* S. 26.
36 Eine Übersicht über die von ihm herangezogenen Prinzipien gibt Dingler in: *Aufbau der exakten Fundamentalwissenschaft,* S. 38 ff.
37 A.a.O., S. 26.
38 »Praktische Zirkel, z. B. ein erstes Lineal mit einer Maschine herzustellen, deren Herstellung ohne Lineal unmöglich ist, können ... nur in falschen Aussagen, also auf der sprachlichen Ebene, nicht aber de facto durchlaufen werden. Aus eben diesem wahren, weil tautologischen Satz läßt sich das Funktionieren von Physik und Technik trotz einiger falscher methodischer Voraussetzungen verstehen«, P. Janich, a.a.O., S. 19.
39 Vgl. P. Janich, *Eindeutigkeit, Konsistenz und methodische Ordnung: normative versus deskriptive Wissenschaftstheorie zur Physik,* in: F. Kambartel / J. Mittelstraß, *Zum normativen Fundament der Wissenschaft,* S. 133 ff.
40 P. Lorenzen, *Das Begründungsproblem der Geometrie als Wissenschaft der räumlichen Ordnung, Philosophia Naturalis* 6 (1961), S. 415-431 (wiederabgedruckt in P. Lorenzen, *Methodisches Denken,* Frankfurt 1968, S. 120-141; P. Janich, *Wie empirisch ist die Physik?, Philosophia Naturalis* 11 (1969), S. 291-303; ders., *Zur Protophysik des Raumes* (erscheint in dem in Anm. 18 genannten Protophysik-Diskussionsband).
41 P. Janich, *Zur Protophysik des Raumes,* a.a.O.
42 H. Helmholtz, *Über die Tatsachen, die der Geometrie zum Grunde liegen, Nachrichten von der Königl. Gesellschaft der Wissenschaften und der Georg-Augusts-Universität* 1868, S. 193 f. (= H. Helmholtz, *Über Geometrie,* Darmstadt 1968, S. 32 f.).
43 *Der starre Körper, Physikalische Zeitschrift* 21 (1920), S. 487 bis 492. Dazu K. Lorenz / J. Mittelstraß, a.a.O., S. 46 ff.
44 *Physik und Hypothese,* S. 116 f.; vgl. *Philosophie der Logik und Arithmetik,* S. 22 f.
45 *Der Zusammenbruch der Wissenschaft und der Primat der Philosophie,* München 1926, S. 380.
46 *Aufbau der exakten Fundamentalwissenschaft,* S. 28.
47 *Physik und Hypothese,* S. 117; vgl. *Der Zusammenbruch der Wissenschaft und der Primat der Philosophie,* S. 377 ff.
48 *Das eindeutig-methodische System (e. m. System), Zeitschrift für die gesamte Naturwissenschaft* 7 (1941), S. 30.
49 A. Kamlah, a.a.O., Manuskript S. 47.
50 *Traktat über kritische Vernunft,* S. 32; ders., *Kritizismus und Naturalismus,* a.a.O., S. 127 (= Konstruktion und Kritik, S. 21); ders., *Konstruktivismus oder Realismus?,* a.a.O., S. 8 (= Konstruktion und Kritik, S. 346 f.).

51 *Aufbau der exakten Fundamentalwissenschaft*, S. 22.
52 A.a.O., S. 30.
53 *Die Grundlagen der Physik*, S. 11.
54 *Metaphysik als Wissenschaft vom Letzten*, München 1929, S. 42.
55 Vgl. *Grundriß der methodischen Philosophie. Die Lösungen der philosophischen Hauptprobleme*, Füssen 1949, S. 38 f.; *Aufbau der exakten Fundamentalwissenschaft*, S. 51 ff., dazu auch S. 44 ff.; *Die Ergreifung des Wirklichen*, S. 114.
56 *Das System. Das philosophisch-rationale Grundproblem und die exakte Methode der Philosophie*, München 1930, S. 31.
57 *Die Grundlagen der Physik*, S. V.
58 *Die Methode der Physik*, S. 39.
59 *Aufbau der exakten Fundamentalwissenschaft*, S. 24.
60 Vgl. dazu auch die einleitenden Bemerkungen in F. Kambartel / J. Mittelstraß, *Zum normativen Fundament der Wissenschaft*, S. VII ff.
61 P. Janich, *Eindeutigkeit, Konsistenz und methodische Ordnung: normative versus deskriptive Wissenschaftstheorie zur Physik*, a.a.O., S. 148 ff.
62 A. Kamlah, a.a.O., Manuskript S. 3.
63 A. Kamlah, a.a.O., Manuskript S. 2. Da diese Abweichung nach Meinung Kamlahs wesentliche Punkte betrifft und dabei, zumindest zwischen den Zeilen, das Programm einer konstruktiven Wissenschaftstheorie in seinen Grundzügen akzeptiert wird, bleiben wohl nur noch polemische Gründe für die Beibehaltung des Ausdrucks ›Neodinglerianer‹.
64 Vgl. F. Kambartel, *Wie abhängig ist die Physik von Erfahrung und Geschichte? Zur methodischen Ordnung apriorischer und empirischer Elemente in der Naturwissenschaft*, in: K. Hübner / A. Menne (Eds.), *Natur und Geschichte* (X. Deutscher Kongreß für Philosophie, Kiel 8.-12. Oktober 1972), Hamburg 1974, S. 154-169; ferner oben S. 56 ff. *(Erfahrung und Begründung)*.
65 H. Albert, *Der Mythos der totalen Vernunft. Dialektische Ansprüche im Lichte undialektischer Kritik, Kölner Zeitschrift für Soziologie und Sozialpsychologie* 16 (1964), S. 246 (wiederabgedruckt in H. Albert, *Konstruktion und Kritik*, S. 299); ders., *Traktat über kritische Vernunft*, S. 35. Äquivalent dazu verwendet Albert die Unterscheidung zwischen einem ›Prinzip der zureichenden Begründung‹ und einem ›Prinzip der kritischen Prüfung‹ (*Theorie und Praxis. Max Weber und das Problem der Wertfreiheit und der Rationalität*, in: E. Oldemeyer [Ed.], *Die Philosophie und die Wissenschaften. Simon Moser zum 65. Geburtstag*, Meisenheim 1967, S. 266 [wiederabgedruckt in H. Albert, *Konstruktion und Kritik*, S. 65 f.]).

66 Vgl. F. Kambartel, a.a.O., S. 168 f.; ferner oben S. 71 ff. *(Erfahrung und Begründung).*

67 Dazu erneut F. Kambartel, *Ethik und Mathematik,* in: M. Riedel (Ed.), *Rehabilitierung der praktischen Philosophie I: Geschichte, Probleme, Aufgaben,* Freiburg 1972, S. 499 ff. (wiederabgedruckt in F. Kambartel / J. Mittelstraß [Eds.], *Zum normativen Fundament der Wissenschaft,* S. 125 ff.; ferner P. Janich / F. Kambartel / J. Mittelstraß, *Wissenschaftstheorie als Wissenschaftskritik,* Frankfurt 1974, § 4. Der dialogtheoretische Begriff der Gewinnstrategie wurde zuerst im Rahmen einer dialogischen Begründung der Logik präzise bestimmt; vgl. P. Lorenzen, *Logik und Agon, Atti del XII Congresso Internazionale di Filosofia* (Venedig 1958), IV, Florenz 1960, S. 187-194; ders., *Ein dialogisches Konstruktivitätskriterium,* in: *Infinitistic Methods (Proceedings of the Symposium on Foundations of Mathematics,* Warsaw 2-9 September 1959), Warschau/Oxford/London/New York 1961, S. 193-200; K. Lorenz, *Dialogspiele als semantische Grundlage von Logikkalkülen, Archiv für mathematische Logik und Grundlagenforschung* 11 (1968), S. 32-55, 73-100.

68 A 13 (Akademie-Ausg. II, S. 322).

5 Prolegomena zu einer konstruktiven Theorie der Wissenschaftsgeschichte

1 Dazu unten S. 128 ff.

2 J. Kepler, *Gesammelte Werke,* ed. W. v. Dyck / M. Caspar /F. Hammer, München 1938 ff., IV, S. 145-258.

3 Zum Zusammenhang von Astronomie und Astrologie im Werke Keplers vgl. die einführenden Bemerkungen von F. Krafft zu seiner Ausgabe des *Tertius interveniens:* J. Kepler, *Warnung an die Gegner der Astrologie. Tertius interveniens.* Mit Einführung, Erläuterungen und Glossar, hrsg. v. F. Krafft, München 1971, S. 5 ff.

4 Vgl. J. Mittelstraß, *Das praktische Fundament der Wissenschaft und die Aufgabe der Philosophie,* Konstanz 1972, S. 65 ff.

5 Th. S. Kuhn, *The Structure of Scientific Revolutions,* Chicago ²1970 (1. Auflage 1962; dt. *Die Struktur wissenschaftlicher Revolutionen,* Frankfurt 1967). Im folgenden wird nur auf solche Teile dieser Diskussion zurückgegriffen, die nicht lediglich der internen Organisation einer in diesem Falle sehr schnell einsetzenden Schulbildung dienen – dies nach Kuhn im übrigen ein Zeichen dafür, daß auch diese Diskussion, die in ihren Anfängen als eine ›Revolution‹ der Theorie der Wissenschaftsgeschichte bezeichnet wird (Th. S. Kuhn, a.a.O.,

S. 3 [dt. S. 19]), die Phase der paradigmatisch bestimmten Normalität erreicht hat: »normal-scientific research is directed to the articulation of those phenomena and theories that the paradigm already supplies« (a.a.O., S. 24 [dt. S. 45]).

6 A.a.O., S. 3 (dt. S. 19).

7 Th. S. Kuhn, a.a.O., S. 4 (dt. S. 21).

8 Th. S. Kuhn, a.a.O., S. 5 (dt. S. 22).

9 W. Stegmüller, *Probleme und Resultate der Wissenschaftstheorie und Analytischen Philosophie IV: Personelle und statistische Wahrscheinlichkeit,* Berlin/Heidelberg/New York 1973, S. 24.

10 W. Stegmüller, a.a.O., S. 5. Ausgenommen sind dabei ›gewisse *formale* Bedingungen der Wissenschaftlichkeit‹, die Stegmüller auch als ›*rationale Suche nach Wahrheit*‹ bezeichnet (ebd.). Genannt werden in diesem Zusammenhang das ›Bemühen um sprachliche Klarheit‹, Kontrollmöglichkeiten und die Stützung von Behauptungen durch ›rationale Argumente‹.

11 W. Stegmüller, a.a.O., S. 24. Kurz vorher heißt es: »Der Wissenschaftstheoretiker stellt die existierenden Wissenschaften nicht in Frage. Vielmehr versucht er deren Rekonstruktion *unter der Voraussetzung, daß eine rationale Rekonstruktion möglich ist*« (S. 23).

12 A.a.O., S. 25. Vgl. oben S. 86 f. *(Wider den Dingler-Komplex).* Im übrigen gilt gegenüber der Annahme, daß die Intuitionen des Wissenschaftlers im Prinzip richtig sind, die Bedingung ›solange nicht das Gegenteil erwiesen wurde‹ nach Stegmüller bereits als eine ›normative Komponente‹ (S. 9).

13 Th. S. Kuhn, a.a.O., S. 2 (dt. S. 18).

14 Vgl. I. Lakatos, *Falsification and the Methodology of Scientific Research Programmes,* in: I. Lakatos / A. Musgrave (Eds.), *Criticism and the Growth of Knowledge (Proceedings of the International Colloquium in the Philosophy of Science,* London 1965, vol. 4), Cambridge 1970 (im folgenden zitiert als: *Criticism*), S. 92. Die Unterscheidung zwischen permanenter und außergewöhnlicher Revolution, herangezogen zur Kennzeichnung wissenschaftlicher Entwicklungen, spielt innerhalb der angelsächsischen Diskussion zwischen Anhängern Poppers und Anhängern Kuhns, die gemeinsam Anhänger eines analytischen Wissenschaftsverständnisses sind, eine prominente Rolle. Dazu Th. S. Kuhn, *Logic of Discovery or Psychology of Research?,* in: *Criticism,* S. 6 f.; J. Watkins, *Against ›Normal Science‹,* in: *Criticism,* S. 26, 28; I. Lakatos, a.a.O., S. 92 f.; Th. S. Kuhn, *Reflections on my Critics,* in: *Criticism,* S. 242 f. Dabei dürfte die Vorstellung, ein Wissenschaftler sei im wesentlichen damit beschäftigt, seine bisherigen Annahmen zu widerlegen und durch revolutionäre neue Anfänge zu ersetzen (Popper), angesichts der in vielen Dingen einleuchtenden Beschreibung, die Kuhn von der alltäglichen

wissenschaftlichen Praxis gibt (a.a.O., S. 23 ff. [dt. S. 44 ff.]), ebenso artifiziell sein wie die entgegengesetzte Vorstellung, die ›normale‹ Wissenschaft als ›puzzle-solving tradition‹ definiert (Th. S. Kuhn, *Logic of Discovery or Psychology of Research?*, in: *Criticism*, S. 10) und zur Annahme einer totalen Irrationalität neuer Anfänge gezwungen ist (Kuhn). Gewiß ›a shade maliciously‹ hat J. Watkins, der in diesem Punkte selbst Poppers Position vertritt, eine solche Vorstellung als ›Instant-Paradigm thesis‹ bezeichnet (*Against ›Normal Science‹*, in: *Criticism*, S. 35).

15 Vgl. oben S. 29 ff. *(Die Entdeckung der Möglichkeit von Wissenschaft).*

16 So z. B. explizit auch Th. S. Kuhn, *The Structure of Scientific Revolutions*, S. 126 (dt. S. 169), mit gewissen Einschränkungen gegenüber der Wissenschaftstheorie des Logischen Empirismus.

17 A.a.O., S. 33 (dt. S. 56).

18 A.a.O., S. 24 (dt. S. 45).

19 Vgl. dazu im einzelnen J. Mittelstraß, *Neuzeit und Aufklärung. Studien zur Entstehung der neuzeitlichen Wissenschaft und Philosophie*, Berlin/New York 1970, S. 294 ff. Die Unterscheidung zwischen einem synthetischen und einem analytischen Wissenschaftsbegriff erlaubt innerhalb der Wissenschaftsgeschichte eine Typisierung von Theoriebildungen. Danach gehören neben der bereits genannten Euklidischen Geometrie und Newtonschen Mechanik z. B. die Archimedische und die Galileische Physik zum synthetischen Typ, neben der genannten Mechanik Eulers und Lagranges z. B. die babylonische Astronomie, die Wärmetheorie Fouriers und die Elektrodynamik Maxwells zum analytischen Typ.

20 Die Kuhn-Philologie hat allein 21 Bedeutungen von ›paradigm‹, zusammenfaßbar in drei Sorten (metaphysical paradigms oder metaparadigms, sociological paradigms, artefact paradigms oder construct paradigms), in Kuhnscher Verwendung gezählt: M. Masterman, *The Nature of a Paradigm*, in: *Criticism*, S. 61 ff. Während ursprünglich die Ausdrücke ›paradigm‹ und ›theory‹ häufig synonym erschienen (vgl. etwa Th. S. Kuhn, *Logic of Discovery or Psychology of Research?*, in: *Criticism*, S. 2), obgleich nicht jeder Theoriewechsel (im üblichen fachbezogenen Sinne) nach Kuhn auch schon ein Paradigmawechsel ist, soll – unter Hinweis auf die kritischen Bemerkungen von M. Masterman und D. Shapere (*The Structure of Scientific Revolutions, The Philosophical Review* 73 [1964], S. 383-394) – ein Paradigma nun eine ›disziplinäre Matrix‹ (disciplinary matrix) sein, worunter Kuhn im einzelnen versteht: (1) ›symbolic generalizations‹, (2) ›beliefs in particular models‹, (3) ›values‹, (4) ›exemplars‹ (d. h. exemplarische Problemlösungen) (Th. S. Kuhn, *Postscript – 1969*, in: Th. S. Kuhn, *The Structure of Scientific Revolutions*, S. 182 ff.). Im

Sinne dieses Vorschlags hatte bereits S. Toulmin auf die Ähnlichkeit von Kuhns ›paradigms‹ mit Collingwoods ›absolute presuppositions‹ hingewiesen (*Does the Distinction between Normal and Revolutionary Science Hold Water?*, in: *Criticism*, S. 40); vgl. ferner D. Shapere, *Meaning and Scientific Change*, in: R. G. Colodny (Ed.), *Mind and Cosmos. Essays in Contemporary Science and Philosophy*, Pittsburgh 1966, S. 48 ff. Was jetzt als ›disciplinary matrix‹ auftritt, wurde schon einmal bezeichnet als »this strong network of commitments – conceptual, theoretical, instrumental, and methodological« (Th. S. Kuhn, a.a.O., S. 42 [dt. S. 66]). Die terminologische Ambivalenz hat im übrigen die historische Wirksamkeit der Thesen Kuhns eher befördert als behindert, sofern sie es dem einzelnen, mit gleichen Problemen Beschäftigten erleichtert hat, zu seinen Zwecken zustimmend von einer Verträglichkeit wenn nicht Gemeinsamkeit von Überzeugungen auszugehen. Man könnte dies bei spektakulären Leistungen, die eine Stellungnahme erforderlich machen, den *Anamnesis-Effekt* nennen.

21 Zu diesem Begriff und seiner Verwendung vgl. K. R. Popper, *Conjectures and Refutations. The Growth of Scientific Knowledge*, London [4]1972, S. 34 f., 58, 229.

22 S. Toulmin, *Foresight and Understanding. An Enquiry into the Aims of Science*, London 1961, S. 69 (dt. *Voraussicht und Verstehen. Ein Versuch über die Ziele der Wissenschaft*, Frankfurt 1968, S. 85).

23 I. Lakatos, *Criticism and the Methodology of Scientific Research Programmes, Proceedings of the Aristotelian Society* NS 69 (1969), S. 149-186, bes. S. 167 ff.; ders., *Falsification and the Methodology of Scientific Research Programmes*, in: *Criticism*, S. 91-195, bes. S. 132 ff.; ders., *History of Science and its Rational Reconstructions*, in: *Boston Studies in the Philosophy of Science* VIII (1971), S. 91-136, bes. S. 99 ff.

24 S. Toulmin, *Foresight and Understanding*, S. 44 ff. (dt. S. 54 ff.).

25 S. Toulmin, a.a.O., S. 57 (dt. S. 70).

26 I. Lakatos, *Falsification and the Methodology of Scientific Research Programmes*, in: *Criticism*, S. 132; vgl. ders., *History of Science and its Rational Reconstructions*, in: *Boston Studies in the Philosophy of Science* VIII, S. 99.

27 *Falsification and the Methodology of Scientific Research Programmes*, in: *Criticism*, S. 118.

28 *History of Science and its Rational Reconstructions*, in: *Boston Studies in the Philosophy of Science* VIII, S. 100; vgl. den Hinweis in Anm. 27.

29 Vgl. unter diesem Gesichtspunkt die Diskussionsbeiträge Kuhns und Poppers in *Criticism*, S. 1-23 (Kuhn), S. 51-58 (Popper), S. 231 bis 278 (Kuhn).

30 Th. S. Kuhn, *The Structure of Scientific Revolutions*, S. 146 (dt. S. 193). Auch nach K. R. Popper erfolgt die Auszeichnung einer Theorie gegenüber anderen »nicht durch eine Begründung der Sätze dieser Theorie, nicht durch logische Zurückführung auf die Erfahrung: Jene Theorie ist bevorzugt, die sich im Wettbewerb, in der Auslese der Theorien am besten behauptet, die am strengsten überprüft werden kann und den bisherigen strengen Prüfungen auch standgehalten hat« (*Logik der Forschung*, Tübingen [4]1971, S. 73).

31 S. Toulmin, a.a.O., S. 110 f. (dt. S. 131 f.). Seinen historischen Ursprung hat diese eigentümliche Parallelisierung von wissenschaftlicher Praxis und naturhaften Prozessen in E. Machs evolutionistischer Deutung wissenschaftlicher Entwicklungen. Nach Mach manifestiert sich in der Wissenschaftsgeschichte die Phylogenese des Menschen als eines Vernunftwesens, wobei die »Erwerbung der elementarsten Kenntnisse«, d. h. lebensweltlicher, insbesondere auf ›Naturvorgänge‹ bezogener Orientierungen, »durch die Entwicklung der Art vorbereitet« wird (*Die Mechanik. Historisch-kritisch dargestellt*, Leipzig [9]1933, S. 1). Die Wissenschaftsgeschichte setzt auf diese Weise die »kontinuierliche biologische Entwicklungsreihe« fort (*Erkenntnis und Irrtum. Skizzen zur Psychologie der Forschung*, Leipzig [4]1926, S. 2). Vgl. F. Kaulbach, *Das anthropologische Interesse in Ernst Machs Positivismus*, in: J. Blühdorn / J. Ritter (Eds.), *Positivismus im 19. Jahrhundert. Beiträge zu seiner geschichtlichen und systematischen Bedeutung*, Frankfurt 1971, S. 39-55. Die systematischen und historischen Zusammenhänge zwischen der Wissenschaftstheorie Ernst Machs und dem modernen analytischen, sich erkenntnistheoretisch noch immer auf einen Empirismus stützenden Wissenschaftsverständnis hebt H. R. Ganslandt nachdrücklich hervor: »Hier tritt das biologistische Moment des Konventionalismus deutlich zutage, der von nun an die Entwicklung des Empirismus entscheidend bestimmt und hinter dessen schon von Mach erhobener methodologisch begründeter Forderung nach einer Pluralität konkurrierender Theorien der Gedanke einer natürlichen Auslese prinzipiell unentscheidbarer Anpassungsversuche steht« (*Umwege des Empirismus. Eine kritische Studie zur Wissenschaftstheorie der empirischen Sozialwissenschaften*, unveröffentlichtes Manuskript Konstanz 1973, S. 48).

32 Die These vom ›faktischen Darwinismus der Wissenschaftsgeschichte‹ wird in weitgehender Übereinstimmung mit der Analyse Kuhns, jedoch eingeschränkt auf den bisherigen Gang der Wissenschaftsgeschichte von G. Böhme, W. van den Daele und W. Krohn in einer gemeinsamen Arbeit vertreten (*Alternativen in der Wissenschaft, Zeitschrift für Soziologie* 1 [1972], S. 302-316): »Darwinismus in der Wissenschaftsgeschichte bedeutet, daß die Entwicklung der Wissenschaft bisher weder als Approximation an wahre Erkenntnis

noch als entelechische Entfaltung eines Wesens, noch – was schließlich für uns die Pointe ist – als bewußtes, zielgeleitetes Unternehmen menschlicher Praxis hinreichend verstanden werden kann« (a.a.O., S. 313). Demgegenüber halten die Autoren in Zukunft eine ›Finalisierung der Wissenschaft‹, d. h. rationale Entscheidungen über wissenschaftliche Entwicklungen, für möglich, die sich dann gegen eine herrschende wissenschaftsdarwinistische Auffassung durchzusetzen hätte. Vgl. ferner G. Böhme, *Die Bedeutung praktischer Argumente für die Entwicklung der Wissenschaft*, erscheint in: *Philosophia Naturalis*.

33 Vgl. P. Janich, *Eindeutigkeit, Konsistenz und methodische Ordnung: normative versus deskriptive Wissenschaftstheorie zur Physik*, in: F. Kambartel / J. Mittelstraß (Eds.), *Zum normativen Fundament der Wissenschaft*, Frankfurt 1973, S. 146. Janichs Arbeit enthält einen Vorschlag zur Arbeitsteilung zwischen konstruktiver und analytischer Wissenschaftstheorie.

34 P. Duhem, *La Théorie Physique. Son Objet, sa Structure*, Paris [2]1914 (engl. *The Aim and Structure of Physical Theory*, Princeton 1954, repr. New York 1962). Dazu K. Hübner, *Duhems historistische Wissenschaftstheorie und ihre gegenwärtige Weiterentwicklung, Philosophia Naturalis* 13 (1971), S. 81-97.

35 Aus dem von der gegenwärtigen Diskussion bevorzugten Bereich der Physikgeschichte wäre z. B. das umfangreiche Werk von L. Olschki zu nennen: *Geschichte der neusprachlichen wissenschaftlichen Literatur*, I-III, Heidelberg/Halle 1919-1927 (III: *Galilei und seine Zeit*). Nach F. Borkenau läßt sich das die entstehende neuzeitliche Physik charakterisierende »Bestreben, das ganze Naturgeschehen aus mechanischen Prozessen zu erklären, als die Bemühung definieren, alles Naturgeschehen nach Analogie der Vorgänge in einer Manufaktur aufzufassen« (*Der Übergang vom feudalen zum bürgerlichen Weltbild*, Paris 1934, S. 5); »das mechanistische Weltbild ist eine Übertragung der Vorgänge in der Manufaktur auf den gesamten Kosmos« (a.a.O., S. 12). Dabei wird von Borkenau allerdings ein Begriff der arbeitsteiligen Manufaktur unterstellt, der historisch gesehen für die italienischen Werkstätten der Galileizeit nicht zutrifft. Außerdem drängt diese Analogie die mit der Galileischen Physik verbundene methodische Leistung zu sehr in den Hintergrund.

36 G. Böhme, W. van den Daele und W. Krohn sprechen in diesem Zusammenhang, durchaus in Übereinstimmung mit Kuhn, von »wissenschaftsexternen Faktoren«, wobei »die unterschiedlichen wissenschaftstheoretischen Bestimmungen kulturellen, sozialen und ökonomischen Zusammenhängen so korrelierbar sind, daß sich die Entscheidung von Alternativen in der Wissenschaft aus diesen Zusammenhängen erklären läßt« (a.a.O., S. 303). Damit ist aber das Mißverständ-

nis, von *zielbestimmter* wissenschaftlicher Praxis lasse sich überhaupt nur unter Rekurs auf ›wissenschaftsexterne Faktoren‹ reden, zumindest nahegelegt. So werden denn auch in der Regel konstatierbare Abweichungen vom Rationalitätsschema einer wissenschaftlichen Praxis als Indikatoren dafür angesehen, daß Wissenschaft unter externe ›praktische‹ Bedingungen getreten ist. Das mag durchaus im besonderen Falle so sein, kann aber ebenso auch als Folge einer ›wissenschaftsinternen‹ Reflexion auf die eine Wissenschaft leitenden Ziele, darunter auch die solche Ziele artikulierenden *methodischen Normen,* begriffen werden.

37 Vgl. dazu im einzelnen J. Mittelstraß, *Das praktische Fundament der Wissenschaft und die Aufgabe der Philosophie*, S. 28 ff.

38 Weiter ausgeführt in J. Mittelstraß, *Neuzeit und Aufklärung*, S. 264 ff. In diesem Zusammenhang sei auch auf die Deutung verwiesen, die H. Lübbe dem Begriff der *historischen Erklärung* gibt (*Was heißt: »Das kann man nur historisch erklären«?*, in: R. Koselleck / W.- D. Stempel [Eds.], *Geschichte – Ereignis und Erzählung*, München 1973, S. 542-554). Nach Lübbe resultiert die Notwendigkeit einer historischen Erklärung aus dem konstatierbaren Mangel einer ›übergeordneten Handlungsrationalität‹. Die Erklärung erfolgt hier in Form einer erzählten Geschichte. Diese erklärt »einen Zustand, der als Resultat eines Willens und seiner unter kontrollierten Realitätsbedingungen vollzogenen Realisierung unverständlich wäre« (a.a.O., S. 545). Das trifft auch auf die Wissenschaftsgeschichte zu, wenn man die Wendung ›unter kontrollierten Realitätsbedingungen‹ ersetzt durch ›unter den Rationalitätsbedingungen des geltenden Lehrbuchwissens‹.

39 Vgl. K. R. Popper, *Logik der Forschung*, S. 60 ff.; H. Albert, *Traktat über kritische Vernunft*, Tübingen 1968, S. 11 ff. Der These liegt (a) ein von vornherein auf deduktive Zusammenhänge dogmatisch eingeschränkter Begründungsbegriff und (b) die Behauptung einer prinzipiellen Theorieabhängigkeit auch elementarer Sätze zugrunde (»wir bewegen uns immer in Theorien, sogar dann, wenn wir die trivialsten singulären Sätze aussprechen«, K. R. Popper, a.a.O., S. 377). Die Folge von (a) und (b) ist eine weitgehende Immunität komplexer Theorien gegenüber Begründungsansprüchen und damit faktisch ein Theorienpluralismus, der seinerseits als ›kritisches‹ Korrektiv angesichts herrschender Theorien angesehen wird. Vgl. K. R. Popper, *What is Dialectic?*, *Mind* 49 (1940), S. 404; die hier relevanten Sätze werden wörtlich wieder angeführt in K. R. Popper, *Remarks on the Problems of Demarcation and of Rationality*, in: I. Lakatos / A. Musgrave (Eds.), *Problems in the Philosophy of Science (Proceedings of the International Colloquium in the Philosophy of Science*, London 1965, vol. 3), Amsterdam 1968, S. 96 f.; ferner

P. K. Feyerabend, *Problems of Empiricism*, in: R. G. Colodny (Ed.), *Beyond the Edge of Certainty*, Englewood Cliffs 1965, S. 150.

40 Vgl. die Hinweise in den Anmerkungen 30 und 39.

41 Th. S. Kuhn, *The Structure of Scientific Revolutions*, S. 94 (dt. S. 131).

42 Vgl. dazu K. Lorenz, *Beweis*, in: H. Krings / H. M. Baumgartner / Ch. Wild (Eds.), *Handbuch philosophischer Grundbegriffe* I, München 1973, S. 225 ff.; ferner J. Mittelstraß, *Das praktische Fundament der Wissenschaft und die Aufgabe der Philosophie*, S. 78 ff.

43 Vgl. P. Lorenzen, *Einführung in die operative Logik und Mathematik*, Berlin/Heidelberg/New York ²1969; Ch. Thiel, *Das Begründungsproblem der Mathematik und die Philosophie*, in: F. Kambartel / J. Mittelstraß (Eds.), *Zum normativen Fundament der Wissenschaft*, S. 91-114; ders., *Grundlagenkrise und Grundlagenstreit. Studien über das normative Fundament der Wissenschaften am Beispiel von Mathematik und Sozialwissenschaft*, Meisenheim 1972, S. 153 ff. (zur imprädikativen Begriffsbildung).

44 Vgl. P. Janich / J. Mittelstraß, *Raum*, in: H. Krings / H. M. Baumgartner / Ch. Wild (Eds.), *Handbuch philosophischer Grundbegriffe* II, München 1973, S. 1154–1168.

45 Dazu (neben dem in Anm. 43 genannten Titel) P. Lorenzen, *Formale Logik*, Berlin ³1967; K. Lorenz, *Dialogspiele als semantische Grundlage von Logikkalkülen*, *Archiv für mathematische Logik und Grundlagenforschung* 11 (1968), S. 32-55, S. 73-100.

46 W. Dilthey, *Der Aufbau der geschichtlichen Welt in den Geisteswissenschaften*, *Gesammelte Schriften* VII, Leipzig/Berlin 1927, S. 278.

47 G. W. F. Hegel, *Wissenschaft der Logik*, *Sämtl. Werke. Jubiläumsausgabe*, I-XX, ed. H. Glockner, Stuttgart ⁴1961 ff. (im folgenden zitiert als *Werke*), IV, S. 17, 52.

48 G. W. F. Hegel, *Phänomenologie des Geistes*, *Werke* II, S. 78, vgl. S. 36 f.

49 J. Habermas, *Erkenntnis und Interesse*, in: J. Habermas, *Technik und Wissenschaft als ›Ideologie‹*, Frankfurt 1968, S. 158.

50 Die unter dem Titel ›Geschichtlichkeit des Verstehens‹ formulierte hermeneutische These, daß ein Erkennen der ›geschichtlichen Welt‹ unter den Bedingungen seines eigenen Gegenstandes steht und insofern als ein »Einrücken in ein Überlieferungsgeschehen« (H.-G. Gadamer, *Wahrheit und Methode. Grundzüge einer philosophischen Hermeneutik*, Tübingen ³1972, S. 274 f.) zirkelhafte Züge trägt, läßt sich auf eine sprachphilosophische Behauptung zurückführen. Da das Verstehen im Medium der Sprache erfolgt, Sprache aber selbst ein geschichtlicher Gegenstand und kein ›reines Werkzeug‹ ist, stellt sich die hier betonte Abhängigkeit des Verstehens von seinem Gegenstand in erster

Linie als eine sprachliche Abhängigkeit dar, ist der Zirkel, der als Grundeigenschaft jeder Orientierungsbemühung aufgefaßt werden soll, ein sprachlicher Zirkel. Als solcher wiederum läßt er sich auf eine methodische Weise lösen, nämlich mit Hilfe der Unterscheidung zwischen *Sprachvermögen*, von dem begründete Orientierungen abhängig bleiben, und *faktischem Sprechen*, das sich hinsichtlich der in ihm getroffenen Unterscheidungen auf eine ›unabhängige‹, d. h. konstruktive Weise verändern läßt und insofern auch als ein methodisch begründbares Rekonstruktionsmittel gegenüber sprachlichen Traditionen zur Verfügung steht. Vgl. K. Lorenz / J. Mittelstraß, *Die Hintergehbarkeit der Sprache, Kant-Studien* 58 (1967), S. 187-208; K. Lorenz, *Elemente der Sprachkritik. Eine Alternative zum Dogmatismus und Skeptizismus in der Analytischen Philosophie*, Frankfurt 1970, S. 160 f.; ferner unten S. 199 ff. *(Das normative Fundament der Sprache)*.

51 P. K. Feyerabend, *Consolations for the Specialist*, in: *Criticism*, S. 198.

52 Th. S. Kuhn, *Reflections on my Critics*, in: *Criticism*, S. 237.

53 P. K. Feyerabend, a.a.O., S. 201.

54 Der Ausdruck ›Theorienrealismus‹ wird von P. Janich zur Charakterisierung einer analytischen Haltung in der Wissenschaftstheorie der Physik verwendet: »Eine konsequent analytische Haltung scheint ... auf einen Theorienrealismus zu führen, der einer im Selbstverständnis rein empirisch verfahrenden Wissenschaft unangemessen ist. Die zu analysierenden physikalischen Theorien werden vom Wissenschaftstheoretiker mit derselben Distanz betrachtet, wie sich (fälschlicherweise) der Physiker in Distanz zu der zu erforschenden Natur sieht. Daraus resultiert die analytisch-empiristische Haltung gegenüber Theoriestücken, deren Besonderheiten (z. B. Transitivitäten einzelner Relationen) dann zwangsweise als naturgesetzlich erscheinen« (P. Janich, *Eindeutigkeit, Konsistenz und methodische Ordnung*, a.a.O., S. 155).

55 K. R. Popper, *Normal Science and its Dangers*, in: *Criticism*, S. 55. Vgl. auch D. Shapere, *Meaning and Scientific Change*, a.a.O., S. 66 (gegenüber Kuhn und Feyerabend).

56 K. R. Popper, a.a.O., S. 56.

57 Oben S. 133.

58 In derselben Weise bestimmt F. Kambartel die Aufgaben einer methodisch orientierten Geschichtsschreibung der Physik über die Forderungen, »1. *konstruktiv* zu begreifen, wie sich die Physik ohne Willkür und zirkelfrei aus lebensweltlich verfügbaren Handlungszusammenhängen und Techniken zu der für uns heute unabdingbaren experimentell fundierten Empirie- und Theoriepraxis herausgearbeitet hat; 2. *kritisch* diejenigen Entwicklungen namhaft zu machen, die

sich nicht im Sinne einer so begründet aufgebauten Wissenschaftspraxis verstehen lassen, sondern wissenschaftstheoretischen Mißverständnissen und ungerechtfertigten methodischen Einstellungen angelastet werden müssen. Man kann nämlich annehmen, daß der gegenwärtige Zustand der Physik in zweierlei Weise vom Gang der Geschichte, die zu ihm geführt hat, abhängig ist: 1. als Stufe einer sich vernünftig entfaltenden menschlichen Praxis, welche die Verfügbarkeit der jeweiligen Vorstufen voraussetzt; 2. als Resultat bisher nicht oder doch nicht wirksam (für das Physikerpublikum) aufgeklärter Fehlorientierungen« (*Wie abhängig ist die Physik von Erfahrung und Geschichte? Zur methodischen Ordnung apriorischer und empirischer Elemente in der Naturwissenschaft*, in: K. Hübner / A. Menne [Eds.], *Natur und Geschichte* (X. Deutscher Kongreß für Philosophie, Kiel 8.-12. Oktober 1972), Hamburg 1973, S. 164. Auch Kambartel spricht in diesem Zusammenhang von einem Historismus innerhalb der herrschenden Wissenschaftstheorie.

59 Die Unterscheidung geht auf einen im Rahmen einer konstruktiven Ethik und Theorie der Sozialwissenschaften ausgearbeiteten Vorschlag von P. Lorenzen und O. Schwemmer zurück. Vgl. P. Lorenzen, *Normative Logic and Ethics*, Mannheim 1969, S. 85 ff.; O. Schwemmer, *Philosophie der Praxis. Versuch zur Grundlegung einer Lehre vom moralischen Argumentieren in Verbindung mit einer Interpretation der praktischen Philosophie Kants*, Frankfurt 1971, S. 219 ff.; ferner Ch. Thiel, *Grundlagenkrise und Grundlagenstreit*, S. 187 ff.

60 In einer auf den ersten Blick völlig gleichen Weise hat I. Lakatos das Vorgehen bei historischen Untersuchungen bestimmt: »(1) one gives a rational reconstruction; (2) one tries to compare this rational reconstruction with actual history and to criticize both one's rational reconstruction for lack of historicity and the actual history for lack of rationality. Thus any historical study must be preceded by a heuristic study« (*Falsification and the Methodology of Scientific Research Programmes*, in: *Criticism*, S. 138; vgl. ders., *History of Science and its Rational Reconstructions*, in: *Boston Studies in the Philosophy of Science* VIII, S. 106 ff.). Während Kuhn und Feyerabend nach Lakatos die Möglichkeit rationaler Rekonstruktionen der Wissenschaftsgeschichte wegen der vermeintlichen Irrationalität grundlegender Veränderungen (Paradigmenwechsel) ausschließen (*Falsification* . . ., a.a.O., S. 177 f.; *History of Science* . . ., a.a.O., S. 118), hebt er selbst mit Nachdruck hervor, »that there has been rational change«, ohne daß damit behauptet sei, alle Entwicklungen ließen sich in dieser Form als rational bestimmte Entwicklungen nachweisen (*History of Science* . . ., a.a.O., S. 118). Allerdings versteht Lakatos dabei unter einer rationalen Rekonstruktion nicht schon die Rekonstruktion einer Gründegeschichte. Das liegt daran, daß sein Begriff rational bestimm-

ter Veränderungen das Rationalitätsmodell von Poppers Logik der Forschung voraussetzt, welches wiederum die Möglichkeit eines begründungsorientierten Vorgehens in der hier unterstellten Form ausschließt. ›Rational‹ wären dementsprechend Veränderungen innerhalb der Theorienbildung, wenn sie nach den in dieser Logik der Forschung formulierten ›Festsetzungen‹ für wissenschaftlich zu nennende Theorien erfolgen (vgl. I. Lakatos, *Popper zum Abgrenzungs- und Induktionsproblem,* in: H. Lenk [Ed.], *Neue Aspekte der Wissenschaftstheorie,* Braunschweig 1971, S. 77) bzw. im Rahmen dessen, was Lakatos das ›Popperian research programme‹ nennt (*Falsification* ..., a.a.O., S. 177), und nicht, wenn sich methodisch an konstruktiven Begründungen orientierende Schrittfolgen nachweisen lassen. Eine Bemerkung über die Verwendung des Ausdrucks ›normativ‹ unterstreicht diesen Umstand nachdrücklich: »The term ›normative‹ no longer means rules for arriving at solutions, but merely directions for the appraisal of solutions already there« (I. Lakatos, *History of Science* ..., a.a.O., S. 123). Auf diesem Hintergrund ist auch Lakatos' Feststellung gegenüber Kuhn zu verstehen: »Kuhn's conceptual framework for dealing with continuity in science is socio-psychological: mine is normative« (*Falsification* ..., a.a.O., S. 177).

7 Das normative Fundament der Sprache

1 F. Nietzsche, *Die fröhliche Wissenschaft, Werke in drei Bänden,* ed. K. Schlechta, München 1956, II, S. 221. An Bemerkungen, die in dieser Weise eine Verbindung zwischen Denken und Sprache herstellen, fehlt es bekanntermaßen auch in der vorausgehenden philosophischen Tradition nicht. Schon für Platon ist Denken ein ›Gespräch der Seele mit sich selbst‹ (*Soph.* 263e 3-5), nach J. G. Hamann beruht »nicht nur das ganze Vermögen zu denken ... auf Sprache ..., sondern Sprache ist auch der Mittelpunct des Mißverstandes der Vernunft mit ihr selbst« (*Metakritik über den Purismum der Vernunft, Sämtliche Werke,* ed. J. Nadler, I-VI, Wien 1949-1957, III, S. 286). Unter den vielen in diesem Zusammenhang einschlägigen Bemerkungen W. v. Humboldts z. B. die folgende: »Die Sprache ist das bildende Organ des Gedanken. Die intellectuelle Thätigkeit ... und die Sprache sind ... Eins und unzertrennlich von einander« (*Über die Verschiedenheit des menschlichen Sprachbaues und ihren Einfluß auf die geistige Entwicklung des Menschengeschlechts, Werke in fünf Bänden,* ed. A. Flitner / K. Giel, Darmstadt 1960 ff., III, S. 426). Selbst Kant nennt das Denken ›ein Sprechen‹ (*Opus postumum,*

Gesammelte Schriften, hrsg. v. der Königl. Preußischen Akademie der Wissenschaften, Berlin 1902 ff., XXI, S. 103). Nur wurde mit dieser Einsicht im Rahmen einer Kritik der reinen Vernunft niemals wirklich ernst gemacht. Auch die angeführte Bemerkung Nietzsches bleibt in diesem Sinne marginal.

2 Vgl. F. Kambartel, *Was ist und soll Philosophie?,* Konstanz 1968, S. 17.

3 Darin dürfte auch das Motiv der jüngsten Bemühungen von J. Habermas um die Klärung der Bedingungen einer unverzerrten Kommunikation zu suchen sein (J. Habermas, *Vorbereitende Bemerkungen zu einer Theorie der kommunikativen Kompetenz,* in: J. Habermas / N. Luhmann, *Theorie der Gesellschaft oder Sozialtechnologie – Was leistet die Systemforschung?,* Frankfurt 1971, S. 101-141; *Legitimationsprobleme im Spätkapitalismus,* Frankfurt 1973, S. 131 ff.; *Wahrheitstheorien,* in: H. Fahrenbach [Ed.], *Wirklichkeit und Reflexion. Walter Schulz zum 60. Geburtstag,* Pfullingen 1973, S. 211 bis 265). Im Rahmen dieser Bemühungen, die auf eine Konsensus-Theorie der Wahrheit zielen, in der über die Formulierung von Symmetriebedingungen für Sprecher Kriterien einer rationalen Kommunikation festgelegt werden sollen, befreit sich die Kritische Theorie von dem erkenntnistheoretischen Erbe Adornos und beginnt erstmals damit, auf methodische Ansprüche nicht mehr bloß allergisch, in der Annahme, es handele sich bei diesen Ansprüchen um Übergriffe einer szientistisch orientierten Rationalität, zu reagieren.

4 Zur Kritik der Theorie Carnaps vgl. F. Kambartel, *Erfahrung und Struktur. Bausteine zu einer Kritik des Empirismus und Formalismus,* Frankfurt 1968, S. 174 ff.

5 *Met.* Γ 7.1011b26-27: »Sagen, daß das Seiende nicht ist oder daß das Nichtseiende ist, ist falsch; hingegen sagen, daß das Seiende ist und das Nichtseiende nicht ist, ist wahr« (τὸ μὲν γὰρ λέγειν τὸ ὂν μὴ εἶναι ἢ τὸ μὴ ὂν εἶναι ψεῦδος, τὸ δὲ τὸ ὂν εἶναι καὶ τὸ μὴ ὂν μὴ εἶναι ἀληθές).

6 Vgl. Thomas von Aquin, *Summa contra gentiles* 1, 59 (»Cum enim veritas intellectus sit adaequatio intellectus et rei, secundum quod intellectus dicit esse quod est vel non esse quod non est, ...«). In Thomas' Kommentar zur lateinischen Übersetzung von Met. Γ 7.1011b26-27 fehlt die Adaequatio-Formel (*In duodecim libros Metaphysicorum Aristotelis Expositio* IV, 16 n. 383 [Übersetzung], n. 721 [Kommentar]).

7 Im Mittelpunkt dieser alternativen Vorschläge steht die durch eine ›realistisch‹ interpretierte Korrespondenztheorie der Wahrheit heraufbeschworene Schwierigkeit, von ›Sachverhalten‹ bzw. ›Tatsachen‹ als einer Eigenschaft der Welt zu sprechen bzw. zwischen ›Sachverhalten (Tatsachen) in der Welt‹ und ›Sachverhalten (Tatsachen) in der Rede‹

zu unterscheiden. Sie wird bereits 1914 von Wittgenstein in dieser Weise formuliert: »Die Schwierigkeit vor meiner Theorie der logischen Abbildung war die, einen Zusammenhang zwischen den Zeichen auf Papier und einem Sachverhalt draußen in der Welt zu finden. Ich sagte immer, die Wahrheit ist eine Beziehung zwischen dem Satz und dem Sachverhalt, konnte aber niemals eine solche Beziehung ausfindig machen« (L. Wittgenstein, *Tagebücher 1914-1918* [*Notebooks 1914 to 1918*], ed. G. H. von Wright / G. E. M. Anscombe, dt.-engl., Oxford 1961, S. 19 f.). Erst der Vorschlag, Sachverhalte als Abstraktionen aus Aussagen, Tatsachen oder wirkliche Sachverhalte als Abstraktionen aus wahren Aussagen zu verstehen (zum Verfahren der Abstraktion in diesem Zusammenhang vgl. unten S. 196 ff.), löst diese Schwierigkeit endgültig auf eine methodisch befriedigende Weise (vgl. W. Kamlah / P. Lorenzen, *Logische Propädeutik. Vorschule des vernünftigen Redens,* Mannheim ²1973, S. 128 ff.; P. Lorenzen / O. Schwemmer, *Konstruktive Logik, Ethik und Wissenschaftstheorie,* Mannheim 1973, S. 161 f.). Hinsichtlich der um kontextabhängige Elemente erweiterten Redundanztheorie der Wahrheit vgl. insbesondere P. F. Strawson, *Truth,* ursprünglich erschienen in: *Proceedings of the Aristotelian Society* 24 (1950), wiederabgedruckt in: G. Pitcher (Ed.), *Truth,* Englewood Cliffs 1964: »›True‹ and ›not true‹ have jobs of their own to do ... In using them, we are not *just* asserting that X is Y or that X is not Y. We are asserting this in a way in which we could not assert it unless certain conditions were fulfilled; we may also be granting, denying, confirming, etc.« (ed. Pitcher, S. 46). Einen kurzen Überblick über den Diskussionsstand in dieser Frage gibt K. Lorenz einleitend zu seiner Formulierung eines dialogischen Wahrheitsbegriffs: *Der dialogische Wahrheitsbegriff, Neue Hefte für Philosophie 2/3: Dialog als Methode* (1972), S. 111 ff. Lorenz hebt in diesem Zusammenhang mit Recht hervor, daß auch die aus der semantischen Wahrheitsdefinition für ›formale Sprachen‹ bei A. Tarski folgende metasprachliche Äquivalenz ›*A* ist wahr äquivalent A‹ (mit *A* als objektsprachlicher Aussage, die metasprachlich die Bedeutung A erhält) als eine formalsprachliche Variante der Korrespondenztheorie anzusehen ist (a.a.O., S. 111). Zu dem Versuch, mit den Schwierigkeiten einer Korrespondenztheorie der Wahrheit auf dem Boden eines semantischen Wahrheitsbegriffes fertigzuwerden, vgl. W. Stegmüller, *Das Wahrheitsproblem und die Idee der Semantik. Eine Einführung in die Theorie von A. Tarski und R. Carnap,* Wien 1957, bes. S. 225 ff. (in Auseinandersetzung mit den Thesen P. F. Strawsons), und F. v. Kutschera, *Sprachphilosophie,* München 1971, S. 156 ff.

8 G. Ryle, *The Concept of Mind,* London 1949. Fast paradox mutet es in diesem Zusammenhang an, daß umgekehrt nun ausgerechnet von linguistischer Seite neuerdings wieder auf ›mentale‹ Strukturen gegen-

über ›lingualen‹ Fähigkeiten hingewiesen worden ist. Unter bewußtem Rückgriff auf rationalistische Sprachtheorien des 17. und 18. Jahrhunderts sucht N. Chomsky (*Cartesian Linguistics. A Chapter in the History of Rationalist Thought,* New York 1966) den von ihm behaupteten Umstand, daß die transformative Grammatik mit ihrer Unterscheidung zwischen einer Oberflächenstruktur und einer Tiefenstruktur der Sprache in der Lage ist, den alten Gegensatz zwischen Grammatik und Logik selbst noch grammatisch auszudrücken, auf ›mentale‹ Dispositionen zurückzuführen: »in the technical sense, linguistic theory is mentalistic, since it is concerned with discovering a mental reality underlying actual behavior« (*Aspects of the Theory of Syntax,* Cambridge Mass. 1965, S. 4). Sogar Descartes' ›angeborene Ideen‹ scheinen damit wieder eine nunmehr linguistische Zukunft zu haben: »it may well be that the general features of language structure reflect, not so much the cause of one's experience, but rather the general character of one's capacity to acquire knowledge – in the traditional sense, one's innate ideas and innate principles« (a.a.O., S. 59).

9 Vgl. P. Lorenzen, *Semantisch normierte Orthosprachen,* in: *Die wissenschaftliche Redaktion. Aufsätze, Vorträge, Berichte aus dem Bibliographischen Institut in zwangloser Folge* 7 (1972), S. 117-132; wiederabgedruckt in: F. Kambartel / J. Mittelstraß (Eds.), *Zum normativen Fundament der Wissenschaft,* Frankfurt 1973, S. 231-249. Zur mißverständlichen Verwendung des Ausdrucks ›formale Sprache‹ vgl. die klärende Darstellung von F. Kambartel, *Zur Rede von »formal« und »Form« in sprachanalytischer Absicht, Neue Hefte für Philosophie* 1: *Phänomenologie und Sprachanalyse* (1971), S. 51 bis 67.

10 Vgl. R. Rorty (Ed.), *The Linguistic Turn. Recent Essays in Philosophical Method,* Chicago/London 1967. Die Bezeichnung ›linguistic turn‹ geht nach einem Hinweis von Rorty auf G. Bergmann zurück (*Logic and Reality,* Madison 1964, S. 177).

11 *A Plea for Excuses, Proceedings of the Aristotelian Society N. S.* 57 (1956-1957), S. 8; wiederabgedruckt in: J. L. Austin, *Philosophical Papers,* Oxford 1961, S. 130.

12 K. Lorenz, *Elemente der Sprachkritik. Eine Alternative zum Dogmatismus und Skeptizismus in der Analytischen Philosophie,* Frankfurt 1970, S. 17 ff., 142. Bereits Austin selbst hatte eine entsprechende Umbezeichnung gegenüber den üblichen Wendungen ›ordinary language philosophy‹, ›linguistic philosophy‹, ›analytic philosophy‹, empfohlen. Gegen eine unwillkommene, durch die Bezeichnung ›linguistic phenomenology‹ oder auch ›Linguistischer Phänomenalismus‹ nahegelegte Verwechslung mit Intentionen der Husserlschen Phänomenologie wendet sich wiederum G. Ryle, *Phenomenology and Lin-*

guistic Analysis, Neue Hefte für Philosophie 1: *Phänomenologie und Sprachanalyse* (1971), S. 6 f. Ryles Charakteristik der Husserlschen Phänomenologie macht diesen Hinweis verständlich: »even if Husserl's actual contributions to phenomenology are permitted to belong to the Philosophy of Mind, they do not solve or even claim to solve any philosophical cruces. There are no perplexities from which, with or without success, Husserl tries to rescue us. Though descriptively careful, his constatations are philosophically inert. There is no debate now going on between Husserl and anyone else, and not much even between Husserl and Husserl. In a word, phenomenology is not exciting and most often not even interesting. It does not answer questions that had worried us« (ebd.).

13 Am überzeugendsten vorgetragen von K. Lorenz, *Elemente der Sprachkritik*, S. 64 ff.; ders., *Der zweifach mißverstandene Wittgenstein in der Analytischen Philosophie*, in: L. Landgrebe (Ed.), *Philosophie und Wissenschaft* (9. Dt. Kongreß für Philosophie. Düsseldorf 1969), Meisenheim 1972, S. 227-239.

14 B. Russell, *Logical Atomism*, in: B. Russell, *Logic and Knowledge. Essays 1901-1950*, ed. R. Ch. Marsh, London 1956, S. 341.

15 *Tractatus logico-philosophicus*, dt.-engl., London 1922, S. 48 (4.112).

16 *Philosophische Untersuchungen (Philosophical Investigations)*, ed. G. E. M. Anscombe / R. Rhees, dt.-engl., Oxford[2] 1958, S. 48 (§ 116).

17 *Philosophische Untersuchungen*, S. 51 (§ 133).

18 *Philosophische Untersuchungen*, S. 19 (§ 38).

19 *Philosophische Untersuchungen*, S. 51 (§ 132 f.).

20 So K. Lorenz in den in Anm. 13 genannten Arbeiten.

21 *Philosophische Untersuchungen*, S. 49 (§ 124).

22 Vgl. zum folgenden W. Kamlah / P. Lorenzen, *Logische Propädeutik*, S. 27 ff.; K. Lorenz, *Elemente der Sprachkritik*, S. 167 ff. Eine gewisse Modifikation gegenüber der im folgenden skizzierten elementaren Prädikationstheorie bringen die neueren Vorschläge P. Lorenzens (*Semantisch normierte Orthosprachen*, vgl. oben Anm. 9; ferner P. Lorenzen / O. Schwemmer, a.a.O., S. 21 ff.), sofern hier unter dem Gesichtspunkt des Aufbaus einer Modellsprache zur Kritik und Reorganisation auch umgangssprachlicher Teile der Gebrauchssprache eine im engeren Sinne *logische* Rekonstruktion prädikativer Zusammenhänge zugunsten mehr *grammatisch* orientierter Subjekt-Prädikat-Konstruktionen in den Hintergrund tritt. Die bereits in eine ähnliche Richtung weisenden Rekonstruktionsbemühungen von K. Lorenz (*Elemente der Sprachkritik*, S. 194 ff.) und H. Schneider (*Historische und systematische Untersuchungen zur Abstraktion*, Erlanger Dissertation 1970) bleiben dabei unberücksichtigt.

23 K. Lorenz, a.a.O., S. 214 f.

24 Vgl. F. Kambartel, *Zur Rede von »formal« und »Form« in sprachanalytischer Absicht*, a.a.O., S. 53.
25 Vgl. K. Lorenz, *Dialogspiele als semantische Grundlage von Logikkalkülen, Archiv für mathematische Logik und Grundlagenforschung* 11 (1968), S. 32-55, 73-100; P. Lorenzen / O. Schwemmer, a.a.O., S. 41 ff.
26 Zur operativen oder konstruktiven Begründung der Arithmetik, auf die hier Bezug genommen wird, vgl. P. Lorenzen, *Einführung in die operative Logik und Mathematik*, Berlin/Heidelberg [2]1969.
27 Dasselbe gilt im übrigen auch für prädikative Ausdrücke $\alpha(x)$, da sich für solche Ausdrücke ebenfalls eine intensionale Äquivalenz definieren läßt, nämlich als die Aussage, daß

$$\Delta_x . \alpha(x) \leftrightarrow \beta(x).$$

allein aus logisch-definitorischen Gründen gilt *(analytische Äquivalenz)*. Vgl. P. Janich / F. Kambartel / J. Mittelstraß, *Wissenschaftstheorie als Wissenschaftskritik*, Frankfurt 1974, § 12; ferner zu der im folgenden skizzierten Begriffstheorie P. Lorenzen, *Methodisches Denken, Ratio* 7 (1965), S. 1-23 (wiederabgedruckt in P. Lorenzen, *Methodisches Denken*, Frankfurt 1968, S. 24-59), und K. Lorenz / J. Mittelstraß, *Die Hintergehbarkeit der Sprache, Kant-Studien* 58 (1967), S. 206 ff.
28 Vgl. P. Lorenzen, *Gleichheit und Abstraktion, Ratio* 4 (1962), S. 77-81; H. Schneider, a.a.O., S. 115 ff.
29 »Certainly, . . . ordinary language is *not* the last word: in principle it can everywhere be supplemented and improved upon and superseded. Only remember, it *is* the *first* word« (J. L. Austin, *A Plea for Excuses*, a.a.O., S. 11, *Philosophical Papers*, S. 133); »linguistic usage is the only experimental datum which we possess that is relevant to inquiry about the behavior of our concepts« (P. F. Strawson, Diskussionsbeitrag in R. Rorty [Ed.], *The Linguistic Turn*, S. 324). Vgl. die sorgfältig belegte Darstellung dieser Position bei K. Lorenz, *Elemente der Sprachkritik*, S. 137 ff.
30 In diesem Punkte hat Wittgenstein zweifellos recht: »Our ordinary language, which of all possible notations is the one which pervades all our life, holds our mind rigidly in one position, as it were, and in this position sometimes it feels cramped, having a desire for other positions as well. Thus we sometimes wish for a notation which stresses a difference more strongly, makes it more obvious, than ordinary language does, or one which in a particular case uses more closely similar forms of expression than our ordinary language« (*Preliminary Studies for the »Philosophical Investigations«. Generally known as The Blue and Brown Books*, ed. R. Rhees, Oxford 1958, S. 59).
31 Vgl. J. Habermas, *Vorbereitende Bemerkungen zu einer Theorie der kommunikativen Kompetenz*, a.a.O., S. 101 ff.

32 Insofern ist es zumindest mißverständlich, von einem »Kampf der Erlanger Schule gegen das *transzendentalhermeneutische* Prinzip der ›Nichthintergehbarkeit der Sprache‹« zu sprechen, im übrigen in der Absicht, dies als ein Bestreiten der eigenen Voraussetzungen darzustellen (K.-O. Apel, *Das Apriori der Kommunikationsgemeinschaft und die Grundlagen der Ethik. Zum Problem einer rationalen Begründung der Ethik im Zeitalter der Wissenschaft*, in: K.-O. Apel, *Transformation der Philosophie*, I-II, Frankfurt 1973, II, S. 422). Apel ist ohne weiteres zuzustimmen: Sprachkonstruktionen, aufgefaßt als kritische Rekonstruktionen einer faktischen Unterscheidungspraxis, bedeuten, daß man sich »von vornherein bewußt auf den ›hermeneutischen Zirkel‹ (oder die ›hermeneutische Spirale‹) von normativer und *faktischer Rekonstruktion*, u. d. h. auch: von tradierter *Bildungssprache* der Philosophie, *Umgangssprache* und rekonstruierter Bildungssprache der Philosophie einläßt« (ebd.). Ein derartiger ›Zirkel‹ ist jedoch, wie die konstruktive Einführung von ›Summe‹ und ›Begriff‹ im Anschluß an einen sowohl umgangssprachlichen als auch bildungssprachlichen bzw. wissenschaftssprachlichen Gebrauch gezeigt hat, harmlos; er berührt die Möglichkeit einer methodisch gerechtfertigten Schrittfolge nicht und legt uns daher auch nicht auf ein ›transzendentalhermeneutisches Prinzip der Nichthintergehbarkeit der Sprache‹ fest, in dessen Explikation bei Apel wiederum die Unterscheidung zwischen der (fundamentalen) Sprachhandlung der Prädikation und einer faktischen Prädikationspraxis, damit die eigentliche Pointe der Unterscheidung zwischen Unhintergehbarkeit und Hintergehbarkeit der Sprache, verlorenzugehen droht. Apels in diesem Zusammenhang erfolgender Hinweis auf ein ›Faktum der Vernunft‹, auf das sich eine *willkürfreie Rekonstruktion* beziehen soll, meint nichts anderes als die (in der Tat unproblematische) Voraussetzung einer elementaren Verständigungspraxis. – Mißverständlich ist auch die von J. Habermas gegenüber K. Lorenz *(Der dialogische Wahrheitsbegriff)* geltend gemachte Behauptung, dieser führe mit der geforderten Rekonstruktion von Redeeinführungssituationen für Redeverwendungssituationen die Wahrheit von Aussagen auf die ›Verständlichkeit konstativer Sprechakte‹ zurück (*Wahrheitstheorien*, a.a.O., S. 238) und verschiebe dabei »die Beweislast von der Prädikationslehre auf die Theorie der Dialogspiele oder der strategischen Aussagenbegründung« (S. 264). Hier handelt es sich um zwei völlig verschiedene Dinge, nämlich einmal um die Verständlichkeit von Unterscheidungen, die durch den Rückgang auf Einführungssituationen für elementare sprachliche Bausteine gesichert werden soll, zum anderen um die Überprüfung der Wahrheit (Geltung) von Aussagen, wozu ein geregeltes, Argumentationsrechte und Argumentationspflichten festlegendes Dialogverfahren eingeführt wird, das einen inhaltlichen Wahrheitsbegriff definiert.

Während für die Prädikatoren Einführung und Verwendung gleich sind, gilt dies für Aussagen hinsichtlich ihrer Bestandteile nicht. Deshalb trifft auch die Annahme nicht zu, daß hier am Ende Sinn auf Geltung reduziert werde.

33 Die Unterscheidung zwischen einer Einzelhandlung und einem dieser Einzelhandlung zugeordneten Handlungsschema geht auf W. Kamlah zurück (W. Kamlah / P. Lorenzen, *Logische Propädeutik*, S. 53 ff.). Auch Prädikatoren sind in diesem Sinne Handlungsschemata, die zugleich mit der Einübung von Unterscheidungen gelernt und in der Verwendung der Prädikatoren in faktischen Redesituationen aktualisiert werden.

34 Dieser Gesichtspunkt ist insbesondere von K. Lorenz herausgearbeitet worden: »Die Verständlichkeit einer Handlung wird durch Lehren und Lernen gezeigt, der Anspruch auf die durch Verständlichkeit gesicherte Verläßlichkeit aber wird durch das so bewiesene Lehren- und Lernen*können* gerechtfertigt. Wer die Verständlichkeit einer Handlung bezweifeln sollte, der muß sich mit dem Handelnden in eine Lehr- und Lernsituation begeben« (*Elemente der Sprachkritik*, S. 154). Auf die Prädikationstheorie angewendet, bedeutet dies, daß neben dem Unterscheiden auch das Lehren- und Lernenkönnen einer Prädikation zu deren *Zielen* gehören muß (vgl. K. Lorenz, a.a.O., S. 164).

35 G. Frege, *Begriffsschrift und andere Aufsätze*, ed. I. Angelelli, Hildesheim [2]1964, S. XII f.

36 Darauf hat in einem definitionstheoretischen Zusammenhang G. Gabriel hingewiesen und gleichzeitig gefordert, die Frage nach der Hintergehbarkeit der Sprache »in die Frage nach der Hintergehbarkeit der pragmatischen Interessen bei der Einführung von Termini« umzuformulieren, weil es »keine Einführungssituation gibt, die letztlich frei von pragmatischen Interessen ist« (*Definitonen und Interessen. Über die praktischen Grundlagen der Definitionslehre*, Stuttgart 1972, S. 94 f.). Unter pragmatischen Interessen sind solche verstanden, »die auf die Erhaltung oder Veränderung von (privater, gruppenspezifischer oder öffentlicher) Praxis ausgerichtet sind« (a.a.O., S. 83). Zieht man dabei in Betracht, daß bei Sprachhandlungen Einführungssituationen in der Regel als Rekonstruktion von Verwendungssituationen dienen, so läßt sich eine solche Bemerkung zunächst so verstehen, daß eine Einführungssituation durch das pragmatische Interesse geleitet ist, in einer Verwendungssituation aufgetretene Schwierigkeiten zu beheben bzw. verwendungsmäßig geltende Handlungsorientierungen auf ihre Verläßlichkeit hin zu überprüfen. In diesem Sinne ist ein pragmatisches Interesse identisch mit dem Rekonstruktionsinteresse. Die weitergehende Behauptung, daß auch rekonstruktiv herbeigeführten Einigungen pragmatische Interessen

zugrunde liegen, die unterschieden von einem allgemeinen Rekonstruktionsinteresse als solche in der Regel unartikuliert bleiben und daher im Sinne einer radikalen Erkenntniskritik zum Gegenstand einer über den Rahmen von Sprachkritik hinausgehenden ›Kritik von pragmatischen Interessen‹ (a.a.O., S. 96) gemacht werden müssen, ist sicher ebenfalls zutreffend, darf aber nicht so verstanden werden, als ließe sich eine Kritik von pragmatischen Interessen methodisch gesehen von Sprachkritik, diese verstanden als Kontrolle und Kritik einer Rede- und Argumentationspraxis über methodisch ins Werk gesetzte Rekonstruktionsverfahren, trennen. Der methodische Imperativ bleibt auch gegenüber einer Kritik von pragmatischen Interessen in voller Geltung.

Nachweise

Philosophie und Wissenschaft, Studia Leibnitiana Supplementa XII (Akten des II. Internationalen Leibniz-Kongresses Hannover, 17. bis 22. Juli 1972), I, Wiesbaden 1973, S. 17-33.
Die Entdeckung der Möglichkeit von Wissenschaft, Archive for History of Exact Sciences 2 (1962-1966), S. 410-435.
Die Prädikation und die Wiederkehr des Gleichen, in: H.-G. Gadamer (Ed.), Das Problem der Sprache (VIII. Deutscher Kongreß für Philosophie, Heidelberg 1966), München 1967, S. 87-95. Wiederabgedruckt in Ratio 10 (1968), S. 53-61, engl. Ausgabe S. 78-87 (Predication and Recurrence of the Same).
Alle anderen Titel dieses Bandes erscheinen hier zum ersten Mal. *Erfahrung und Begründung* und *Prolegomena zu einer konstruktiven Theorie der Wissenschaftsgeschichte* stellen Ausarbeitungen von Vorträgen im ›Starnberger Max-Planck-Institut zur Erforschung der Lebensbedingungen der wissenschaftlich-technischen Welt‹ (Frühjahr 1973) sowie, im Falle der *Prolegomena,* auf dem II. Internationalen Leibniz-Kongreß in Hannover (Juli 1972) dar.

Bibliographie

(beschränkt auf einige in diesem Band herangezogene wissenschaftstheoretische Titel)

Adorno, Th. W. u. a., *Der Positivismusstreit in der deutschen Soziologie*, Neuwied/Berlin 1969.

Albert, H., *Traktat über kritische Vernunft*, Tübingen ²1969.

Albert, H., *Konstruktion und Kritik. Aufsätze zur Philosophie des Kritischen Rationalismus*, Hamburg 1972.

Apel, K.-O., *Transformation der Philosophie*, I-II, Frankfurt 1973.

Austin, J. L., *Philosophical Papers*, Oxford 1961.

Bachmann, F., *Aufbau der Geometrie aus dem Spiegelungsbegriff*, Berlin/Göttingen/Heidelberg 1959, ²1973.

Böhme, G. / Daele, W. van den / Krohn, W., *Alternativen in der Wissenschaft, Zeitschrift für Soziologie* 1 (1972), S. 302-316.

Borkenau, F., *Der Übergang vom feudalen zum bürgerlichen Weltbild*, Paris 1934.

Chomsky, N., *Aspects of the Theory of Syntax*, Cambridge Mass. 1965.

Chomsky, N., *Cartesian Linguistics. A Chapter in the History of Rationalist Thought*, New York 1966.

Daele, W. van den: siehe Böhme, G. / Daele, W. van den / Krohn W.

Dingler, H., *Physik und Hypothese. Versuch einer induktiven Wissenschaftslehre nebst einer kritischen Analyse der Fundamente der Relativitätstheorie*, Berlin/Leipzig 1921.

Dingler, H., *Philosophie der Logik und Arithmetik*, München 1931.

Dingler, H., *Aufbau der exakten Fundamentalwissenschaft*, ed. P. Lorenzen, München 1964.

Dingler, H., *Die Ergreifung des Wirklichen*. Kapitel I-IV, Frankfurt 1969.

Duhem, P., *La Théorie Physique. Son Objet, sa Structure*, Paris ²1914 (engl. *The Aim and Structure of Physical Theory*, Princeton 1954, repr. New York 1962).

Feyerabend, P. K., *How to Be a Good Empiricist – A Plea for Tolerance in Matters Epistemological*, in: *Philosophy of Science. The Delaware Seminar* 2 (1962-1963), S. 3-39.

Feyerabend, P. K., *Problems of Empiricism*, in: R. G. Colodny (Ed.), *Beyond the Edge of Certainty*, Englewood Cliffs 1965, S. 145-260.

Feyerabend, P. K., *Consolations for the Specialist*, in: I. Lakatos / A. Musgrave (Eds.), *Criticism and the Growth of Knowledge*

(*Proceedings of the International Colloquium in the Philosophy of Science*, London 1965, vol. 4), Cambridge 1970, S. 197-230.
Feyerabend, P. K., *Against Method: Outline of an Anarchistic Theory of Knowledge*, in: M. Radner / S. Winokur (Eds.), *Analyses of Theories and Methods of Physics and Psychology*, Minneapolis 1970 (*Minnesota Studies in the Philosophy of Science* IV), S. 17-130.
Feyerabend, P. K., *Von der beschränkten Gültigkeit methodologischer Regeln*, in: *Neue Hefte für Philosophie 2/3: Dialog als Methode* (1972), S. 124-171.
Frege, G., *Begriffsschrift und andere Aufsätze*, ed. I. Angelelli, Hildesheim ²1964.
Fritz, K. v., *Grundprobleme der Geschichte der antiken Wissenschaft*, Berlin/New York 1971.
Gabriel, G., *Definitionen und Interessen. Über die praktischen Grundlagen der Definitionslehre*, Stuttgart 1972.
Gadamer, H.-G., *Wahrheit und Methode. Grundzüge einer philosophischen Hermeneutik*, Tübingen ³1972.
Ganslandt, H. R., *Umwege des Empirismus. Eine kritische Studie zur Wissenschaftstheorie der empirischen Sozialwissenschaften*, Konstanzer Dissertation 1973 (unveröffentlicht).
Habermas, J., *Technik und Wissenschaft als ›Ideologie‹*, Frankfurt 1968.
Habermas, J., *Vorbereitende Bemerkungen zu einer Theorie der kommunikativen Kompetenz*, in: J. Habermas / N. Luhmann, *Theorie der Gesellschaft oder Sozialtechnologie – Was leistet die Systemforschung?*, Frankfurt 1971, S. 101-141.
Habermas, J., *Legitimationsprobleme im Spätkapitalismus*, Frankfurt 1973.
Habermas, J., *Wahrheitstheorien*, in: H. Fahrenbach (Ed.), *Wirklichkeit und Reflexion. Walter Schulz zum 60. Geburtstag*, Pfullingen 1973, S. 211-265.
Hilbert, D., *Grundlagen der Geometrie*, Stuttgart ⁹1962.
Hübner, K., *Duhems historistische Wissenschaftstheorie und ihre gegenwärtige Weiterentwicklung*, in: *Philosophia Naturalis* 13 (1971), S. 81-97.
Janich, P., *Die Protophysik der Zeit*, Mannheim 1969.
Janich, P., *Wie empirisch ist die Physik?*, in: *Philosophia Naturalis* 11 (1969), S. 291-303.
Janich, P., *Eindeutigkeit, Konsistenz und methodische Ordnung: normative versus deskriptive Wissenschaftstheorie zur Physik*, in: F. Kambartel / J. Mittelstraß (Eds.), *Zum normativen Fundament der Wissenschaft*, Frankfurt 1973, S. 131-158.
Janich, P. / Mittelstraß, J., Raum, in: H. Krings / H. M. Baumgartner

/ Ch. Wild (Eds.), *Handbuch philosophischer Grundbegriffe* II, München 1973, S. 1154-1168.
Janich, P., *Zweck und Methode der Physik aus philosophischer Sicht*, Konstanz 1973.
Janich, P. / Kambartel, F. / Mittelstraß, J., *Wissenschaftstheorie als Wissenschaftskritik*, Frankfurt 1974.
Kambartel, F., *Erfahrung und Struktur. Bausteine zu einer Kritik des Empirismus und Formalismus*, Frankfurt 1968.
Kambartel, F., *Was ist und soll Philosophie?*, Konstanz 1968.
Kambartel, F., *Zur Rede von »formal« und »Form« in sprachanalytischer Absicht*, in: *Neue Hefte für Philosophie* 1: *Phänomenologie und Sprachanalyse* (1971), S. 51-67.
Kambartel, F., *Ethik und Mathematik*, in: M. Riedel (Ed.), *Rehabilitierung der praktischen Philosophie* I: *Geschichte, Probleme, Aufgaben*, Freiburg 1972, S. 489-503.
Kambartel, F. / Mittelstraß, J. (Eds.), *Zum normativen Fundament der Wissenschaft*, Frankfurt 1973.
Kambartel, F., *Wie abhängig ist die Physik von Erfahrung und Geschichte? Zur methodischen Ordnung apriorischer und empirischer Elemente in der Naturwissenschaft*, in: K. Hübner / A. Menne (Eds.), *Natur und Geschichte* (*X. Deutscher Kongreß für Philosophie*, Kiel 8.-12. Oktober 1972), Hamburg 1974, S. 154-169.
Kambartel, F: siehe Janich, P. / Kambartel, F. /Mittelstraß J.
Kamlah, A., *Zwei Interpretationen der geometrischen Homogenitätsprinzipien in der Protophysik*, Manuskript München 1973.
Kamlah, W. / Lorenzen, P., *Logische Propädeutik. Vorschule des vernünftigen Redens*, Mannheim ²1973.
Krohn, W.: siehe Böhme, G. / Daele, W. van den / Krohn, W.
Kuhn, Th. S., *The Structure of Scientific Revolutions*, Chicago ²1970 (dt. *Die Struktur wissenschaftlicher Revolutionen*, Frankfurt 1967).
Kuhn, Th. S., *Logic of Discovery or Psychology of Research?*, in: I. Lakatos / A. Musgrave (Eds.), *Criticism and the Growth of Knowledge* (*Proceedings of the International Colloquium in the Philosophy of Science*, London 1965, vol. 4), Cambridge 1970, S. 1-23.
Kuhn, Th. S., *Reflections on my Critics*, in: I. Lakatos / A. Musgrave (Eds.), *Criticism and the Growth of Knowledge* (*Proceedings of the International Colloquium in the Philosophy of Science*, London 1965, vol. 4), Cambridge 1970, S. 231-278.
Kutschera, F. v., *Sprachphilosophie*, München 1971.
Lakatos, I., *Criticism and the Methodology of Scientific Research Programmes*, *Proceedings of the Aristotelian Society NS* 69 (1969), S. 149-186.
Lakatos, I., *Falsification and the Methodology of Scientific Research*

Programmes, in: I. Lakatos / A. Musgrave (Eds.), *Criticism and the Growth of Knowledge (Proceedings of the International Colloquium in the Philosophy of Science,* London 1965, vol. 4), Cambridge 1970, S. 91-195.

Lakatos, I., *History of Science and its Rational Reconstructions*, in: *Boston Studies in the Philosophy of Science* VIII (1971), S. 91-136.

Lakatos, I., *Popper zum Abgrenzungs- und Induktionsproblem*, in: H. Lenk (Ed.), *Neue Aspekte der Wissenschaftstheorie*, Braunschweig 1971, S. 75-110.

Lenk, H. (Ed.), *Neue Aspekte der Wissenschaftstheorie*, Braunschweig 1971.

Lorenz, K. / Mittelstraß, J., *Die Hintergehbarkeit der Sprache*, in: *Kant-Studien* 58 (1967), S. 187-208.

Lorenz, K., *Dialogspiele als semantische Grundlage von Logikkalkülen*, in: *Archiv für mathematische Logik und Grundlagenforschung* 11 (1968), S. 32-55, 73-100.

Lorenz, K. / Mittelstraß, J., *Die methodische Philosophie Hugo Dinglers*, einleitender Essay zur Ausgabe von H. Dingler, *Die Ergreifung des Wirklichen*. Kapitel I-IV, Frankfurt 1969, S. 7-55.

Lorenz, K., *Elemente der Sprachkritik. Eine Alternative zum Dogmatismus und Skeptizismus in der Analytischen Philosophie*, Frankfurt 1970.

Lorenz, K., *Der zweifach mißverstandene Wittgenstein in der Analytischen Philosophie*, in: L. Landgrebe (Ed.), *Philosophie und Wissenschaft* (9. Dt. Kongreß für Philosophie, Düsseldorf 1969), Meisenheim 1972, S. 227-239.

Lorenz, K., *Der dialogische Wahrheitsbegriff*, in: *Neue Hefte für Philosophie 2/3: Dialog als Methode* (1972), S. 111-123.

Lorenz, K., *Rules versus Theorems. A New Approach for Mediation Between Intuitionistic and Two-Valued-Logic*, in: *Journal of Philosophical Logic* 2 (1973), S. 352-369.

Lorenz, K., *Die dialogische Rechtfertigung der effektiven Logik*, in: F. Kambartel / J. Mittelstraß (Eds.), *Zum normativen Fundament der Wissenschaft*, Frankfurt 1973, S. 250-280.

Lorenz, K., *Beweis*, in: H. Krings / H. M. Baumgartner / Ch. Wild (Eds.), *Handbuch philosophischer Grundbegriffe* I, München 1973, S. 220-232.

Lorenzen, P., *Einführung in die operative Logik und Mathematik*, Berlin/Göttingen/Heidelberg 1955, ^{2}1969.

Lorenzen, P., *Logik und Agon* (Atti del XII Congresso Internazionale di Filosofia, Venedig 1958, IV), Florenz 1960, S. 187-194.

Lorenzen, P., *Das Begründungsproblem der Geometrie als Wissenschaft der räumlichen Ordnung*, in: *Philosophia Naturalis* 6 (1960), S. 415-431.

Lorenzen, P., *Ein dialogisches Konstruktivitätskriterium*, in: *Infinitistic Methods* (*Proceedings of the Symposium on Foundations of Mathematics*, Warsaw 2.-9. September 1959), Warschau/Oxford/London/New York 1961, S. 193-200.
Lorenzen, P., *Gleichheit und Abstraktion*, in: *Ratio* 4 (1962), S. 77-81).
Lorenzen, O., *Wie ist die Objektivität der Physik möglich?*, in: H. Delius / G. Patzig (Eds.), *Argumentationen. Festschrift für Josef König*, Göttingen 1964, S. 143-150.
Lorenzen, P., *Formale Logik*, Berlin ³1967.
Lorenzen, P., *Methodisches Denken*, Frankfurt 1968.
Lorenzen, P., *Normative Logic and Ethics*, Mannheim 1969.
Lorenzen, P., *Semantisch normierte Orthosprache*, in: *Die wissenschaftliche Redaktion* 7 (1972), S. 117-132.
Lorenzen, P. / Schwemmer, O., *Konstruktive Logik, Ethik und Wissenschaftstheorie*, Mannheim 1973.
Lorenzen, P.: siehe Kamlah, W. / Lorenzen, P.
Lübbe, H., *Was heißt: »Das kann man nur historisch erklären«?*, in: R. Koselleck / W.-D. Stempel (Eds.), *Geschichte – Ereignis und Erzählung*, München 1973, S. 542-554.
Masterman, M., *The Nature of a Paradigm*, in: I. Lakatos / A. Musgrave (Eds.), *Criticism and the Growth of Knowledge* (*Proceedings of the International Colloquium in the Philosophy of Science*, London 1965, vol. 4), Cambridge 1970, S. 59-89.
Mittelstraß, J., *Neuzeit und Aufklärung. Studien zur Entstehung der neuzeitlichen Wissenschaft und Philosophie*, Berlin/New York 1970.
Mittelstraß, J., *Das praktische Fundament der Wissenschaft und die Aufgabe der Philosophie*, Konstanz 1972.
Mittelstraß, J., *Metaphysik der Natur in der Methodologie der Naturwissenschaften. Zur Rolle phänomenaler (Aristotelischer) und instrumentaler (Galileischer) Erfahrungsbegriffe in der Physik*, in: K. Hübner / A. Menne (Eds.), *Natur und Geschichte* (X. Deutscher Kongreß für Philosophie, Kiel 8.-12. Oktober 1972), Hamburg 1974, S. 34-58.
Mittelstraß, J.: siehe Janich, P. / Mittelstraß, J.; Janich, P. / Kambartel, F. / Mittelstraß, J.; Kambartel, F. / Mittelstraß, J.; Lorenz, K. / Mittelstraß, J.
Musgrave, A.: siehe Lakatos, I. / Musgrave, A.
Popper, K. R., *Conjectures and Refutations. The Growth of Scientific Knowledge*, London 1963.
Popper, K. R., *Remarks on the Problems of Demarcation and of Rationality*, in: I. Lakatos / A. Musgrave (Eds.), *Problems in the Philosophy of Science* (*Proceedings of the International Collo-

quium in the Philosophy of Science, London 1965, vol. 3), Amsterdam 1968, S. 88-102.
Popper, K. R., *Normal Science and its Dangers*, in: I. Lakatos / A. Musgrave (Eds.), *Criticism and the Growth of Knowledge* (*Proceedings of the International Colloquium in the Philosophy of Science*, London 1965, vol. 4), Cambridge 1970, S. 51-58.
Popper, K. R., *Logik der Forschung*, Tübingen [4]1971.
Rorty, R. (Ed.), *The Linguistic Turn. Recent Essays in Philosophical Method*, Chicago/London 1967.
Russell, B., *Logic and Knowledge. Essays 1901-1950*, ed. R. Ch. Marsh, London 1956.
Ryle, G., *The Concept of Mind*, London 1949.
Ryle, G., *Phenomenology and Linguistic Analysis*, in: *Neue Hefte für Philosophie* 1: *Phänomenologie und Sprachanalyse* (1971), S. 3-11.
Schneider, H., *Historische und systematische Untersuchungen zur Abstraktion*, Erlanger Dissertation 1970.
Schwemmer, O., *Philosophie der Praxis. Versuch zur Grundlegung einer Lehre vom moralischen Argumentieren in Verbindung mit einer Interpretation der praktischen Philosophie Kants*, Frankfurt 1971.
Schwemmer, O.: siehe Lorenzen, P. / Schwemmer, O.
Shapere, D., *The Structure of Scientific Revolutions*, in: *The Philosophical Review* 73 (1964), S. 383-394.
Shapere, D., *Meaning and Scientific Change*, in: R. G. Colodny (Ed.), *Mind and Cosmos. Essays in Contemporary Science and Philosophy*, Pittsburgh 1966, S. 41-85.
Stegmüller, W., *Das Wahrheitsproblem und die Idee der Semantik. Eine Einführung in die Theorie von A. Tarski und R. Carnap*, Wien 1957.
Stegmüller, W., *Probleme und Resultate der Wissenschaftstheorie und Analytischen Philosophie IV: Personelle und Statistische Wahrscheinlichkeit*, Berlin/Heidelberg/New York 1973.
Strawson, P. F., *Truth*, in: G. Pitcher (Ed.), *Truth*, Englewood Cliffs 1964, S. 32-53.
Thiel, Ch., *Grundlagenkrise und Grundlagenstreit. Studien über das normative Fundament der Wissenschaften am Beispiel von Mathematik und Sozialwissenschaft*, Meisenheim 1972.
Thiel, Ch., *Das Begründungsproblem der Mathematik und die Philosophie*, in: F. Kambartel / J. Mittelstraß (Eds.), *Zum normativen Fundament der Wissenschaft*, Frankfurt 1973, S. 91-114.
Toulmin, S., *Foresight and Understanding. An Enquiry into the Aims of Science*, London 1961 (dt. *Voraussicht und Verstehen. Ein Versuch über die Ziele der Wissenschaft*, Frankfurt 1968).
Toulmin, S., *Does the Distinction between Normal and Revolutionary*

Science Hold Water?, in: I. Lakatos / A. Musgrave (Eds.), *Criticism and the Growth of Knowledge* (*Proceedings of the International Colloquium in the Philosophy of Science*, London 1965, vol. 4), Cambridge 1970, S. 39-47.

Watkins, J., *Against ›Normal Science‹*, in: I. Lakatos / A. Musgrave (Eds.), *Criticism and the Growth of Knowledge* (*Proceedings of the International Colloquium in the Philosophy of Science*, London 1965, vol. 4), Cambridge 1970, S. 25-37.

Wittgenstein, L., *Tractatus logico-philosophicus*, dt.-engl., London 1922.

Wittgenstein, L., *Philosophische Untersuchungen* (*Philosophical Investigations*), ed. G. E. M. Anscombe / R. Rhees, dt.-engl., Oxford ²1958.

Wittgenstein, L., *Preliminary Studies for the »Philosophical Investigations«. Generally known as The Blue and Brown Books*, ed. R. Rhees, Oxford 1958.

Wittgenstein, L., *Tagebücher 1914-1918 (Notebooks 1914-1918)*, ed. G. H. von Wright / G. E. M. Anscombe, dt.-engl., Oxford 1961.

Register

Alphabetisches Verzeichnis der suhrkamp taschenbücher wissenschaft